PSYCHOLOGY

心理学形态研究系列

"十二五"国家重点图书出版规划项目
上海文化发展基金会图书出版专项基金资助项目

葛鲁嘉 著

常识形态的心理学

——心理学的生活形态和日常存在

上海教育出版社
SHANGHAI EDUCATIONAL
PUBLISHING HOUSE

PSYCHOLOGY

丛 书 总 序

心理学的探索和研究已经有了众多的学科分支和丰富的具体研究,有了广泛的生活应用和大众的认知接纳,有了学术的创造支撑。但是,心理学本身依然缺乏反思、界限不清。任何一个成熟的学科,都应该有强大的自我反思、自我定向、自我驱动、自我矫正和自我扩展的能力。心理学在快速的发展进程中,最需要的就是这样的能力。这直接涉及的就是心理学的视野、框架、形态、资源与未来,"视野""框架""形态""资源"与"未来"是把握心理学学科总体、促进心理学学科进步的关键词,也是"心理学形态研究系列"丛书的核心内涵。

任何一位投身心理学事业的研究者和学习者、对心理学感兴趣的其他学科和行业的探索者与从业者,或是对心理学很好奇的思想者和普通人,都可以在这套丛书中有所收获。

心理学研究者如何看待自己的学科?心理学爱好者如何借鉴跨界的学科?如何张望陌生的学科?这需要具有宽广的视野。所谓视野就是人的眼界。同样都有眼睛,但是不同的人在现实生活中能够看到的广度和深度却完全不同。因此,最重要的是心灵的眼睛。这套丛书可以极大地扩展审视、观望和看待心理学的视野。

无论是心理学研究者还是心理学的应用者、爱好者,想要从整体上掌握和运用心理学,最重要的就是有一个整体的框架,包括学科的框架、思想的框架、理论的框架和知识的框架。只有有了这样的框架,才能够对五花八门、纷繁复杂和丰富多样的心理学探索、研究与应用进行梳理和分类。

心理学具有多重性的身份,也有着多样化的角色和多元化的形态。当然,科学的或实证的心理学曾经试图定位自己是唯一合理的心理学形态,从而也就将其他不同的心理学形态及探索丢进了垃圾箱。这在给心理学带来纯洁性的同时,也使得心理学割断了与自身学科土壤的关联。因此,对不同形态的心理学的探索,可以大大丰富关于心理学的理解,扩展心理学的发展空间。

对心理学的多重形态的探索,并不是要分裂心理学、肢解心理学和打碎心理学,而是要在心理资源、学术资源、思想资源、理论资源等方面去重新理解心理学。资源化的处理是心理学学科发展获取学术养分、思想营养和理论滋养的最重要的突破。任何资源都在于挖掘、提取、转化和运用,心理学的资源同样如此。

资源也许汇聚和代表了过去、传统和遗产,但实际上,资源最重要的核心作用是能够指向和引领心理学学科发展的前景、未来和成长。心理学应该成为也能够成为一个强大的学科。这种学科自身的昌盛和繁荣就应该植根于养分丰富的学科资源。这也是探索不同形态的心理学最重要的价值、意义和作用所在。

这套"心理学形态研究系列"丛书包含八部心理学学术著作:《心理科学论总——心理学命运与前途的全景考察》《心理学本土化——中国本土心理学的选择与突破》《常识形态的心理学——心理学的生活形态和日常存在》《哲学形态的心理学——哲学心理学与心理学哲学》《宗教形态的心理学——宗教传统和研究的心理学智慧》《类同形态的心理学——不同科学门类中的心理学探索》《科学形态的心理学——心理学的科学追求与科学身份》和《资源形态的心理学——心理资源的基本性质与核心内涵》。这八部著作直接涉及和探索心理学的视野、框架、形态、资源与未来。

《心理科学论总——心理学命运与前途的全景考察》是关于心理科学本身的学术梳理、学术反思、学术突破和学术建构的。书中对如何推进心理学的学术进步,如何扩展心理学的学术空间,如何引领心理学的学术未来,如何确立心理学的本土根基,如何激发心理学的学术创新等,进行了一系列的学术思考。

《心理学本土化——中国本土心理学的选择与突破》是对中国本土心理学在追求科学化历程中经历的西方化历程的文化性、思想性和历史性的反叛。心理学的本土化也是心理学在更大的范围内去寻求自己学科和学术发展的资源。关于心理学的本土走向,要涉及心理学研究的本土定位、本土资源、本土理论、本土方法和本土技术。心理学的本土化实际上就是心理学的一个新生的过程。中国心理学的本土化也就是中国心理学的创生过程。

立足西方文化传统的"科学的"心理学一直认为自己是唯一合理的心理学,除此之外的心理学探索,或者立足不同文化传统的心理学探索,都可以划归为"非科学的"心理学,而所谓"非科学的",也就是被淘汰的、已过时的、无价值的。心理学的本土化则来自对西方心理学唯一合理性的质疑,来自对各种不同心理学探索的合理性的确认和把握。心理学的文化转向是心理学本土化的方向问题。心理学曾经靠摆脱、放弃、回避或越过文化的存在来发展自己。也就是说,在心理学成为独立的科学门类之后,在追求科学性的过程中,把科学的客观性和普遍性与文化的建构性和独特性对立起来,心理学早期以排斥文化的存在来保证自己对所有文化的普遍适用性。然而现在,心理学必须靠包容、探讨和体现文化的存在来发展自己,来保证自己对所有文化的普遍适用性。

心理学本土化的发展是把心理学确立为创新的心理学。中国心理学的本土化并没有现成的道路好走,没有现成的东西可以继承,没有现成的方式可以照搬。这就决定了中国心理学的本土化历程必然和必须走创新发展的道路。对于中国本土心理学来说,原始性的创新应该成为重要的学术目标。然而,对于中国现代心理学来说,这是非常薄弱的环节。对于许多中国心理学的从业者和研究者来说,好像只有引进的才是心理学,创新的却很难被看成是真正的心理学。

中国本土心理学的研究涉及心理学学术创新和理论建构的学术资源,而获取什么资源和怎样获取资源,就成为重要的任务。心理学的演变和发展有自己的资源根基,这可以体现为不同的心理学历史形态、现实演变和未来发展。当代心理学的发展应该将不同形态的心理学作为自己学术创新的资源,只有掌控和运用这些资源,心理学才能够扩大视野,挖掘潜能,丰富自己的研究,完善自己的功能。

心理学的发展有着属于自身的文化、历史、传统、思想、理论、学科的资源。心理学有着十分不同的历史发展和长期演变的形态,所有不同的心理学形态都是心理学的发展可以借用的学术资源。心理学资源可以体现为心理学历史形态、心理学现实演变和心理学未来发展,共包括六种不同的心理学形态：常识形态的心理学、哲学形态的心理学、宗教形态的心理学、类同形态的心理学、科学形态的心理学和资源形态的心理学。解读这些不同形态的心理学，考察不同形态心理学之间的关系，对心理学的发展有着至关重要的作用。当代心理学的发展不应该是不同形态的心理学之间的相互排斥、对立和对抗，所有不同形态的心理学都应该属于心理学学术创新的文化、历史、思想和学术的资源。

中国本土的心理学、中国本土的理论心理学，最重要的就是自身的理论建构。这主要是确立中国本土心理学的理论思想、理论框架、理论内涵、理论预设和理论构成。中国心理学对外国心理学的理论复制和理论模仿，导致对本土心理学的理论创新和理论开拓的抑制和忽视，而中国心理学理论创新的弱化也直接导致对国外心理学知识和理论的大量引进，这造成了限制中国心理学理论发展的恶性循环。甚至，中国的心理学研究者反而不习惯于心理学的理论创新，对任何创新的尝试都横加阻抑和指责。这导致中国心理学的发展极度缺少理论创新，特别是立足本土文化的原始性理论创新。强化理论心理学的研究可以促进中国心理学的理论创新，特别是原始性的理论创新。

因此，最重要的就是能够对所有相关的心理学资源进行系统化的梳理与整合。心理学资源既可以成为常人的心理生活的资源，也可以成为专家的心理科学的资源。心理学必然面临如何理解、看待、保护、挖掘、提取和转用资源的问题。心理学的发展显然不应该抛弃自己的文化历史传统，而应该将其作为学术性资源。

常识形态的心理学也被称为民俗心理学、素朴心理学等。这是普通人在日常生活中创建的心理学，是存在于普通人生活经验中的心理学。常识心理学既是普通人心灵活动的指南，也是普通人理解心灵的指南。常识心理学是科学心理学发展的文化资源。哲学形态的心理学是心理学最古老的形态之一。在科学心理学诞生之前，心理学就"寄生"在哲学中，是哲学的一个探索领域。对心理学研究的理论前提或理论预设的反思就是心理学哲学的探索。这种探索的目的在于使心理学的研究能够从盲目走向自觉。宗教形态的心理学包含两种不同的和关联的内容。一种是科学的含义或是科学传统中的宗教心理学，是科学家运用科学方法对宗教心理的研究。这是科学心理学的一个分支。另一种是宗教的含义或是宗教传统中的宗教心理学,是宗教家按照宗教的方式对人的心理行为的说明、解释和干预。类同形态的心理学是与科学心理学相类同或相类似的其他科学分支中的心理学思想、理论、方法和技术。心理学发展应该去吸取、提炼、接受、消化和融会类同形态的心理学研究。科学形态的心理学是通过科学的理论、方法和技术来考察、描述、说明和干预心理行为,并在很短的进程中取得了飞速的发展,但依然面临着许多重大的和核心的课题。资源形态的心理学探讨和论述的是心理学未来发展的基本形态。这是科学形态的心理学的进步、扩展和提升。资源形态的心理学把心理学的学术性资源的开发、累积和运用,确立为心理学未来发展的核心任务。

在心理学发展和演变的进程中,科学形态的心理学曾被确立为唯一合理的存在,其他各种不同的心理学形态则受到忽视、排斥和抛弃。因此,从未有过对各种不同心理学形态的系统性和学术性的考察与研究。心理学形态研究将会是对心理学学术研究的全新突破。这将奠定中国本土心理学发展的学术资源的基础,会给中国本土心理学的未来进步带来长久的、巨大的和深远的影响。

中国心理学长期以来依赖于对国外心理学全面、系统和不断的引入、翻译、介绍、评判、学习和模仿,这为中国本土的心理学家了解世界心理学发展和演变的进程与趋势,包括把握西方心理学的发展和走向,掌握苏联、俄罗斯心理学的过去和现状,填补中国心理学研究的空白和缺失,推动中国心理学的研究和应用,提供了基础和前提。在中国心理学的发展历程中,从老一代的心理学家开始,就有对国外心理学的引进、介绍、评判和模仿,体现为重视研究心理学发展史,特别是重视研究西方心理学流派。在一个多世纪的时间里,这给中国心理学的发展和繁荣奠定了坚实的基础,实现了中国心理学的跨越式发展。而追踪和模仿发达国家的心理学,也会导致中国本土心理学创新性和创造力的弱化。这直接造成引进的心理学特别是引进的外国心理学的理论、知识、方法、技术和工具,会与中国本土的文化传统、社会生活、心理行为等存在巨大的隔阂。

本土心理学研究主要体现为对中国心理学思想史、中国心理学史以及中国古代、近代和当代的心理学思想、理论、学说、方法、技术及工具的研究、考察和探索,从而系统梳理中国文化历史、文化传统及思想创造中包含的心理学思想、心理学解说和心理学内容。这是在与西方心理学或国外心理学不同的中国本土的文化历史、文化思想、文化传统和文化创造的基础之上,去重新认识、理解和把握心理学。关于中国本土文化传统中的心理学研究,在研究尺度、评判标准、理论依据、学术把握等方面一直存在学术争议。有的研究按照西方文化或西方科学文化的尺度,按照西方心理学或西方实证科学心理学的尺度,来筛淘和衡量中国本土文化传统中的心理学内容,也有研究强调应按照中国本土的文化传统、价值尺度、学术标准,来重新衡量、梳理和探讨中国本土的心理学传统。

中国本土的心理学正在寻求自身的创新性发展。这种创新倡导的是,中国心理学的发展不应该仅仅是对国外心理学的修补和改进,也不应该仅仅就是对中国历史传统中的心理学思想的解释和解说,中国本土心理学真正需要的是寻求本土文化的心理学根基和心理学资源,并立足这种本土文化中的心理学核心内容来建构真正属于中国本土的创新的心理学。关于中国本土心理学的发展应该倡导和推动原始性的创新,特别是原始性的理论创新,这已经开始由最初的呼吁逐渐成为付诸行动的学术追求。中国心理学的这种原始性创新的努力,也开始由不同分支学科、不同理论知识、不同研究方法、不同技术手段等分散的方面,转向对更宏大的心理学理论原则、理论框架、理论构成等方面的突破。

中国现代意义上的科学心理学是从国外引入的,包括近代从欧美等科学心理学先导和发达的国家引入的实证科学的心理学,也包括新中国建立初期开始从苏联引进的以巴甫洛夫的高级神经活动学说为代表的唯物主义心理学。这两个不同来源的心理学都存在于中国现代心理学的研究中。改革开放后,中国心理学开始挖掘和整理中国本土的传统心理学思想,但是,这方面的研究还存在着重大的缺陷,最大的问题是认为中国本土文化中并没有心理学,只有一些零散的、猜测的心理学思想,认为这方面的研究仅在于证明现代心理学研究的古代猜想。这就形成了两个巨大的鸿沟:一是翻译、引进和介绍的国外研究与中国本土文化和生活之间的鸿沟;二是中国古代的心理学思想与中国当代的心理学创新之间的鸿沟。这也就导致中国本土心理学的两个重大缺失:一是长期的引进和模仿导致中国本土心理学研究原创性的严重缺失和弱化；二是中国古代心理学思想研究仅仅是为现代心理学研究提供历史的佐证，导致中国本土心理学根基的垮塌和资源的流失。总括起来，中国本土心理学所缺失的是建立在中国本土心理学资源基础之上的心理学原始性的理论创新和建构。这套丛书最核心的学术价值和创新意义就在于，通过立足本土文化的理论创新和建构，开辟中国本土心理学未来的学科发展和创新的理论演进道路。

在中国本土心理学的研究中，关于中国本土文化传统中的心理学理论根基和学术资源的探索是最重要和关键的走向，也是最核心和根本的未来。这套丛书旨在挖掘和把握中国本土的心理学资源、心理学传统和心理学根基，从而推动和引领中国本土心理学的创新性发展。例如，在中国古老的和悠久的心性文化传统中，就存在丰富的心理学资源、特定的心理学传统和深厚的心理学根基，这就是中国文化的心性学说。从心理学的角度加以考察和挖掘，可以将这种心性学说转换为心性心理学，这是中国文化非常独特和重要的心理学理论贡献。中国本土文化中的心性学说和心性心理学有着非常重要的心理学学术性价值，问题是怎样将这种心性心理学的传统转换成为中国心理学理论创新的资源。这套丛书的研究就是对中国本土心理学的研究进行重新定位，就是要厘清中国本土心性心理学的内涵，深入挖掘中国本土的心性心理学，并将心性心理学的思想框架和理论核心引入中国本土心理学的具体研究中。

正所谓"条条大路通罗马"，不同的心理学探索、不同的心理学形态，都是通往人类心理的门户。在通道的沿途，有着各不相同、别具洞天的境遇和景色。心理学的探索者不应该去关闭那些可能的通路。为什么不去探险呢？无限风光在险途！

吉林大学哲学社会学院心理学系

葛鲁嘉

2014 年 10 月

目录
Contents

第一章　常识心理学总论

　　常识心理学(common-sense psychology)也可以称为常识形态的心理学,是心理学多元形态中最古老的形态。心理学具有和展现了六种不同的历史、现实和未来的多元形态,包括常识形态的心理学、哲学形态的心理学、宗教形态的心理学、类同形态的心理学、科学形态的心理学和资源形态的心理学。心理学的这些不同形态实际上就是心理学的资源。关于心理资源的论析就在于揭示和阐明不同形态的心理学,常识形态的心理学就位列其中。① 对常识心理学的界定关系到对常识的理解,或者说涉及对生活常识的理解。从常识和生活常识入手,才会进入关于常识形态的心理学的界定和解说,其中包括常识心理学的性质、构成、功能、价值,等等。关于常识心理学,不同的研究者可以有完全不同的理解,不同的学科也可以有完全不同的解说,其中包括哲学家、科学家、文学家、思想家、普通人等的理解,也包括哲学、文学、史学、法学、商学、心理学、社会学、经济学、政治学等学科的探索。

第一节　生活常识的新内涵

　　常识心理学是与常识相关联的。常识形态的心理学就出身于常识,寓身于生活常识,也在常识之中演变。常识就是常人或普通人在日常生活里

---

① 葛鲁嘉.心理资源论析——心理学的历史、现实和未来的形态[M].北京:中国社会科学出版社,2010:33.

掌握和具有的日常知识。这种日常知识既可以体现为日常生活的经验,也可以体现为日常生活的常识。常识可以带给常人关于日常生活的理解,因此,常识的存在就是人类的存在或心理的存在的日常方式。常识具有的基本性质就是人的日常生活的经验存在。每个人都有自己的生活经验,也就有出自自己生活经验的知识;每个人都有自己的心理生活经验,也就有出自自己心理生活经验的知识。

一、生活的形态

人是有生命的存在,生命是要通过生活加以维系和延续的,人也在自己的生活中来延续、展现和光大自己的生命。无论是对于人的生命的存在,还是对于人的生活的存在,心理生活都是人的生命和生活中最重要的部分。人的生活可以具有各种不同的形态,包括物质生活的形态、社会生活的形态、文化生活的形态,等等,而心理生活的形态是人的现实生活中最基本的形态。

要理解人的心理生活的性质和内涵,就必须考虑以下几个方面:一是人性与心理生活。心理生活是人拥有和创造的生活,因此,心理生活就是人性的构成、形成、展露和展现的过程。要理解人的心理生活,就必须理解人的本质属性。二是自我与心理生活。人的心理生活是人的自我体现、自我创造、自我建构的结果。这涉及人格与自我、主我与客我、大我与小我等一系列重要关系。三是认知与心理生活。人是通过认知活动来实现和建构自己的心理生活的。这里涉及人的认知的性质,也涉及对象的认知和生存的认知,还涉及认知的生成和建构。四是意向与心理生活。心理意向决定了心理生活的一体性和自主性。人在自己的心理生活中,正是通过心理意向来定位生活的目标,引导生活的道路,把握生活的未来。五是观念与心理生活。人的心理生活是对意义的追求,意义的基本心理单元就是观念;心理观念与生活现实是互构的关系。六是体验与心理生活。体验或心理体验是指感受、感悟、觉解、觉悟、思想、思念、体察、体会等。心理生活就是人体验着的心理现实,也是人创造出的现实心理。七是超越与心理生活。人的心理生活有价值的评判、有追求的目标、有理想的设定、有超越的品性。心理创造就是超越的活动,是心理超越现存的实在。八是创造与心理生活。人不是心理生活的被动体验者,而是心理生活的主动创造者。人的心理有双重的创造功能,包括对外部生活世界和对自身心理行为的创造性的建构。

人的生活是人的生存、人的发展和人的创造的现实过程。但是,正因为人不仅是自然的、社会的、文化的、历史的、现实的、生活的存在,而且是自觉的、精神的、感受的、体验的、思想的、心理的存在,所以,人的生活也是自觉把握到的,是精神支撑起的,是感受汇聚成的,是体验领会中的,是思想勾画下的,是心理创造出的。那么,心理生活就是人的生活中起主导作用的部分,这也就是自主的含义。当然,人也会有失去自主的时候,从而成为环境或他人的奴隶,成为任人宰割和随波逐流的存在。但是,只要人意识到自己的生存状态,只要人确立自己的生活目标,只要人付出自己的意志努力,人就会成为自己生活的主导者。所以,心理生活是人的生活的核心内容,是人的生活的实际走向,是人的生活的自我主宰。实际上,也许根本就无法理解没有心理生活的人的生活,任何人的生活都是人的心理生活构筑和构造出来的,这是人与其他事物或动物非常重要的差别。可以说,一个人的心理生活是什么样的,一个人的心理生活具有什么品质,这个人的实际生活就会是什么样的,这个人的现实生活就会具有什么品质。所以,人的生活就是人体察、体验、体会、体悟、体证到的生活,就是人生成、确立、演化、建构、创造出的生活。

心理生活则是由生活者自主体验到、意识把握到和心理创造出的,或者是由生活者内在驱动、自主建构和主导生成的。人在自身的生活过程中,并不是自己心理的被动的承载者或呈现者,而是心理生活的主动的创造者和生成者。人的心理的本性就在于人的心理生活具有觉的性质,人的心理的高级存在方式和特有表现方式就在于人的心理是有意识的存在。意识活动是一种觉解的活动,这包括以外部事物为对象的觉知,也包括以人自身为对象的自觉。觉的活动是一种生成意义的活动,实际上这也就是一种创造性的活动。所以,人的自觉活动就是一种创造性生成的活动,这也就是人们常说的觉悟。任何觉悟都是对觉的对象的创造性把握。①

常识形态的心理学与人的社会生活、日常生活、心理生活是一体化的存

---

① 葛鲁嘉.关于心理生活基本性质和内涵的理解[J].湖南师范大学教育科学学报,2005(5):100-103.

在。在人的社会生活中,在人的日常生活中,在人的心理生活中,普通人就具有关于自己的心理行为、关于他人的心理行为、关于自己的心理行为与他人的心理行为之间关系的理解和解说。因此,常识形态的心理学就属于人的日常生活形态的内容,就属于人的心理生活形态的内容。其实,从人的日常生活形态入手,就是为了分离、提取、明确常识的形态,以及常识形态的心理学。

二、生活的经验

经验的存在是人直接体验到的生活的存在。日常的生活经验要先于理性的自我理解,先于人际的语言交流,先于思想的前提反思,也先于逻辑的理念解说。生活就表达在经验之中,日常生活就表达在心理经验之中。在人生的历程中,生活经验不是稍纵即逝的感觉,也不是飘浮在生活表层的无意义的泡沫。经验对于人生有观念无法取代的持久意义,不仅会通过记忆和体验保持人生的价值与意义,也会随着记忆进入人对生活的理解,随时影响个人对人生的看法。经验在这种意义上成为人关于自身的知识和自我理解的基础。经验也是人感受生活意义的源泉。一个人越是能更多地体验人生,更多地接触到历史保存的经验,便越是能更多地体味出生活的意义。历史负载的人生经验越丰富,就越具有生气。生活与经验的联系首先并不是认识上的纽带,人无论是理解生活,还是不理解生活,都会置身于生活经验之中。这种在经验中存在的状态先于价值判断、逻辑分析和理性思辨,这使人们无论在观察世界还是在认识自己的时候都无法脱离经验。

生活经验是认知活动的基础。每个人都是从生命的开端就开始有了认知活动,而生活经验就是人的认知活动的结果。这种人人都拥有但又千差万别的经验,就构成各种各样非系统化的印象、感受、看法和知识。人不能完全意识到自己有多少生活经验,因为生活经验的形成和丰富基本上无须自觉地在认识上作出努力。其原因其实很简单,人们是在生活着,并使用着各种物品,与他人进行着交往,眼看着、耳听着、感受着、体尝着,不自觉地在积累着体察到、领悟到的东西。理当称为智慧的生活经验,就是这一过程的结果。构成智慧基础的,一开始并不是专门的训练或系统的教育,而是生活的阅历或丰富的经验。

无论科学知识的意义如何之大,这些知识的存在、发展及其作用,无疑都依赖于大量而多样的日常经验。科学实际上就是生活经验的延伸和扩展，这可以从三个方面来说明。首先，人们最根深蒂固的理念都是具有高度概括性的理念。这些理念构成了人们思想的基本框架，成为人们日常生活的基础知识。其次，人们的许多知识都是"知道怎么办"的知识。这种知识是一种文化共同体的财富，是每个人在日常生活的基本活动方面应当懂得的事理。在使一般工作和社会生活成为可能，在划清行动上的随意性和危险性的界限方面，这种知识的作用是极其重要的。因而，这种知识就成为被理所当然和非批判性地加以接受的常识，并且在人们的日常语言中表达为谚语、格言、俗话、口头禅、大实话、大白话。最后，科学史证明，科学是在日常经验材料的基础上产生和发展起来的。正是日常经验确认了后来得到科学解释的事实。科学知识的根基就是日常生活的经验。

常识是科学植根和成长的土壤。但是，常识本身并不属于科学，因为常识并不是有意识的反思批判的对象。常识的特点就在于其非批判性。科学与常识之间最重要的区别就在于科学本身体现出的自觉的和审慎的批判性。科学借助符号化的手段使经验进一步概念化，成为反思批判的对象。科学是一种从概念上把握实在的努力，因而科学就是对常识的改造。尽管如此，科学仍然植根于生活经验的沃土。在科学的知识体系中，除了理论层次和元理论层次之外，还有经验层次。经验层次与通常称为"日常"或"常识"的交流及思考方式处于同一个水平。①

生活是常识的基础，生活的经验是常识的土壤。常识实际上不过是经验的积累、概括和升级，是人类生活经验的积累、概括和升级。人类生活经验的丰富化、多样化、条理化和知识化，就成为人类生活的常识。进而，个体的生活经验、群体的生活经验、社会的生活经验，就包含个体的心理经验、群体的心理经验、社会的心理经验。这些心理经验之中就内含和传递着常识形态的心理学。

三、生活的常识

常识或者生活常识，可以具有两个方面的含义。一是常识的"常"指普

---

① 陈建涛.关于生活经验的认识论思考[J].天津社会科学,1994(4)：46-50.

通人的或大众化的,常人就是生活中的普通人,普通人拥有的关于自身生活的经验知识就是常识。其实,每一个人在生活中都会获得关于自身生活感受或体验的基本知识或基本理解。显然,常识就是常人关于生活的理解和解说。二是常识的"常"指人类共同的或公有的,即为常人所接受的和所拥有的,也指社会共有的或公共通用的基本知识或基本理解。因此,常识又是属于公众的,是社会公众关于生活的理解和解说。常识具有的这两个含义是有所不同的,有重要区别。这也就导致,生活的常识可以是普通个体拥有的,也可以是公共通用的或大众拥有的。这两方面的含义在常识心理学中都会有所体现。

常识就是经验中的世界图景或生活图景。常识就是最普通和平常,又是最长期和持久起作用的经验知识。常识是人类世世代代的经验的产物,是人类在最实际的水平上和最广泛的基础上对人类生存的自然环境、社会环境、文化环境的适应。人类的常识犹如动物的保护色,是人类生存的一种重要手段,对人类的生存具有重要价值。

常识被每个健全的正常人普遍认同,人人都在生活经验中分享常识、体验常识、重复常识和创新常识。在常识的概念框架中,人们的经验世界得到最广泛的相互理解,人们的思想感情得到最普遍的相互交流,人们的行为方式得到最直接的相互协调,人们的内心世界得到最便捷的自我认同。常识就是人类把握世界和把握自我的最具普遍性的方式。

常识的本质特性就是经验性。常识源自经验,常识符合经验,常识适用于经验。对经验的依附性,是常识的概念框架的实质。在常识的概念框架中,概念总是依附于经验表象,并围绕着经验表象旋转。由此而形成的世界图景,就是经验的世界图景。常识的世界图景是以人们的经验的普遍性为中介的世界图景。也就是说,常识的世界图景是由人们的共同经验构成的。在共同经验中,人们形成了共同的世界图景,这种共同经验的世界图景具有直观性或给予性、凝固性或非批判性等特征。

首先,由共同经验构成的常识的世界图景具有显著的直观性或给予性。人们以常识的概念框架去观察、描述和解释世界,其实质是以经验的普遍性去把握世界,去形成具有经验的共同性的世界图景。正是由于这种常识的世界图景以经验的共同性为实质内容,所以常识符合经验主体的直接经验,并适合对这种直接经验的解释。由经验直观而形成的世界图景,又直观地呈现给经验的主体。对于经验主体来说,这种直观的世界图景是直接地给予经验主体的。世界以经验的普遍性和共同性为内容而给予经验主体,经验主体又以之为中介而把握世界的存在。在世界、主体和经验这三者的关系中,经验既是构成主体的世界图景的中介,又是世界在主体的表象和思想中的图景,因此,经验的普遍性与共同性是常识的世界图景,构成中介与实质内容的统一。经验主体就是在常识的概念框架与经验直观的统一中达到对经验世界的自我理解以及经验主体之间的相互理解,由此构成了人们的常识的世界图景。

其次,由共同经验构成的常识的世界图景又具有显著的凝固性或非批判性。在常识自身的延续与积累的意义上,由常识概念框架构成的世界图景总是不可逃避地依附于经验的共同性,因而无法超越经验而构成具有科学意义的世界图景。这种常识的世界图景以其经验的给予性和直接性为前提,进而表现为经验的延续性和非批判性。

常识的世界图景以共同经验的历史性遗传为中介,从而实现其世世代代的延续,因此常识在本质上是一个僵化的、凝固的世界图景,即永远是共同经验的世界图景。概念总是围绕不断流变的表象旋转,由于概念对经验表象的依附性,概念自身只不过是表述经验的名称,所以对于经验个体来说,以分享常识为基础而构成的经验世界图景总是一个混沌的整体。更重要的是,由于常识概念依附于经验表象,超越经验即为对常识的挑战,所以常识自身是非批判的和非反思的,由常识概念框架构成的经验的世界图景也是非批判的和非反思的。

科学是关于普遍必然性的知识。科学既源于经验又超越经验,既以经验的积累为前提,又以科学自身的发展为前提。科学表现为具有严谨的逻辑性和系统性、普遍的解释性和规范性的各种概念发展体系。在科学的概念框架中,概念之间以其相互规定为前提而获得自我规定,以其相互理解为前提而获得自我理解,以其相互批判为前提而获得自我更新。因此,科学区别于常识的本质特征并不在于科学创造和使用某些常识不具有的概念,而在于科学概念框架具有区别于常识概念框架的特殊性质。

科学概念不是依附于经验表象并围绕经验表象旋转,而是超越经验表象并解释经验表象的本质以及创造非经验的表象。科学的世界图景并不是以经验的普遍性为中介的世界图景,而是以概念的规定性为中介的世界图景。在科学概念的框架中,世界图景既不是经验表象给予的,也不是通过经验直观形成的,而是由概念的相互规定构成的。科学的世界图景是概念化、逻辑化、精确化和系统化的世界图景。科学具有内容的规律性、解释的普遍性、描述的可证实性和经验的可预见性等特征。与此同时,科学还具有自我批判、自我发展和自我创造的特征,因而能够实现科学概念框架的自我更新,从而形成历史性发展的科学世界图景。在科学的发展过程中,世界图景具有显著的历史性和时代性。那么,科学的常识化就是以历史性转换的世界图景去变革和取代人们的常识世界图景,使人们形成自己时代的科学的世界观。在现代化的进程中,对于人的存在方式的变革和人的基本素质的提高来说,世界图景的科学化和世界观的变革是其坚实的基础。这就需要以科学的世界图景来变革和取代人们的常识世界图景,以科学的世界观来变革和取代人们的常识世界观。①

因此,按照上述给出的理解,生活的常识就在哲学家的视野中成为哲学需要超越的对象。尽管这并不是否认或否定了常识具有的价值,但却把常识限定在一个有限的范围之内。上述探讨的常识是对应于哲学思辨的,而不是对应于日常生活的,也不是对应于心理科学的。如果把生活常识从日常生活的领域中分离出来,如果把心理常识从心理生活的领域中分离出来,让常识仅仅面对哲学,仅仅面对哲学家的思考,那常识的缺失或缺陷就是鲜明的。但是,如果把常识放回日常生活中,如果让生活常识回归普通人的生活,如果使心理常识进入常人的心理生活,那么常识就会是具有生活必要性的存在。

四、常识的生活

常识可以看成是日常的意识,是人们在日常生活与社会交往中获取的群体意识、社会心理和公共经验的总称。常识包括或包含的方面极其广泛,几乎涉及所有人类共同的、流行的或习惯的社会心理和社会意识。这实际

---

① 孙正聿.哲学通论[M].沈阳:辽宁人民出版社,1998:51-82.

上可以体现为公众的文化心理、行为方式、生活习惯、民风民俗、生活经验，等等；也可以体现为人类的科学知识、艺术理解、哲学思想、公共意识、日常语言，等等。

常识是在日常生活领域起支配作用的公共意识，是支撑其他社会意识形态的精神发源地和归宿，更是每一个体特别是初涉社会的青少年要面对的第一意识世界。常识在当代精神生活世界里具有的中心地位和广泛的精神权力不能不受到各种不同的哲学，特别是后现代哲学的高度关注。在后现代哲学的视野中，多元化的人文领域或精神世界是没有等级和高低之分的。哲学和科学一向在现代启蒙精神体系中占据高位，但它们只不过是谋取权力的表征——知识常常被赋予了权力。

首先涉及的是常识存在的一元化与多元化，这是整合的建构与整体的解构。在当代的交往社会中，常识的存在以多元的存在为前提，多元的存在就扎根在交往实践的多元主体中。由于多元主体的存在而产生了理解的多元化，这就使对话成为必要。常识也正是在这些多元理解的对话中产生的。但是，常识的基础具有的多元性并不会因此而构成对其一元性的否定。常识是超越了个体理解的社会精神形态，这决不会排斥一元性，而是会趋向一元性。在交往实践观看来，常识就是交往共同体的共识精神，支撑着共同体日常生活的主导价值观念、意义体系和规范标准，是大众借以相互规约和评判交往行为的尺度。因此，常识必然追求一元性，事实上也在不断实现其一元性。

其次涉及的是常识意义的中心化与去中心化，这是双向的建构和双向的整合。从本性来说，常识要实现交往实践的规范功能，就必须建立与之对应的精神交往的意义结构，因而就要成为中心意义。因此，常识要削除多元，建立一个意义中心化的精神形态。常识对多元精神理解结构的反叛和超越，会成就一种群体化、社会化的精神结构。中心性是日常生活中精神交往的规范尺度、中心价值或本位价值，它构成常识体系中的内核。同时，任何常识的存在又正是以多元的非常识化的精神存在为前提的，它向多元的个体精神开放，并在开放中不断地去中心化，呈现边缘化格局。建立中心化和边缘化的冲突恰好是常识变动不居的特征。①

---

① 任平.常识分析：与后现代哲学对话[J].天津社会科学,1999(1)：11-17.

显然，常识可以在生活的层面之上去解说和引导人的生活。常识预示、界定和展现的人的日常生活，就是按照常识的方式和常识的轨道进行的生活。这就保证了人的生活是符合常理的，是符合常态的，是符合常规的。常识中蕴含了生活的价值、生活的意义、生活的方式、生活的内容。普通人有了常识，也就有了稳定和稳妥的生活，有了合理和合情的行为，有了有效和有益的互动。因此，在常识的视野之中，在常识的意义之中，在常识的限定之下，在常识的架构之下，普通人也就有了自己的生活，也就有了自己的心理生活。

常识的生活是常人的生活，是常人通过自己掌握和运用的常识来把握和应对自己的日常生活。掌握了常识的生活是合理的或合规的生活，运用了常识的生活是合适的或合宜的生活。常识是与现实生活相一致的或相吻合的。因此，常识的存留、消亡和接替都依据生活的需要，是生活自身的选择。

缺乏常识的生活是根本无法恰当进行的，缺少常识的生活也是完全无序和无解的。常识中设置了一种特定的或通行的生活秩序，规范了一种独有的或共享的生活样式，提供了一种采纳的或评判的生活依据。改变一种旧式的生活就要改变原有的生活常识。同样，进入一种独特的生活就要接受不同的生活常识，推行一种新式的生活就要贯彻新潮的生活常识。

五、常识的存在

常识的基本含义可以包括三个方面：一是指人基本上共知的事实，是关于一些简单而基本的事实的知识；二是指这些基本事实中包含的道理，也即常理；三是指自然而然的理解，以及依据这些理解而形成的基本判断力。总括起来，常识就是指立足寻常道理的总体态度，这一定义是与不寻常的事实、高深的道理，尤其是与理论知识、理论体系相比较而言的。

理论是知识或道理的系统化，人们借助理论可以为世界提供系统的解释，获得对世界的系统理解。理论依据的道理可以来自常识，但是理论的解释不同于常识的解释。理论并不只是借用常识的道理来解释生活的事件。在一个理论中，那些包含在正常的理解之中的道理通过某种疏通和变形而获得了组织。其中，有某些道理上升为原理，把包含在多种常识中的多种道理连成一个系统。理论的系统性突出地表现在两个方面：一是减少原理的数目，把定理和原理联系起来；二是理论用这一整体的道理对世界作出整体解释，而整体解释使人们理解世界更深层面或更高层面的识见。

理论由于其自身的系统化而具有更强的解释力。就此而言，理论的解释与常识的解释并不处在同一个平面上。即使理论完全依据常识包含的道理而建立，理论的解释也会不同于常识的解释。生活常识并不是一个完整的体系，也并不会对世界提供统一的解释。理论中的各种道理、各项定理，都不是并列杂陈的，而是通过原理互相关联在一起。常识的解释是就事论事，而一种理论对各种现象的解释是互相关联的，形成一个整体。理论挖掘常识里面包含的道理，并加以调整和组织。在这里，道理的组织是非常关键的。常识包含的道理往往并无明确的表述，为此理论首先就要明确阐述这些道理。理论的主要工作不是把常识中隐含的道理加以明述，不是各种重要常识的集合，不是各种洞见的集合，也不是对常识加以总结。①

常识与经验具有价值规范的作用。常识是人类把握世界的基础层次的概念框架，既具有描述和解释世界的功能，又具有约束和规范人的思想和行为的功能。常识规范着人们的所思所想和所作所为。在这个意义上，常识既是人们的思想和行为的根据，也是人们的思想和行为的限度。常识对人的思想和行为具有规定和否定的双重规范作用。②

显然，按照上述理解，常识是最普通、最普遍的经验和知识的存在，常识因而成为进入日常生活的台阶或门槛。常识可以把科学、哲学等知识形态带入生活，也可以把经验、体验等生活形态带入学术研究。这种转换的功能赋予常识特殊的地位。但是，常识也是受到轻视乃至忽略的经验存在和知识存在。在许多专业研究者的眼中，常识是没有价值和没有意义的内容存在，是应该被取代和受到批判的经验存在和知识存在。

在普通人有意识的、有理性的、有取向的日常生活之中，常识是最基本或最基础的生活依据。因此，常识就是人的日常生活不可或缺的组成部分。普通人具有的日常意识、日常理性、日常取向就依据常识、立足常识、取自常

① 陈嘉映.常识与理论[J].南京大学学报(哲学·人文科学·社会科学版),2007(5)：61-68.
② 孙正聿.哲学通论[M].沈阳：辽宁人民出版社,1998：66.

识。常识的存在就是人类存在的生活方式,就是人类活动的基本理念,就是人类价值的心理依托,就是个体心理的核心意义。

在某种意义上,常识的存在就是心理的存在。没有心理的存在,常识就失去了存在的意义和价值。所以,常识的意义就是心理的意义,常识的价值就是心理的价值,常识的消亡就是心理的消亡,常识的发达也就是心理的发达。那么,常识与心理就是共生的关系。

当然,证明常识的存在是毫无意义的,常识似乎属于不证自明的存在。但是,正因为常识在人的日常生活和日常心理中是普遍存在的,所以才会被普通人和科学家普遍忽视与漠视。这也就导致,本来是证明常识的存在是毫无意义的,现在却演变为常识的存在原本就是毫无意义的。实际上,常识存在于人的日常生活之中,存在于人的日常心理生活之中,它的意义和价值就如同空气对于人的意义和价值。人在正常情况下并不会意识到空气的存在,但是如果缺失了空气,人就无法生存,生命就无法延续。

可以说,常识的存在就是人性的存在,就是人生的存在,就是心理的存在,就是意义的存在,就是价值的存在。因此,常识不仅是存在的,而且是非常基本和非常重要的存在。在此基础之上,常识中的心理学、常识形态的心理学,也就是非常基本和非常重要的存在。常识支撑着人的日常生活,常识心理学则支撑着人的日常心理生活。

六、常识的性质

日常知识的领域十分宽广,包括了现实中被广泛接受的日常生活的常识、信念、规范,习俗中记录下来的日常经验的概括、传说、教诲,生活中直接感知到的品性特征的描绘、说明、确信,等等。日常知识是极其稳定的。由于日常知识是对经常发生的众多现象和生活过程的概括,因而一般构成个人对生活和世界的实际态度、价值定位和目标选择。由于日常知识能使个人以这种方式组织自己的日常活动,因而常识对于作为自然与社会存在的人来说具有根本性意义。常识至少是日常知识最主要或最重要的部分。常识是日常的见识或普通的见识,是日常生活、日常思维和日常行动赖以进行的知识源泉。

常识与科学知识之间具有重要的关联。其一,科学在历史起源或发生学上程度不等地依赖于常识;其二,常识与科学有某些共同或相近之处;其三,常识在科学理论的建构中作为科学的预设、方法和公理起作用。尽管科学与常识有诸多关联,并在一定程度上受惠于常识,但是科学毕竟不是常识,也不能停留在常识的水平上。

科学知识与常识之间具有显著的差异。第一,科学知识是而且必须是可言传的,起码在最终结果上应该如此,否则就不能称其为科学;常识则往往是不可言传的,至少有相当多的内容是不可言传的。第二,科学知识或作为知识体系的科学具有批判性,这种批判具有怀疑性质或包含怀疑因素。科学知识或作为知识体系的科学也具有反思性,是对思想现实或理论现实的反思。然而,常识却是非批判的和非反思的。第三,科学知识是非自然性的,常识则是自然性的。第四,科学知识注重抽象的理解,而常识仅仅着眼于实际的使用。第五,科学知识是理论的知识,常识是非理论的知识——这实际上是上述各种差异在最终结果上的必然表现。这种知识形态上的差异不仅仅是量的差异,比如科学知识是精确的、量化的、逻辑性的、思想性的,等等,更是质的不同。[1]

在哲学家看来,在人类把握世界的各种不同方式中,常识是一种最基本和最普遍的方式,这种方式是其他各种方式得以形成和发展的基础。因此,人们总是习惯性地以常识的方式去理解和解释其他的方式。这种情况非常突出地表现在用常识的方式去理解和解释哲学,以至于把哲学变成了某种冠以哲学名词的常识。因此,在哲学的自我理解中,首先需要探讨哲学与常识的关系。

人类把握世界的概念体系既是纷繁复杂的,又是历史地发展的。概念框架是人们用以构筑思想中的经验世界并用以整理思想中的概念的方式。人类用以把握和解释世界的任何一个概念都不可能是孤立自在的零星碎片,都不可能独立地构成思想中关于世界的规定,也都不可能独立地使思想获得对世界的理解。恰恰相反,任何一个概念,其内涵与外延、演化与发展,都必须以及只能是在特定的概念框架中获得与实现。也即概念必须是彼此联系的,形成一个概念网络,依靠这个概念网络,概念依次得以理解,形成可

---

① 李醒民.知识、常识和科学知识[J].北方论丛,2008(1):123-130.

以称为概念框架或概念结构的东西。因此,人们如何描述和解释世界,人们怎样理解和规范自己,从深层上看,总是取决于人们占有和使用的概念框架的不同性质及其达到的不同水平。

概念框架的性质与水平具有不同的含义。概念框架的性质是指不同层次的概念框架具有的特殊的(或者特定的)性质。在概念框架的不同性质或不同层次的意义上,可以把所有的概念框架区分为三个基本层次,即常识性质的概念框架、科学性质的概念框架和哲学性质的概念框架。概念框架的水平是指各个层次的概念框架在自身的演化与发展中达到的不同水平,即各种性质的概念框架都表现为特定水平的概念框架。

任何一个概念都只能在特定的概念框架中获得相互规定和自我规定,实现相互理解和自我理解。这表明,概念的规定性依赖于概念框架。更重要的问题在于,在不同层次的概念框架中,概念具有不同的性质。尽管人们可以使用完全相同的名词或语句,但在不同层次的概念框架中,这些完全相同的名词或语句却具有完全不同的性质。例如,人们经常使用"物质"这个词,但在常识的、科学的和哲学的三个不同层次的概念框架中,它具有不同的性质。在常识的概念框架中,物质是指各种各样的东西;在科学的概念框架中,物质是指构成世界的要素;而在哲学的概念框架中,物质是指不依赖于人的意识而又为人的思想所把握的客观实在。

同样,人们经常挂在嘴边的"真善美"与"假恶丑"等,都在不同层次的概念框架中具有不同的性质。常识之"真"是"真的"或不是"假的",科学之"真"是经过验证的"普遍必然性",哲学之"真"则是指"思想的客观性";常识之"善"是"好的"或不是"坏的",科学之"善"是指行为对人和社会的正面效应,哲学之"善"则是指人的思想与行为的"应然性";常识之"美"就是"美的"或不是"丑的",科学之"美"就是思想的合乎逻辑,哲学之"美"则为"是"与"应当"的统一。

可以具体地分析"真"与"假"的问题。在常识中,"真"与"假"直接指向经验对象,即某个经验对象是否存在。如果对象存在,那么关于对象的经验就是真的,否则就是假的。在科学中,"真"与"假"则不仅仅指向经验对象,更重要的是指向关于经验对象的思想,即关于经验对象的某种解释是否成立。如果解释是成立的,则该思想是真的,否则该思想就是假的。在哲学中,"真"与"假"不仅仅是指某个经验对象是否存在,也不仅仅是指关于经验对象的某种思想是否成立,更重要的是指思维和存在是否具有同一性,即思想是否具有客观性。不仅如此,哲学中的"真善美"是联系在一起的,哲学关于"真"的理解总是某种真理观、价值观和历史观的统一。因此,虽然人们都在使用"真"这个概念,但在不同的概念框架中,它却具有不同的性质。

应当特别注意的是,概念框架的性质或层次不同,不仅决定着该层次中所有概念的特定性质,而且决定着人们对人和世界及其相互关系的不同理解。具体地说,常识的、科学的和哲学的三个层次的概念框架,为人们提供了三种不同性质的世界图景、思维方式和价值规范。正是在这三种不同性质的世界图景、思维方式和价值规范中,世界得到不同层次的描述和解释,人的思想与行为也得到不同层次的理解和规范。①

三个层次的概念框架的划分,清晰地说明了人对世界图景的不同解释和理解。不过,这样的层次划分显然是按照一个高低不同的等级排列的。在这个等级之中,常识属于最低的一级,科学属于较高的一级,哲学则属于最高的一级。这实际上就是根据哲学的研究对常识、科学和哲学的关系进行排列。但是,在现实生活中,若按照普通人生活的尺度进行排列,或者按照对于普通人生活的重要程度来排列,划分的顺序就正好可以倒过来。也就是说,常识是最重要的,属于最高的一级;科学其次,属于较高的一级;哲学是最不重要的,属于最低的一级。当然,这仅仅是按照不同的尺度对常识、科学和哲学进行的顺序排列,并不涉及抬高或贬低,因为三者的存在都有其独特的价值和地位。

第二节　常识心理学的界定

心理学具有不同的社会、文化、历史、时代、思想、现实和未来的形态。或者说,心理学并不是单一形态的存在,而是具有多样化、多元化的存在形态。这些不同的心理学形态就是心理学的资源,心理学拥有自己的资源。

---

① 孙正聿.哲学通论[M].沈阳:辽宁人民出版社,1998:51-82.

常识心理学就是其中的一种形态或资源。有研究者将常识心理学称为民间心理学。民间心理学指的是在民间流行的,为普通大众广泛且心照不宣接受的,关于心的看法、观点和原则的总汇。它也就是隐藏在每一个正常人心灵深处、体现在人的行为解释预言实践中的概念图式或能力结构。这就是一种具有特定含义的理论。民间心理学因是常识性的,故人们也常称之为常识心理学。不过要特别注意,这种常识心理学不是科学心理学的常识化,而是有其特定的所指,不能把这两种常识心理学混淆起来。为了避免混乱,还是称之为"民间心理学"为妥。①

常识心理学可以被看成是原生态意义上的心理学。它是普通人在日常生活中建立的心理学,是存在于普通人生活经验中的心理学。常识心理学有两个存在水平。一是个体化的存在水平,是个体在自己的生活经历和经验中获得的,是个人对心理行为独特的认识和理解。二是社会化的存在水平,是不同个体在交往和互动的过程中共同形成和具有的,个体可以在社会化的过程中接受和掌握隐含于社会文化中的心理常识。常识心理学既是普通人心灵活动的指南,也是普通人理解心灵的指南。常识心理学可以成为科学心理学发展的文化资源、生活资源、传统资源。

一、常识心理学的概念

在心理学的视野里,在心理学的研究中,常识心理学开始得到越来越多的关注、探讨、考察和阐释。常识心理学有许多不同的说法,有各种不同的称呼,例如民间心理学、民俗心理学(folk psychology)、素朴心理学(naive psychology)、大众心理学、民众心理学、群众心理学、百姓心理学、非科学心理学等。这一系列不同的名称无疑都涉及对常识心理学的界定。

如何界定常识心理学是理解和解说常识心理学的开端或起点。常识心理学可以被界定为"民"的心理学,这也就是民众心理学、民间心理学、民俗心理学;常识心理学也可以被界定为"众"的心理学,这也就是大众心理学、民众心理学、群众心理学。"民"和"众"都是常人,都是普通人,都是老百姓。

尽管常识心理学、民间心理学、民俗心理学、素朴心理学、大众心理学、

---

① 宋荣,高新民. 思维内容的民间心理学情结[J]. 福建论坛(人文社会科学版),2011(2):37-43.

民众心理学、群众心理学、百姓心理学、非科学心理学等称谓都可以指向相同的内容，但这些不同的表述还是有不同的含义，或者有细微的差别的。例如，常识心理学突出的是常识，而常识通常是指共同的或普遍的理解；民间心理学突出的是民间，而民间通常是指普通人的生活空间或活动领域；民俗心理学突出的是民俗，而民俗通常是指在民间形成的心理行为的形态和规范；素朴心理学突出的是素朴，而素朴通常是指原始形态的和未经雕琢的内容；大众心理学突出的是大众，而大众是指在社会生活中处在最底层的普通人；民众心理学突出的是民众，而民众是指生活世界中的芸芸众生；群众心理学突出的是群众，而群众是指社会生活中积聚起来的普通人；百姓心理学突出的是百姓，而百姓是指生活在匿名状态中的常人；非科学心理学突出的是非科学，而非科学是指没有科学尺度或学术标准制约的生活理解。

显然，不同的表述有着各种不同的含义或千差万别的内涵。但是，这些不同的或各异的表述也可以寻求其共同的含义。常识心理学、民间心理学、民俗心理学、素朴心理学、大众心理学、民众心理学、群众心理学、百姓心理学、非科学心理学等，其实都是指称或表达一种科学心理学之外的，或者是与学术心理学相对应的，或者是体现在普通人日常生活之中的，为普通人所创造、拥有、延续、运用的，关于日常生活中人的心理行为的日常的理论、方法和技术。

常识心理学的概念界定至少关系到两个方面的内容，一是关于常识的理解，二是关于心理学的理解。常识是以普通人的日常生活经验为基础的关于特定对象的认识、理解和解说。常识与知识既有区别也有联系：常识更偏重于常人的经验见解，而知识更偏重于专家的学术见解；常识是散见的，常常是自相矛盾的，知识却是系统的，是逻辑一致的。但是，常识与知识又都是关于对象的说明、解说和阐释。这里所说的心理学也远远超越了实证科学的心理学限定的范围。在实证科学的心理学的视野中，除了实证科学的心理学，就不存在其他心理学，或者说其他心理学都被实证科学的心理学所超越、丢弃、清除了。然而，在文化、社会、传统和现实之中，只要是具备了相应的理论、方法和技术的心理学探索，就应该将其称为心理学。常人的心理学和专家的心理学都具有特定的理论、方法和技术，因此都可以称之为心理学。显然，这就扩展了心理学的边界，开阔了心理学的视野，拓宽了心理学的道路,开放了心理学的门户。

二、常识心理学的基础

心理学有一个长期的过去,却只有短暂的历史。也就是说,心理学作为非科学的形态有着久远的过去,有着数千年漫长的演变;心理学作为科学的形态则仅有一百多年非常短暂的发展历史。心理学史的研究者通常认为,心理学的发展是一个连续性的更替关系,现代的科学心理学淘汰和取代了原有的传统形态的心理学。实际情况却并非如此。科学心理学诞生之后,其他不同形态的心理学仍然与之并存着,并发挥着各自的作用。过去人们还认为,历史上只有哲学心理学和科学心理学,科学心理学从哲学的母体中诞生之后,就取代了哲学心理学,成为唯一合理的心理学。其实,历史上出现过的心理学有许多种形态,这些不同形态的心理学并没有随着现代科学心理学的出现而消亡,而是依然存在于现实生活和学术研究之中,并在不同的生活领域和思想领域发挥着重要的作用。

在心理学发展过程中,归结起来,共有六种不同形态的心理学。或者说,从人类文化历史的角度看,从人类心理资源的角度看,共出现过六种不同形态的心理学——常识形态的心理学、哲学形态的心理学、宗教形态的心理学、类同形态的心理学、科学形态的心理学,① 以及资源形态的心理学。② 那么,挖掘这些不同形态的心理学,解读这些不同形态的心理学,考察各种不同形态的心理学之间的关联与区别,思考这些不同形态的心理学的学术价值和生活价值,对当代心理学的发展有着至关重要的作用。其实,每一种形态的心理学都具有自身存在的理由和价值,也都与其他形态的心理学具有特定的关联。因此,每一种形态的心理学都值得认真地考察和探讨,都需要系统地研究和阐释。

常识心理学是第一种形态的心理学。当然,它也同样会是历史形态的、现实形态的和未来形态的心理学。常识心理学有不同的名称,也就有各种不同的理解和表达。这些不同的理解和表达也可以在不同的领域、不同的

---

① 葛鲁嘉.心理学的五种历史形态及其考评[J].吉林师范大学学报(人文社会科学版),2004(2):20 - 23.

② 葛鲁嘉.心理资源论析——心理学的历史、现实和未来的形态[M].北京:中国社会科学出版社, 2010:57 - 59.

学科、不同的理论、不同的学说中运用。可以说,常识心理学是普通人或平常人在日常生活中依据日常生活经验创建的心理学,是存在于普通人生活经验中的心理学。自从有了人类,有了人类的意识,有了人类的自我意识,人也就有了对自身心理行为和心理生活的理解、解释和构筑。[①] 人都是依据掌握的常识而生活的。普通人在日常生活中,都会有关于自己、他人以及自己与他人关系的生活经验或经验常识。例如,每个人都有自己隐含的人格理论,并会通过一个人的表现来推断其品性和人格特征。

常识心理学是指普通人对心理行为的性质、构成、功能、演变和根源的归类、假定、猜想、解释和干预。它通过日常交往而成为普遍的共识,并在人与人之间得以传递和流行。普通人通过常识心理学来理解、说明和构筑自己和他人的心理生活,这使普通人有可能涉入自己和他人的心理生活,达成交互的心理沟通和影响。常识心理学属于普通人的世俗生活,与普通人的日常生活是一体的。因此,常识心理学带有日常生活的模糊、流变和不定的特点。常识心理学可以是内隐的,这会成为普通人认识和解说心理行为的知识背景。常识心理学也可以是明确的,这就是普通人直接描述和说明自己和他人的心理行为的日常知识。科学心理学时常会面临着常识心理学的挑战。[②] 尽管科学心理学认为自己超越和埋葬了常识心理学,但实际上它无法取消和替代常识心理学在常人生活中的作用。例如,心理学家对某个特定儿童的心理行为的了解、解释和影响也许还不如该儿童的母亲。

因此,常识心理学是普通人拥有的心理学,是普通人对自身的心理生活、他人的心理生活以及自身心理生活与他人心理生活之间相互关联的素朴理解和解释。虽然普通人不是科学意义上的心理学家,但他们是常识意义上的心理学家。在日常生活中,普通人时常在观察自己和他人的心理行为,对其进行必要的因果解释,试图改变自己的和影响他人的心理状态和行为方式。常识心理学就来自普通人的心理生活经验,并通过日常交往而得以传递和流行。[③]

① 葛鲁嘉.心理文化论要——中西心理学传统跨文化解析[M].大连:辽宁师范大学出版社,1995:169.
② Wilks, K. V. The Relationship between Scientific Psychology and Common-Sense Psychology. *Synthese*, 1991(1):15 - 39.
③ 周宁,葛鲁嘉.常识话语形态的心理学[J].辽宁师范大学学报(社会科学版),2004(1):49 - 51.

常识心理学与原初或原本意义上的本土心理学同义。在西方心理学关于本土心理学初期的探讨和阐述中，就把本土心理学看成是在科学心理学范围之外的常识心理学。这强调常识心理学是在科学心理学的范围之外，而在本土社会文化的范围之内。那么，所谓本土心理学就是由日常生活经验汇集而成的思想体系，这种思想体系本身就属于常识的范畴。[①] 社会文化习俗中体现出来的常识心理学则是民俗心理学。在目前的理论心理学、文化心理学、民俗心理学的研究中，研究者常常会交叉或互换使用"常识心理学"和"民俗心理学"这两个术语。尽管有的研究者更愿意使用"本土心理学"，而不愿意使用"民族心理学""常识心理学""民俗心理学"等，但是，这里所说的本土心理学仍然与之属于一类。[②]

有研究则把常识心理学称为民间心理学或民俗心理学，这是一个类似于民间医药学、民间物理学等的概念，是指普通大众具有的依据信念、愿望等命题态度来解释、预测行为的心理资源。它潜藏于每个常人的心理结构之中，并显现于对行为的解释、预测的实践或生活中。当然，民间心理学并不是心理学的分支，也不是心理学专家提出、持有和讲授的学说，而是自发流传于大众之中的、用命题态度解释和预测行为的常识，因此也常被称为常识心理学或命题态度心理学。[③]

对于常识心理学的存在，也有研究将其看成是心理学本身具有的不同研究水平中的一种。或者说，这是心理学在常识的特定水平上对人的心理行为的考察、解说和阐释。就心理学研究水平而言，心理学具有实证的存在、理论的存在和常识的存在等三种不同的存在水平。尽管具有不同的存在水平，但这些不同水平的研究具有重要的区别。心理学必须将这三种水平有机地结合起来，只有这样，心理学才能够更好地发展。常识心理学强调的是生活原则，破除的是价值中立的原则。这就是说，不同的文化、不同的社会、不同的经历，都会使人的社会生活具有不同的特点，也就会使人们对心理行为的判断、解释和理解的依据有所不同。常识心理学还强调问题中

① Heelas, P. & Lock, A. *Indigenous Psychology*. New York: Academic Press, 1981: 3-7.
② 葛鲁嘉. 本土传统心理学的两种存在水平[J]. 长白学刊, 1995(1): 30-34.
③ 高新民, 刘占峰. 民间心理学与常识心理概念图式的批判性反思[J]. 自然辩证法研究, 2004(4): 21-25.

心的原则,该原则是指心理学来源于常识,因而必须关注日常生活,关注生活的意义,解决人们的日常问题,解释心理生活的日常意义。①

这实际上是认为,心理学在实证水平与理论水平上还不足以解决全部心理学问题,仅仅依靠实证心理学和理论心理学还不足以解释个体的心理。一切科学研究、一切理论解说均来源于问题,这些问题首先来自人们的日常心理生活,来源于人们的基本生活常识。要解释个体心理生活,要解决心理生活问题,心理学还必须具备常识水平。因此,当代心理学应该更多地关注日常问题,赋予心理生活现实意义,在常识水平上更好地理解心理生活,从而避免心理学研究脱离人们的生活世界。常识心理学与科学心理学并不是竞争对手,而是合作伙伴。

显然,常识形态的心理学有自己的生活基础、文化基础、社会基础、传统基础,常识形态的心理学植根在这样的基础之上,使自己获取了丰富的滋养。如果失去了这样的基础,常识形态的心理学也就没有了存在或延续的可能。

三、常识心理学的存在

常识心理学既是科学心理学发展的生活基础,也是科学心理学依据的文化资源。② 这就使得常识形态的心理学的存在、流传和演变具有了生活的价值、现实的意义和学术的作用。

常识心理学与社会个体的生活密不可分,但常识心理学很少得到学者的关注。实证的科学心理学家为了维护心理学的实证科学性质,要么忽略常识心理学的重要性,要么否认外行的理解值得认真对待。当然,近年来情况已经有所改变,一些心理学家开始尝试通过常识心理学来了解人的心理生活,另一些哲学家和心理学家则开始尝试通过常识心理学来重构实证的科学心理学。

应该说,常识和科学存在特殊的关联,并非有如水火。科学实际上就植根于常识。常识是基本的材料,科学就开始于常识。在日常生活中,人们也

---

① 周宁. 心理学的三种存在水平[J]. 内蒙古师范大学学报(哲学社会科学版),2003(3):91-95.
② 葛鲁嘉. 常识形态的心理学论评[J]. 安徽师范大学学报(人文社会科学版),2004(6):715-718,727.

许是对常识进行修饰加工,也许是对常识吹毛求疵,也许是对常识加以批驳,但是,科学最终要依赖于常识,遵循常识的引导,从常识中获得灵感。否则,科学就不可能融入人的生活。

心理学也并不例外。所有心理学家都在他们的科学思考中运用常识的观念,但他们这样做时通常并不分析常识并使之明确化。在日常生活中,常人拥有的民俗心理学是由大量心照不宣的原则和范式构成的松散网络,这制约着各种常识心理学术语的使用,像感觉、愿望、意图、信念、希望、担忧、痛苦、快乐,等等。许多心理学家都借用常识心理学的词汇。当然,实证的科学心理学采纳自然科学的取向,把心理科学的进步看作是抛弃常识、神话和迷信的过程。特别是行为主义心理学的兴起,它把常识心理学的心灵主义用语都当作前科学的怪物。行为主义心理学不仅把常识心理学扔进了垃圾箱,而且力图设计新的科学术语和概念取而代之。行为主义心理学的创始人华生就认为,常识心理学的概念是未开化时期的遗留物,是迷信、魔法和巫术的拼凑物。

常识心理学对常人的日常生活来说非常重要,对科学心理学来说也具有一定意义。常识心理学被一些心理学家称为外行的想法,是外行对人的心理行为的理解和解释,外行通过自己的经验就能够证明自己的心理状态,知晓自己为什么在这样的情境中做这样的事情,在那样的情境中做那样的事情。可叹的是,心理学家却常常看不到这样的事实,并忽略外行的见识。外行声称拥有的那类经验在现代的科学心理学中几乎无容身之地。实际上,正是普通人而不是科学家意识到和把握住了基本的真理。外行对人的心理行为的理解很有可能会成为未来心理学发展需面对的重要论题。实际上,每个普通人都拥有理解自己和他人的能力,这种能力给心理学家提出了一个自相矛盾的任务。对于一个已经理解了自己的生物,心理学家寻求的又会是什么样的理解呢? 心理学家的反应常常是忽略这个问题或者否认外行的理解需要被认真地对待。这类反应的结果是灾难性的,心理学家迟早要面临常识心理学的挑战。科学心理学完全可以从常识心理学中学到很多有益的东西。

常识心理学体现出不同的形式、意义和功能。常识的独特之处就在于,常识既是模糊的,也是鲜明的。一方面,这种日常的知识或生活的常识构成了普通人观察世界和理解社会的框架。如人们可以看到各种各样的心理事件,但支配着人们这样去看的则是常识心理学提供的参照系。因此,常识心理学隐退到背后,正是在这个意义上,常识心理学是模糊的。另一方面,这种日常的知识就是人们对看到的世界的描述、说明和解释。人们看到了某种心理行为,就可以直接地对之进行陈述、判定、推论。因此,常识心理学浮现了出来,正是在这个意义上,常识心理学又是鲜明的。

可以从另外一个角度区分常识心理学。就像关于事物的智慧一样,人们关于心灵的智慧可分为两种,一种是常识的,另一种是科学的。但是,关于心灵的常识与关于其他事物的常识不一样。心灵的常识有两种形式,一种是主观素朴的心理学,另一种是常识公认的心理学。主观素朴的心理学基于每个个体的日常心理生活的体验,它是自发的、非反思的、直接的和个体化的。实际上,每一社会个体都有自己的心理生活的体验和经验,包括自己的特定感知印象、特定情绪感受、特定心理状态、特定信念与愿望等。可以说,每个人都是自然的和杰出的主观素朴心理学家。常识公认的心理学涉及大量主观素朴的心理经验,但又显然与之完全不同。常识公认的心理学是基于对认知和行为的人际归因和社会评价等多方面的和有成效的社会互动、社会交流和社会实践,因此,常识的观念不仅体现个体的认识、体会和理解,而且体现社会共有的见解、舆论和通识。它也不仅反映个体的认知、行为和品行的特点,而且反映社会的规范、习俗和环境的特点。成为社会人,就要掌握常识。每个人实际上也都是自然的和杰出的常识心理学家。

常识心理学提供了有关日常心理生活的一套观念、理念或规范,这成为社会文化习俗的重要构成部分。任何生活在该社会文化习俗中的人,都会在习得、掌握和运用日常生活语言和社会生活规范时,习得、掌握和运用常识心理学的那一套观念。科学心理学家也不例外,他们在从事科学研究之前实际上已经拥有了常识心理学的观念,这必然会不同程度地渗透到他们后来的科学心理学的研究之中,因为心理学家在日常生活中也常常会依靠常识去认知和行动。

在特定的或不同的社会文化当中,存在着特定的或不同的常识心理学。本土的社会文化中会有本土的常识心理学。不同文化和社会背景中的普通人思考自己心理生活的出发点会有非常大的差异。常识心理学就根源于本土的社会文化历史,并形成特定的常识心理学的传统。这种文化传统会积累起来,会流传下去,会渗入生活,会支配心理,会引导行动。

常识心理学并不是一成不变的心理学,而是与个体的生活体验、生活经历,与共同体的共同目标、共同生活一起变化。所以,常识心理学总是伴随着人的变化而不断演变。常识心理学在人的日常生活中有着非常重要的地位。尽管科学心理学一直回避、排斥、贬低、放弃常识心理学,但却始终无法达成这一愿望。

科学心理学诞生和独立之后,许多心理学家就认为,科学心理学必然已经与其他形态的心理学划清了界限,其他形态的心理学都已经成为历史的垃圾,其中也包括常识形态的心理学。在科学心理学家看来,只有现代意义上的科学心理学才是唯一合理的、规范的心理学。其实,这种认识、结论、见解是一种谬误。常识心理学以及其他各种不同历史形态的心理学有其独特的历史和现实的意义及价值。现代科学心理学并不是简单地埋葬或取代了其他形态的心理学,正相反,那些不同形态的心理学实际上成为被埋藏的资源,它们仍然在人的生活中存在,并在特定的领域里发挥着各自的作用。

只要有效地开发和利用这些不同形态的心理学,就会推动和促进心理学的发展或飞跃。心理学是当代最有发展潜力的学科,这不仅在于心理学有着巨大的社会应用前景,而且在于心理学有着深厚的文化历史资源。但是,当代心理学的发展重视的是自己的未来前途和前景,而轻视和忽略了自己的历史的和文化的资源。这无疑大大限制了心理学的进一步发展,或者大大限制了心理学的眼界或视野。科学心理学的独立并不是横空出世、独来独往,而是植根于文化和历史的土壤之中。关键问题在于,科学心理学怎样提取文化传统中的资源,并从中吸取什么样的养分,将其变成自己成长的动力和内容。①

在科学心理学之外,其他形态的心理学传统对当代心理学发展的实际意义和价值主要体现在如下一些方面。一是提供了某种特定的透视人的心理行为的角度,这为全面深入地理解人的心理行为提供了可能。任何一种心理学传统都是在特定的方面或层面去理解人的心理,这具有片面性、素朴

---

① 葛鲁嘉.中国心理学的科学化和本土化——中国心理学发展的跨世纪主题[J].吉林大学社会科学学报,2002(2):5-15.

性、扭曲性，但也具有某种独特性、真实性、直白性。毫无疑问，常识心理学会在某种程度和某些方面启发科学心理学的研究和探索。二是提供了解释人的心理行为的独特的概念、理论、思想。其中就包含多样地说明人的心理行为的内涵和意义，这些都是在长期的生活实践中累积和积淀起来的。三是提供了揭示和了解人的心理行为的非常独特的方式和方法。例如，中国文化中的儒家、道家和佛家都提供了特有的心灵内省的方式和方法。这不仅仅是心灵认识自身的方式和方法，而且是心灵改变和提升自身的方式和方法。四是提供了影响和干预人的心理行为的技术和手段。任何一种心理学传统都有其改变或提升人的心灵的技术和手段，因此科学心理学的发展其实拥有非常深厚的文化资源，丢弃、放弃、抛弃、舍弃这些文化资源是科学心理学发展的一种不幸。心理学的任何创新都不是凭空的飞跃，而应该是在广泛吸收所有可能的营养之后的发展，这是心理学创新的必由之路。中国的心理学研究不仅缺少创新，而且缺少创新的根基及对其的认识、理解和把握，缺少对创新资源的挖掘、提炼和再造，这就是探讨心理学各种形态的基本价值和实际意义。

四、常识心理学的交流

严格地说，常识心理学的基本功能或主要功用并不是解释或解说人的心理行为，而是达成共同理解和彼此交流。正是以常识心理学为媒介，社会生活中的普通人才有可能对自己和他人的心理行为及其关系进行说明和理解。常人之间通过沟通和交流彼此的常识心理学的识见，可以达成对每个人自身的常识心理学的完善和整合，也可以达成对他人拥有的常识心理学的了解和理解。

常识心理学的交流可以是心理行为的互动过程。常识心理学就内隐于常人的心理行为之中，并通过常人的心理行为而显现和展露出来。常识心理学的交流也可以是日常生活经验的传递和感染。常识心理学可以成为日常生活的经验、道理、方法、工具、技术，在人与人之间进行传递和共享。常识心理学的交流还可以是日常理论、方法和技术的传授过程。人人可以为我师，我也可以为人师。在日常生活之中，通过经验的告诫、道理的讲解、思想的启迪、方法的授予，就可以把常识心理学的理解扩散开来。

当然,常识心理学的交流与常人之间的日常生活经验的交流是一体的、一致的。常识心理学的丰富化和普遍化,就同常识心理学在人与人之间的交流相关联。每一个社会个体都有自己获得和积累的有关人的心理行为的解说,这很有可能是非常片面、狭隘和偶然的,但在社会交往和交流中,个体的经验就会大众化、普遍化。

常识心理学通过交流或交换可以达成重要的结果。一是常识心理学通过交流和交换而使自己能够成为常识。这就是说,交流和交换使常识心理学的解说具有共同的含义和成为共有的内容。单一的社会个体可以形成和拥有完全属于自己的关于心理行为的解说或阐释,其内涵和意义是个体化的,并不具有共同的意义和价值。二是常识心理学通过交流和交换而使自己能够被传递。在社会生活中,社会个体不仅把自己的心理经验用来解说自己和他人的心理行为,而且也通过接受他人的心理经验来改变和丰富自己的常识心理学。三是常识心理学通过交流和交换来改变和完善自己。常识心理学并不是规范化的知识门类,也并没有共同遵守的原则,但却可以在传播和运用的过程中修正和补充自己。

交流使常识形态的心理学成为人的社会心理的一个重要构成部分。在人际互动或人际关系中,常识形态的心理学是重要的心理基础。常识心理学的交流实际上包含两个基本过程:一是个体关于社会他人的心理行为的理解和解说;二是社会他人关于个体的心理行为的理解和解说。

五、常识心理学的作用

常识心理学来自人的社会生活,来自人对自己的社会生活经验的总结,来自人与人之间的相互影响。在日常生活中,普通人会对自身和他人的心理生活以及这两者相互之间的联系有着素朴的理解和解释。常识心理学使常人有可能涉入自己和他人的心理生活,达成交互的理解和影响。在日常生活中,普通人总是在观察、说明、解释、干预、影响自己和他人的心理行为。

当然,普通人可以体现为个体,可以集合为群体,可以构成为社会。那么,对于常识心理学而言,个体意义上的常识心理学就意味着,尽管个体可以从群体和社会的常识中去获取自己的心理常识,但是个体直接依赖的是自己的生活感受、生活经历和生活经验。因此，个体对心理常识的理解就是个体化的。群体意义上的常识心理学就意味着，尽管个体的生活经验是常识存在的基础，但是群体互动意义上的常识才有流传的可能。社会意义上的常识心理学就意味着，心理常识可以通过社会的方式、渠道、共识而在社会生活中交流和传递，并通过社会生活、社会文化、社会组织逐渐形成整个社会能够共同理解的含义。

常识心理学在人的日常生活中具有重要的功能。常识心理学是普通人理解和指导心理生活的指南。普通人在自己的日常生活中，是根据自己的经验常识来解释生活事件、安排日常活动的。如果没有心理常识，那么自己和他人的所有心理行为就都难以理解，也都无法安排。

常识心理学是普通人探索自己的现实生活、解说自己的心理生活的依据。普通人正是通过常识心理学来考察自己和他人的心理行为。常识心理学最重要的特征就是普通人试图追踪日常生活中人的心理行为的原因，这包括在日常生活中去推测或者推断人的打算、人的意图、人的思考、人的动因、人的感受、人的规划，等等。这会使周围人的行为变得可以理解和掌握。

第三节　常识心理学的形态

常识心理学可以体现为不同的形态。或者说，常识心理学本身并不是一个统一的或一致的整体。在不同的人群中，在不同的理解中，可以对常识心理学有不同的界定、不同的把握、不同的运用、不同的态度，这包括哲学家理解的常识心理学、科学家把握的常识心理学、文学家运用的常识心理学、普通人显露的常识心理学、心理学家看待的常识心理学。它们体现和提供的是常识心理学的不同形态，或者是常识形态的心理学的不同类型。正是因为常识心理学体现出来的多样性、多元性、多义性，使得在常识心理学的考察和研究中，有必要区分其不同的形态。

一、哲学家思想中的常识心理学

有哲学研究系统讨论了日常思维与非日常思维，并将其视为透视人类精神世界的新视角。一些研究把常识归为日常思维,认为为了把握日常思维与非日常思维的基本规定性,首先应当从日常生活世界和非日常生活世界的界定入手,因为日常思维与非日常思维分别是这两个领域中的主导性思维类型。人类社会(人的世界)总体上是由日常生活世界和非日常生活世界整合而成的。简而言之,这两个领域的区别就在于,日常生活世界以个体的生存和再生产为宗旨,而非日常生活世界以社会整体或类的存在与再生产为宗旨。非日常的社会活动和精神生产的基本图式主要由这样三种因素构成:一是以科学技术发展为依托的科学思维和技术理性;二是现代艺术和哲学代表的主体意识和人本精神;三是基于理性和公众意志的各种规则、制度和法规。这些活动图式直接决定了非日常思维的本质规定性,它是一种创造性思维。人们探讨的抽象思维、形象思维、灵感思维等类型的非日常思维,都具有这一共同本性,即自由性、自觉性、超越性和创造性。

制约和决定日常生活世界的内在结构和活动方式的因素主要包含三个方面:一是由传统习俗、经验和常识构成的经验主义活动图式;二是由生存本能、血缘关系和天然情感构成的自然主义的立根基础;三是由家庭、道德和宗教等形成的自发的调控系统。这些带有强烈的自在性和自然性的因素直接决定着日常思维的本质规定性。日常思维就是一种自在的、重复的思维。首先,日常思维具有重复性和非创造性。在日常思维中,人们往往不是通过对新问题的自觉的和创造性的解决从而修正或突破原有的规则和模式,而是理所当然地把各种新问题和新情况都纳入各种给定的归类模式或一般图式之中。其次,日常思维具有非常鲜明的经验主义特征。在日常思维活动中,传统、习惯、风俗、常识、自发和直接的经验均占据着统治的地位。这些自在的文化要素会通过教育活动、社会示范、模仿类比等方式渗透到一代又一代人的日常生活之中,从而使日常思维或观念活动表现出以过去为定向的特点和强烈的经验主义的倾向。最后,日常思维具有强烈的自在性与自发性,这是日常思维的本质特征。由于日常思维以传统、习惯、习俗、经验、常识等自在的文化要素为活动图式,以重复性为特征,所以它往往呈现出一种非批判的、理所当然的、自在自发的特征。

日常思维与非日常思维之间存在双向互动。一是非日常思维对日常思维的改造。由于日常思维与非日常思维属于不同的思维类型,因此两者在人类历史演进过程中发展速度并不相同。一般来说,重复的、自在的日常思维是一个相对封闭、狭窄、稳定的领域,而非日常思维是一个更为开放、不断超越与飞速发展的领域。二是日常思维对非日常思维的同化。非日常思维在丰富日常思维的同时,自身也积淀和转化为与传统风俗、习惯、经验等相并列的自在的常识,成为日常生活主体用来自发地应付日常生计的现成知识或成为日常生活可有可无的添加剂,从而失去其作为非日常知识和非日常思维原有的自觉地和创造地解决问题的维度。①

人们描述和归属心理现象、解释和预言行为活动的实践,也就是所谓"民间心理学的实践"。这些归属、解释和预言常常是正确的。既然是事实性的、可靠的,那么自然就会有这样的问题:这些事实赖以成立的条件是什么? 这些归属、解释和预言的基础是什么? 信念和愿望存在与否? 如果存在,这些信念和愿望是什么,其实现的机制、过程是什么? 如果不存在,人们据此作出的解释和预言为什么常常是正确的? 对于这一系列问题的回答可以大致分为两大类:一类是认为这些解释和预言诉诸的是某种内在的东西,可以看成是理由,甚至可以看成是原因,这实际上是真实存在的;另一类则认为这些解释和预言都是某种子虚乌有的东西。前者是以实在论表现出来的乐观主义,后者是以取消主义(eliminativism)等表现出来的悲观主义。尽管存在不同,但两者也有共同之处,即都想对人们的民间心理学实践作出描述性的解释和理论化的说明。

就形式来说,有研究认为,民间心理学是指一种理论;也有研究认为,民间心理学是指一种能力。就内容而言,有研究认为,民间心理学主要是指信念、愿望、意图、思想、害怕等命题态度,既然如此,所谓的民间心理学实际上就是关于命题态度的民间心理学;也有研究认为,这种限定过于狭隘了,民间心理学实际上还应包括具有感受的质、没有命题内容的心理状态,这也就是关于命题态度的心理学。

若把民间心理学当成是理论的理论,也就形成该研究领域中的所谓"理论—理论"。此后直至今日的阐释都是由之而起的,经过论证、辩护、驳难和创新,围绕着民间心理学形成了一个蔚为壮观的研究领域,诞生了许多别具一格的阐释理论,形成了由许多问题组成的、有相当深度的问题域。这一问题域主要包括以下九方面。一是关于心灵概念的主宰问题:究竟是什么控制着心理概念在民间心理学解释实践中的运用? 二是关于民间心理学实践的描述问题:民间心理学实践的关键特征会是什么,尤其是民间心理学的归属、解释和预言实践的关键特征是什么? 三是民间心理学的解释问题:当成年人在归类心理状态、解释和预言他人的心理状态和行动时,他们利用的资源是什么? 四是正常成人的信息加工基础问题:为了对人们归类心理状态、解释和预言他人行动的方式作出解释,需要假定什么样的信息加工机制?五是发展的描述问题:当人们发展其从事民间心理学实践的能力时,遵循的是什么样的过程? 六是发展的解释问题:怎样说明这种发展过程? 七是变化机制问题:为了解释儿童的民间心理学能力的变化,需要假定什么机制?八是发展无序性的解释问题:为了解释民间心理学实践发展表现出的无序性,需要建立什么样的解释理论? 九是民间心理学的本体论地位问题:民间心理学存在与否,有无一些人赋予的那些作用? 其未来的命运是被继续保留,还是被还原或取消? 从语言哲学的角度来说,对有机体的内在信念功能状态作出外在的语义解释是否可能?①

　　民众心理学可从不同的角度加以描述。从存在的方式和显现的方式上看,民众心理学是存在于人脑中并显现于人们的解释和预言实践中的日常心理学知识。从关系的维度上看,民众心理学与民众物理学等处于同一个层次,渗透于常人关于人类、自然、社会的概念图式之中。从历时性结构上看,民众心理学是自发产生的,并在种系和个体层面都少有变化或进化。从共时性结构上看,民众心理学包含许多存在性命题(如人是理性的存在,人有心灵的活动,包括有心理的活动、状态和事件等)、普遍性原则(如心理状态与刺激、反应之间有因果关系,每个人都可知道他人等)和理论性术语。

　　目前,关于民众心理学的地位和命运,主要有悲观主义、乐观主义和工具主义三种不同的主张。悲观主义的主要表现是取消主义,或者说是取消式的唯物主义。取消主义认为,认知科学可从根本上为人们提供关于人脑

①　高新民.民间心理学及其阐释问题[J].华中师范大学学报(人文社会科学版),2001(6):5-13.

或心灵运作的正确说明,无须求助于常识心理状态和概念。民众心理学设想的信念等心理状态根本不存在,其概念表示的是一种完全错误的心灵地形学、原因论和动力论。乐观主义是大多数心灵哲学理论对民众心理学的地位、命运抱有的态度。这是在意向实在论的基础上,肯定了具有语义性质和因果效力的命题态度的实在性,肯定了命题态度的意向性质和因果效力。在乐观主义者看来,命题态度是关于世界上的事物、事件和事态的。信念可以为真或为假,都有其满足条件。工具主义是介于悲观主义和乐观主义之间的一条中间路线。在核心内容上,工具主义原本就是实用主义的。工具主义认为,思想、概念、术语、理论是人为了某种目的而设计的工具,因此,其真理性不在于与实际一致,而在于能有效地充当人们行动的工具。

当代心灵哲学围绕民众心理学的探讨和争论,既涉及常识层面的问题,如怎样去描述常人的行为解释和预言过程,怎样对这一过程作出阐释,同时又提出了纯学理性、高层次的哲学问题乃至交叉问题,如人的内在认知结构,心理活动的过程、机制和动力学问题,心理状态的因果性、意向性、语义性及其根源问题,信念等命题态度的模块性、可投射性等。而且,心灵哲学还明确提出了心理世界的结构图景,心理的本质、地位和命运,以及心理与物理的关系问题。因此,关注和参与有关的讨论具有不可低估的理论意义和实践意义。

首先,对民众心理学的反思实质上是对传统心理观之本质的反思。这对于重新认识心理世界的结构、功能,探索和揭示真实、客观的原因论、心理地形学、地貌学、生态学,无疑具有重要意义。其次,对民众心理学的研究有助于认识和重建人的概念图式。民众心理学展现的心理图景既涉及心理世界,又涉及心与身、心与外部世界的关系,因此是关于什么是人的一种常识性概括,是关于人的概念图式。最后,对民众心理学的研究孕育着未来哲学变革的契机和动力。从哲学的发展历程来看,传统哲学是在民众心理学的基础上构建自己的理论体系和概念框架的,如哲学中的同一论、二元论、唯心主义的一元论、功能主义都默认了常识的心理概念图式。很显然,围绕民众心理学的争论直接关系到这些与心理概念有关的哲学问题的命运。①

应该说,关于民间心理学或民众心理学,也就是关于常识心理学进

① 　高新民,刘占峰.民众心理学研究与当代哲学的新问题[J].哲学动态,2002(12):7-11.

行的哲学探索,无论是国外的哲学家还是国内的哲学家,都已经进行了一系列基本而系统的考察和探讨。特别是在认知科学的研究领域中,关于常识心理学的研究已经有了重要进展,得出了许多基本结论。常识心理学的存在、性质、内容、演变、功能、价值等都已经成为最重要的哲学研究课题。

二、科学家视野中的常识心理学

认知科学的研究发展迅猛。在认知科学的研究中,在关于人类认知的探讨中,特别是在关于人工智能的探索中,常识的存在、位置、表达、作用、运用等的重要性都显现出来,对常识的理解已经成为研究的热点。

随着知识工程的崛起,常识的表示和推理显得日益重要。人工智能最关键的问题便是常识和推理。常识的特点是不精确、不完全和不一致。常识推理的特点之一是模糊性:人们可利用不精确的知识合理地推理。常识推理的特点之二是非单调性:智能系统在知识不全面时能根据缺省知识得到当前较合理的结论,当增加新知识时能取消以前的相对不合理的结论,这符合人的认知过程。使用经典逻辑并不能解决人们推理的这种非单调性。常识推理的特点之三是次协调性:人们在知识不一致时仍然能得到合理的结论。总之,研究常识推理中处理不精确、不完全和不一致知识的方法,对于人工智能乃至整个知识产业都有重要的意义。

许多模糊现象的形成是源于无知。如果承认和接受这种模糊性,掩盖了自己的无知,就不会通过必要的努力去认识现象背后可能存在的精确概念;反过来,如果排斥那些模糊但很有用的概念,就会制造出概念的变式,它虽然更精确,但用处更小了。人类的推理不能完全由精确的逻辑来描述。人类推理的力量恰恰在于能直接掌握并运用不精确的概念。试图用精确度更高的形式模型来模拟人类的推理过程,必然会导致模型的意义和合理性的丧失。人的思维本身既具有精确性,又具有非精确性。

在日常生活中,人们经常在并没有掌握充分信息时就做决策。事实上,除了一些极为简单的事情,人的知识总存在断层。但是,即使是在已知的事实尚不足以下结论的情况下,根据常识或经验仍会得出当前来说相对合理的结论,并在进一步得到准确的新信息时,修改错误的结论。可以说,人类推理的重要特征是对不完全知识的处理能力,其结论是可证伪的,这与经典推理的单调性相矛盾。非单调的推理是在知识不完全时,大胆或谨慎地作出某些猜测,并在获得新的信息后,对不符合新信息的部分进行适当修正的推理方法。这符合人的认知过程。

传统逻辑要求推理的前提必须是相容的,否则就会推导出许多荒谬的结论,推理也因而失去了意义。但是,实际推理中使用的知识往往是不相容的,这种不相容可以来源于人们对事物的不同认识以及知识的不同来源与获取方式。知识的不相容还来自一般来说正确但并非绝对正确的推理规则,这样的规则在现实生活和人工智能应用系统中大量存在,但很难将其改造成绝对正确的规则。

所有知识都必须用任何人都能够采用的清晰定义来描述。因而,如果某人不能用这种清晰的指令来描述他的技能,如果他知其然而不知其所以然,那这就不是知识,而不过是信念。当然,在人工智能系统中,真正决定其成功与否、使其表现出某种智能行为的常识恰恰是这种信念。处理这种具有非确定性并可处理例外的信念,需要集成多种推理方式。例如,可以是模糊性推理、非单调推理、次协调推理。①

了解和理解生活常识是了解和理解人工智能非常重要的课题,这决定了人工智能在生活化情景或生态化存在中的价值,揭示和解释常识就成为推进相关研究非常关键的内容。理解世界、理解事物、理解现实、理解心理,都是非常关键的内容。常识形态的心理学就是理解心理的一个基本框架。常识心理学出现在科学研究的视域中,与认知科学关于常识的探讨有非常密切的关联。

三、文学家作品中的常识心理学

可以说,在文学家的文学创作活动、文学作品、文学传播和文学鉴赏中,就蕴含、依赖、运用和传播着常识形态的心理学。其中,文学作品是对社会生活或个体生活的创造和描写,社会生活或个体生活中最核心的内容就是社会心理、个体心理和心理生活。那么,支撑着社会心理、个体心理和心理

---

① 程晓春.从常识推理论科学知识的增长[J].社会科学战线,1996(6):30-32.

生活的就是一套心理学的框架，实际上就是常识形态的心理学的框架。在社会生活或个体生活的情景之中，这种常识形态的心理学就是连缀群体、个体的心理生活的枢纽。

在文学家创作的作品中，创作者不仅把自己的常识心理学的背景蕴含在其中，把自己的心理理解、心理体验、心理解说投射在其中，把自己的心理生活、心理创造、心理建构体现在其中，而且给出了读者或受众能够通过自己的心理理解、心理体验、心理解说来加以接受的内容。尽管并不排除文学家或文学创作者有可能拥有心理学的专业背景，并且这一背景构成了文学创作的心理学的专业基础，但在更多情况下，文学家或文学创作者关于人类总体或个体的心理描写依据的是对常识形态的心理学的掌握或把握。这种对常识形态的心理学的掌握或把握的程度，就能决定文学创作者、文学受众和文学作品之间的心理交流和心理沟通。

其实，在说到文学作品的社会影响时，更多的是强调作家通过文学作品与文学受众之间达成的一种心理交流和心理互动。然而，在普通人之间，这种心理交流和心理互动并不取决于普通人获取和拥有的心理学的专业知识，而是取决于普通人获取和拥有的常识形态的心理学，取决于常识形态的心理学中含有的、社会生活中共有的日常经验或生活知识。因此，在文学的文化生态环境中，就是由大量的日常语言、日常语义、日常理解、日常推论、日常解说构成了常识形态的心理学的基础。

早在传记文学还是作为叙事性的史学著述的一部分而存在的时候，传记作者就已经开始尝试进入传记主人公的心理活动领域，试图对传记主人公的行为动机或传记载述之重大事件的生成意义作出更合理、更深刻的解释。当然，在早期传记文学创作中，传记作者对于传记对象心理活动的刻画仅仅停留在相当简单的层次上，对于心理活动在解释人物行为动机中的意义的认识也许还都是非自觉的。然而，大量的创作事实表明，人物传记写作对于人物心理的重视是相当普遍的现象。随着现代传记文学成为一种独立的文学模式，人们普遍接受了这样的观念，即仅按编年的顺序去罗列一连串的事实并不算是完成了一个人的生平传记，这只不过是提供了事件中人物活动的时间轮廓。传记作者也越来越认识到自己的责任所在，他们追求的是从各种素材中寻找传记主人公行为的动机并探寻其独特的人格。所有这一切都促使传记作者以完全不同于过去的方式接受并运用心理学的原理。有许多传记作者虽然没有明确标榜心理分析的方法及术语,但在他们的人物传记创作实践中,他们确实通过对传记主人公的心理刻画与阐释为人物的行为动机找到了更深刻的依据,同时还以此为出发点阐释人物行为的各个方面。①

因此,在文学活动中,并不是所有涉及人类心理的活动都是把科学心理学的研究纳入文学的结果。其实,常识形态的心理学是文学活动的心理学基础。当文学把人类生活放在了重要位置上,人类的心理生活也就处于核心位置,常识形态的心理学就成为连通作者、作品、欣赏、传播等的最重要依据。

四、普通人生活中的常识心理学

常识心理学是一种特定的民众知识,即民众生成、拥有、运用的关于人的心理行为的生活知识。有研究对民众知识的存在进行了考察。例如,在关于民众知识的形态描述中,就按照存在形态、层次形态、思维形态、内容形态、传承形态等对其进行了系统考察。

一是民众知识的存在形态有一个显著的特征,那就是它存在于头脑之中,可以称之为脑储式知识。这将民众知识始终限定在人类机体与客观环境相互作用而产生的直接的"自然应对"的范畴之中。但是,这又并非生物本能,获取民众知识的基本途径是后天的生活实践。脑储式知识中的"脑"不是一般的"脑"的概念,而是以单个人体正常、完整的"脑"为储库单位,也是由众多具有某种关联的人体正常、完整的"脑"为储库总量的"脑的集合"。因为民众知识与"脑"的关系密不可分,所以民众知识是一种客观上存在于头脑之中的主观知识;因为民众知识不是个体的主观知识,而是群体的主观知识,所以民众知识又有客观的性质和表现。民众知识既是一种存在于个体头脑这一"储库单位"之中并由主观因素滤控的客观知识,又是一种受到众多相关"储库单位"之"储库总量"影响的主观知识。

二是民众知识的层次形态可以从两个不同的方面来考察,即民众的层

---

① 李祥年.论传记文学与心理学的关系[J].复旦学报(社会科学版),1994(1):55-59,86.

次和知识的层次。民众是一个小于人类整体、大于人类个体的人类群体的概念。这是一个方便研究的学术取向。特殊情况下,人类整体也可以称之为最大的民众群体。人类个体也可能具备人类某种民众群体的有关质素,因为任何个体都不是孤立的,总是带有其所属的民众群体的某种印痕。虽然人类学、文化人类学都是着眼于全人类,但其具体研究也必须从不同的民众群体入手。人类不同的生活群体有不同的生活习性,因而也就有不同的民众知识。正是基于这一点,民众知识的研究才被确立为一门学问。一般来说,在划分群体的同一个标准中,民众群体的等级级别与民众知识的等级级别是成反比的:民众群体的等级级别越高,其民众知识的等级级别就越低。那么,以全人类为最大的民众群体,其具有的民众知识就是最基础的、最简单的,涉及的基本知识和知识概念的内涵与外延都是最低限度的。因此,民众知识的等级级别也是最低的。

三是民众知识的思维形态是反应式与静止状的。思维是认知的过程,知识则是认知的成果。对思维形态的追索、检讨是为了进一步认识民众知识的内在形态。民众知识形成的思维过程是一种非常简单的、直接实践的经验体认。主体必须直接参与体认,这中间并没有任何回旋的余地和推诿的可能。在所有的应对方式中,哪一个会最省力、最便捷、最适用、最有效,就应当选取哪一个。这种反应非常接近本能的反应,因此反应的思维层次就会很低。"最低级的知识"正是民众知识,这是一种散漫的、基础的、分离的思维成果。这种互不联系的思维形态使其保持着一种低层次的、包含许多谬误的、仅能够维持最低生活水准的知识结构。然而,这种基础的知识又是一切知识的母体,其中也包含着科学知识、哲学知识的雏形和萌芽。而且,这种知识在思维形态方面还会呈现出思维静止的状态。思维程度低、思维成分少的自然反应式的经验积累很容易建立起一种习惯,使相应的知识信念化、信仰化,从而保持知识的传统性,与此同时也就显现出一种思维静止的状态。

四是民众知识的内容形态是全景式并具有差异性的。民众知识的内容形态都是全景式的。作为一个整体,民众知识包括一切与群体的生活和活动有关的方面或内容。这包括感觉、知觉、记忆等方面的内容,也包括感情、态度、意志、观念、习惯、信仰以及一切行为方式方面的内容。民众知识还是一个连续的、流变的过程,其内容可以分成为理念性的知识或思想以及操持性的知识或技能。每一类又可以区分为一般知识和具体知识。理念方面的一般知识是隐示的、非直观的,是对群体中的人普遍适用的知识;操持方面的具体知识则是明示的、直观的,是对群体中有特定行为的人才适用的知识。

五是民众知识的传承形态是口承式与隐示性的。显然,民众知识的重要传承形态是口承式的。这里所说的口承式是一个广义的概念,即口承式不仅是指口头语言的传承(虽然这是民众知识最主要的组成部分),而且包括形体的、表情的、心意的等种种"对话的方式"。最初的知识传承就是靠发出声音、形体接触、情绪感染来实现的。在那个时候,人们的生活应对与人们的生活形态是密切相关的。直接沟通和面对面的交流是最贴近自然的知识产生、知识传播、知识承继的方式,这些都丝毫不引起特别关注地隐匿在生活的习俗之间。①

有研究考察了社会心理学中有关社会认知研究的一个重要论题,即关于内隐人格理论的研究。对内隐人格理论的实体论—渐变论维度的研究是近年来社会认知研究的一个新趋势。研究发现,人们对人的特性(包括智力、人格和品德等特性)的内隐人格理论制约和调节着他们对人的行为的理解和反应。人们持有的不同的内隐人格理论会导致他们有不同的社会认知模式和行为反应方式。内隐人格理论不是心理学家的人格理论,而是普通人对于人的基本心理特性持有的简约认知图式或朴素理论解说。实体论者的核心信念是,人的特性是固定不变的,基本上不受人的努力、动机和所处情境的影响。实体论者认为,人格是由特质构成的,特质是行为的首要决定因素。因此,对某人进行评价,就是对其作出特质判断评价。由于固定的特质是人格的构成单元,是行为的首要决定因素,因此特质不受内外具体调节因素的影响,从而产生与特质一致的稳定、可靠的行为表现,即行为具有相对高的跨时间一贯性和跨情境一致性。实体论者也承认人们会经历具体的心理过程,人的行为会受所处情境的影响,但他们仅将这些视为潜在心理特质的表层表现。渐变论者的核心信念是,人的特性是可塑的。他们倾向于认为,人的特性会因人的努力、动机和所处情境的影响而改变,人的行为随

---

① 任骋.民众知识形态描述[J].西北民族研究,2002(3):5-16.

情境或背景不同而显示出有意义的变化。渐变论者对人的认识是动态过程导向的,认为心理动态过程,包括需要、目标、认知、情绪和效能等对背景敏感的心理变量,是人格的重要构成基础和行为的首要决定因素,从而倾向于用具体的心理动态过程来解释人的特性的可塑性和行为的系统变化性。

有关内隐人格理论的跨文化比较研究发现,虽然在西方文化和东亚文化中,两种内隐人格理论都存在,但总体而言,两者还是存在着差异。东亚人更倾向于渐变论,较为注重情境因素对人的心理行为的影响,较少犯基本归因错误。所谓基本归因错误是指在对人的行为进行归因时只注意行为者自身因素对行为的作用,而忽视情境因素对行为的影响。西方人则更倾向于实体论,易忽视情境因素对人的心理行为的影响,易犯基本归因错误,并易作特质归因。①

在人的心理生活中,在人的社会心理中,常人关于他人的人格的理解和把握都建立在普通人经验中具有的隐含的人格理论的基础之上。然而,隐含的人格理论也属于常识形态的心理学,或者说也是常识心理学的重要组成内容。普通人建构起来的关于人的心理行为品性的描述、说明、理解和阐释也有自己的心理学基础,只不过这里所说的心理学不是科学形态的心理学,而是常识形态的心理学。

五、心理学研究中的常识心理学

在心理学的学术研究中,从心理学获得独立科学身份之时起,就试图把常识形态的心理学从实证科学的心理学中清除出去。但是,无论心理学怎样去证明自己与常识形态的心理学已经没有了关系,在心理学的理论、方法和技术层面,仍然能够发现常识形态的心理学存在的影子。更进一步,在心理学的生活应用中,心理学的知识还可以转换成为日常生活中的经验常识。因此,心理学的研究仍然要面对如何定位和理解常识形态的心理学的存在这一问题。虽然实证科学的心理学研究者不仅对哲学形态的心理学心存恐惧和排斥,而且对常识形态的心理学也心存恐惧和排斥,但是,在科学发展

---

① 王墨耘,傅小兰.内隐人格理论的实体论—渐变论维度研究述评[J].心理科学进展,2003(2):153-159.

的今天,在科学心理学逐渐强大的时代,科学心理学已经可以而且应该去面对常识形态的心理学。科学心理学不仅可以充实和转换为常识心理学,而且已经能够驾驭和引领普通人日常生活之中的常识形态的心理学。

有研究在讨论常识、科学和形而上学之间的关系时指出,为了理解一种新的科学理论对社会成员可能产生的影响,无论是科学家还是门外汉,为了预见的目的,都有必要考察这种理论的应用。在此之前,为了简便起见,已经区分了常识陈述与理论陈述。常识陈述是由科学家和门外汉共同具有的语言表达的陈述,理论陈述是由专家才具有的理论的语言表达的陈述。前一种陈述涉及基础内容,后一种陈述涉及理想结果。一种理论的协同应用包括六个阶段:一是观察或初始状态的产生,这种状态是由一个初始的常识陈述描述的;二是常识陈述,这种陈述满足了初始常识陈述和初始理论陈述有条件的同一性;三是初始常识陈述和初始理论陈述有条件的同一性的(混合)陈述;四是终极理论陈述的逻辑演绎,这种陈述来自初始理论陈述和该理论公理的合取;五是终极理论陈述的"完全理想化",产生终极常识陈述;六是初始常识陈述以及满足同一性条件的常识陈述包含终极常识陈述。①

对于常识心理学的态度,可谓褒贬不一。褒者主张常识心理学作为一种解释、预测行为的方法和策略,仍有其存在的理由和价值,因为科学对于复杂的人类心理行为和物理人工智能的解释,要么无能为力,要么会遗漏有关被解释对象的重要内容。贬者则强调常识心理学不合乎科学理论。关于心理现象的常识概念是一种完全虚假的理论,因为它在解释上既不充分也不可靠,有许多复杂的现象诸如记忆、睡眠等无法解释。并且,常识的历史是只有退化而缺少进步的历史。从其内在的根源来看,常识反映的是非常表面化的结构,支持着一个类似于炼金术的传统。更重要的是,常识难以在神经科学的框架中得到整合。这说明,尽管常识心理学是常人普遍具有的解释、预言他人行为的心理学知识或能力,但却总是流传于大众的常识之中,而非生成于心理学家著作中或大学讲堂里。常识心理学的随意性、历史性、主观性和不规范成为常识心理学难以登上科学大雅之堂的理由,也阻碍

① S.科纳,曲跃厚,邵宏.论常识、科学和形而上学之间的关系[J].国外社会科学,1993(10):34-39.

了常识心理学与科学心理学的对话和沟通。常识心理学更可能的是以非科学、前科学或假科学之名,而被拒于科学大门之外或被学界排斥。

现实情况是,科学心理学在与常识心理学经历互相包容、互相指责后,在讲求对话和多元并存的今天,却最终走向了隔绝。隔绝就意味着敌对、歧视和不相往来。这对于双方而言都不是什么福音,应该打破这种尴尬对立,重新建立一种新的关系。可惜的是,心理常识与心理科学之间的这种历史和现实的关联被狭隘的专业分工和唯科学心态遮蔽了。

应该建立起一种什么样的关系,以促成常识心理学与科学心理学之间的对话? 这一问题反映的是对常识心理学与科学心理学之间关系的一种内在具有的、理想主义的设想,这蕴含着一种具有未来性、合理性和正当性的要求。可依据科学心理学与常识心理学内在唇齿相依的关联以及两者蕴含的价值意义,提出并阐明"共在"作为两者之间内在关联的基本设想。

常识心理学是普通人在漫长、平淡的日常的生活状态中,在形成和积淀的文化的生活方式中,掌握和运用的关于心理行为的最深刻、最基础的解释和解说。这是维系着常人的生命存在与延续以及日常生活运转的最宝贵的常识。常识心理学不但来源于"从前"或"过去",而且体现于"眼前"或"现实"中,还会展示于"未来"或"前景"中。这也就表明,在日常生活中,常识心理学是持续不断发展的。所以,即使心理学的科学化运动迅猛发展,科学的话语权日渐增强,科学心理学也不应该以其话语的霸权而希望常识心理学在一定时间内消失,甚至以"太落后"或"不科学"之名压制、打击和排斥常识心理学,以使科学心理学一统天下。"共在"就是要求科学心理学必须脱掉自己的立法者的外衣,放低自己的裁判者的姿态,以科学心理学的合理性来认同常识心理学的合情性,在与常识心理学相互促进、相互关注和相互支持的过程中,积极拓展自身的领域,保持旺盛的内在动力。①

无可否认,在科学心理学的研究中渗透和混同着常识形态的心理学。尽管科学心理学否认自己的研究与常识形态的心理学存在关联,但在其思想、理论、术语、方法、技术中或多或少有常识形态的心理学的影子。常识的特性就在于,常识在日常生活中是无所不在的,这也就表明,常识在科学研

① 孟维杰. 常识性心理学与科学心理学关联的批判性反思[J]. 自然辩证法通讯,2007(2):1-6.

究中同样是无所不在的。

科学形态的心理学与常识形态的心理学之间不应该是回避、排斥、批判、交恶和打击的关系，而应该是宽容、接纳、改造、吸收和互补的关系。这并不是贬低或污损科学形态的心理学，也不是抬高或夸大常识形态的心理学。明确心理学研究中的多样化关系，推动心理学探索中的多元化发展，是心理学最为重要的任务。

第二章　常识心理学的类别

常识心理学并不是性质单一的存在，它是多元化的、多样化的、多形态的、多类别的。可以按照两种方式对常识心理学进行分类。按照常识心理学的拥有者，可以把常识形态的心理学划分为个体的常识心理学与社会的常识心理学；按照常识心理学的存在性，可以把常识形态的心理学划分为生活的常识心理学与科学的常识心理学。不同种类的常识心理学都具有特定的性质、内涵和功能。对常识心理学进行分类，按照不同的类别来揭示、解释和理解常识心理学，就会更全面、系统和深入地说明常识心理学。

第一节　常识心理学的分类

常识心理学具有不同的划分方式或区分途径。按照常识心理学的拥有者这一分类标准，个体与社会是一个基本的分类尺度。常识形态的心理学也就可以区分为个体的常识心理学与社会的常识心理学。从个体的常识心理学的角度看，人的存在的最基本方式就是个体的存在。关键就在于，每一个人类的个体都具有独立而完整的心理行为或心理生活。因此，每一个体都会具有自己对人的心理行为的独特而系统的理解和解说。从社会的常识心理学的角度看，人的存在的最根本方式就是社会的存在。关键就在于，社会群体或社会生活也是一个整体，也具有整体的特性，也拥有共同的关于人的心理行为的理解和解说。

按照常识心理学的存在性这一分类标准，生活与科学是一个基本的分类尺度。常识形态的心理学也就可以区分为生活的常识心理学和科学的常识心理学。从生活的常识心理学的角度看,生活中自发产生和存在的常识形态的心理学是在原始生态的境况之下存在的,是关于人的心理行为的生活化解说。从科学的常识心理学的角度看,通过科学普及的活动流传到日常生活中的科学知识或科学常识,就是关于人的心理行为的科学化解说。

区分个体的常识心理学与社会的常识心理学,就会涉及个体与社会的关系问题。常识形态的心理学既会以个体的方式存在,成为个体日常生活中独特的心理行为解说;也会以社会的方式存在,成为社会群体生活中共有的心理行为的解说。因此,有个体自有的常识心理学,也有群体特有的常识心理学,还有社会共有的常识心理学。

区分生活的常识心理学与科学的常识心理学,则会涉及生活与科学的关系问题。常识心理学可以来自普通人在日常生活中的构建,是普通人的日常生活经验的积累或积淀;也可以来自科学家在科学活动中的建构,是科学家的科学实验或科学研究的结果或成果。普通人在日常生活中建构和积累起来的常识形态的心理学就是日常经验的常识心理学,科学家或心理学家在科学普及中传播和推广的常识形态的心理学,则是科学普及的常识心理学。

这是两种完全不同的分类标准或分类尺度,得出的是两种完全不同的分类结果或分类内容。当然,个体的常识心理学与社会的常识心理学,生活的常识心理学与科学的常识心理学,使常识形态的心理学的存在非常复杂和多样。在涉及不同的常识心理学时,研究者可以按照不同的方式进行细致的考察和探讨,进而进行不同的解说或阐释,也就能够从不同方面、不同侧面、不同层面、不同角度、不同视域、不同学科、不同方式出发,全面深入地揭示和解释常识形态的心理学。

第二节　个体的常识心理学

每一个人既是生物意义上的个体,也是社会意义上的个体。这也就表明,每一个人都是以个体化的方式在社会中生活。社会个体在自己的生活中会逐渐获取和积累相应的生活经验。在自己的生活经验中,非常重要的构成就是关于自己和他人的心理行为的经验。关于人的心理行为的日常认知的汇集、认知经验的积累,会决定个体对自己和他人的心理行为的理解和把握。个体的生活经验是在个体的生活中通过个体的心理体验获得的。

在心理学特别是发展心理学的研究中,心理理论成为重要的研究课题。所谓心理理论,就是普通人掌握和拥有的关于心理行为的理解和解说。有学者对心理理论的研究进行了考察和评述。① 近 30 年来,心理理论的研究正在不断走向深化:研究内容从 3—5 岁的儿童扩展至人的生命全程;研究方法从言语任务向非言语任务,特别是向脑功能成像技术发展;研究视角开始关注心理理论发展的个体差异;研究范围向心理理论的文化间和种系间差异扩展。

近年来,发展心理学关于心理理论的研究重点逐步集中在内隐人格理论方面,即考察儿童何时将某一特质或特性理解为一种有组织的、持久的、具有某种心理状态的倾向,以及这种理解在个体身上的发展。以往心理理论的研究大多使用言语任务,为此研究者设计了大量任务范式。

关于心理理论神经机制的探讨逐渐增多,主要表现在两个方面。一是对正常人与心理理论相关的脑区位置的研究,二是对脑损伤患者的研究。心理理论探讨的核心问题是个体如何理解他人心理,也涉及心理与行为关系的认知的发展。如何帮助儿童更快、更好地发展心理理论,使儿童更好地适应社会生活? 近年来,研究者也开始关注心理理论的个体差异与社会交往之间的潜在关系,即从社会交往经验的角度探讨个体心理理论发生、发展的机制和过程。研究的范围涵盖了家庭背景、语言能力、假装游戏、同伴关系和执行功能等。不同文化环境的心理理论发展有相同之处,也有不同之处。心理理论的跨文化研究强调社会文化经验在心理知识发展中的作用,认为儿童在自己的文化环境中学习解释人类行为的方法。在生物种间差异上,非人的灵长类动物有没有心理理论,在多大程度上拥有心理理论,还是一个悬而未决的问题。

有研究者考察了儿童心理理论的发展以及影响因素方面的研究进展,指

---

① 李春雷.心理理论——一个不断扩展的研究领域[J].社会心理科学,2007(1-2):9-12,26.

出儿童心理理论的发展已成为近十几年来发展心理学的一个研究热点。早期的研究相对集中在儿童获得心理理论的年龄上,近期研究的焦点转移到了儿童心理理论的发展及其影响因素等方面。研究主要综述了儿童心理理论的发展模式、发展速度、发展质量的差异及其影响因素等方面的研究。

研究者考察了儿童心理理论发展的几种不同的理论模式。一是建构理论。这种理论认为,儿童对心理状态的理解是一个理论建构的过程,就如同科学理论形成的过程。该理论建立在这样的假设基础上——儿童预先并没有关于自己心理状态的知识,儿童是通过自己建构起来的心理理论来解说或解释自己和他人的心理状态的。这一理论认为,儿童关于心理知识的理论框架的形成和发展存在着一系列质的变化,而这种质的变化依靠儿童与环境的交互影响。二是模仿理论。这种理论认为,儿童通过内省来认识自己的心理,然后通过激活过程把这些有关心理状态的知识概化到他人身上。激活过程是指儿童把自己放在他人的位置上,从而体验他人的心理活动或状态。三是模块理论。这种理论关注的焦点是儿童心理理论的起源问题。它认为儿童心理理论是一种内在的能力,在个体出生时心理理论便以模块的形式存在于个体的神经系统中,因而个体心理理论的发展是一个内部生物机能逐渐展开的过程。四是匹配理论。这种理论认为,心理理论的发展前提是婴幼儿必须意识到自己与他人在心理活动中处于等价的主体地位,即在心理活动的情境中儿童逐渐获得对自己与他人之间心理关系的认识,意识到在与客体的心理关系中,自己与他人具有等价关系,从而认识到自己与他人在心理活动中的相似性。正是通过这种不断观察和再认,儿童对这种等价关系的认识得以不断发展,从而逐渐获得关于心理世界的系统知识。①

个体的常识心理学是根源于个体的关于自己和他人的心理行为的生活经验,这是在个体的生活体验的基础之上逐渐建构起来的,这就使得其一开始就是个体化的、片段化的、体验式的和理解式的。每一个体都是生活经验或心理经验基础之上的心理学家。人会在自主意识、自我意识、生活意识的

---

① 陈英和,姚端维,郭向和.儿童心理理论的发展及其影响因素的研究进展[J].心理发展与教育,2001(3):27,56-59.

基础之上,形成和具有关于自己和他人的心理行为的理解和解说。更进一步,每一正常的社会个体也都具有独立而完整的心理意识,也都会形成独立而完整的关于心理行为的理解和解说。

第三节　社会的常识心理学

个体拥有的心理常识会通过社会互动在个体之间进行交流,这种交流会带来关于人的心理行为的共同的或共有的理解和说明,这就是社会的常识心理学。人都是社会的存在,都在社会中生活。没有完全与世隔绝的个体,人都是不同而多样的群体中的成员。人不仅是具有个性的人,而且人也有特定的社会角色,是特定的社会角色的扮演者。

社会个体在自己的日常生活中获取的个体化的生活经验,包括关于人的心理行为的生活经验,就会以各种社会的方式在人与人之间进行沟通和交流。这种沟通和交流不仅带来对日常生活经验的分享,而且会使原本个体化的生活经验或心理经验提升为社会化的日常经验或互动经验。关于人的心理行为的社会化的经验为社会群体成员共同拥有,具有能够彼此互换和相互理解的形式和内容,这就是社会的常识心理学。个体的常识心理学具有个体化的性质,具有个体单一性的内容和形式,是仅可以由个体自己理解和把握的心理常识。社会的常识心理学则具有社会化的性质,具有社会通用性的内容和形式,是可以由社会群体共同理解和把握的心理常识。

其实,"常识"的"常"的含义就不是个体化的,而是社会化的,是社会共有的含义。常识都是社会流通的,都是社会流行的,都是社会流变的。日常经验、日常生活经验或者关于人的心理行为的日常生活经验,都具有双向的含义。一方面是个体生活经验的社会化,这是经验从个体化到社会化的转换,个体的具有普遍意义和价值的经验会流传到社会生活之中,被普通人普遍接受或采纳;另一方面是社会的共有经验的个体化,这是经验从社会化到个体化的转换。社会的具有集体意义和价值的经验可以进入个体的心理生活之中,成为社会个体的心理依据。这样的两个相对方向的变化或变换、转化或转换,则会使常识心理学真正成为个体和社会同时拥有的常识。

　　社会的常识心理学会在社会的日常语言中存身。在社会语言的大量的词汇和语句中,都内含着关于人的心理行为的描绘、描述、描摹,这构成了社会通行的关于人的心理行为的理解和解释。个体会随时把自己在生活中获取的关于人的心理行为的认识和理解、体验和经验等,汇集或汇总到社会常识之中,通过被其他社会个体接收、接受、接纳,以及在不同社会个体之间的流动、流通、流行,而变成社会共有的常识心理学。

　　社会的常识心理学也是社会心理学的一个重要构成部分,因而,这也就成为社会心理学研究的内容。社会心理学也会在自己的具体研究内容中涉及社会流行的常识心理学。普通人会在自己的社会生活中接受、运用、传递、交换关于人的心理行为的解说和理解,这就构成了社会心理学要考察的人的社会心理的重要内容。社会个体会在社会生活、社会互动、社会关系中形成和拥有共同的常识心理学,这种社会的常识心理学是在特定的社会生活或社会关系中关于人的心理行为的共有的理解和解说。

　　从个体的常识心理学到社会的常识心理学是常识心理学从个体化到社会化的转换历程。经历了这样的转换,常识心理学也就成为真正的常识。当然,个体化的常识心理学与社会化的常识心理学是常识心理学存在的两极。关于心理行为的个体化理解如果脱离了关于心理行为的社会化理解,就成为无法交流和交换的孤立的内容;关于心理行为的社会化理解如果脱离了关于心理行为的个体化理解,就成为十分空虚和空洞的抽象的内容。

　　社会常识是"社会的"常识。这种"社会的"常识是以社会的方式存在着,以社会的方式运作着,以社会的方式演进着。"社会的"常识是社会共有的,具有社会普遍性。这说明个体的心理经验会在社会交往的过程中变通或流通为社会的心理经验,这使得个人的"见识"转换成为社会的"常识",也使得个人的"心理见识"转换成为社会的"心理常识"。

　　普通人的"共有"、社会化的"共识"是常识形态的心理学具有的非常重要的性质和特征。显然,从个体化到社会化、从私有化到公有化、从见识到共识,这是人的日常经验和日常知识的一个重要的转换或转变。对于常识形态的心理学来说,这也是一个重要的过渡和变换。

　　其实,常识和常识心理学具有的社会生活的效力就在于,常识超越了个体化或私有化的存在方式,从而拥有了社会化或公有化的存在性质,这通过日常语言的承载而成为在常人和常人的生活中有互动性和制约性的一种社会的常识心理学。因此,个体的社会化、个体心理的社会化,就意味着接受、拥有、采纳和传递社会共有或社会公有的社会常识和心理常识。

社会的心理常识会隐藏于社会通行的日常语言之中。因此,社会的日常语言实际上就包含着大量关于人的心理行为的描述和说明的语汇和语义。社会个体在接受日常语言的过程中,就会接纳隐含在日常语言之中的心理常识。社会个体在使用日常语言的社会互动过程中就会掌握和运用其中的常识形态的心理学。社会个体的社会化过程就包括掌握和运用社会的心理常识,从而达成对于心理行为的日常的理解和解说。

第四节 生活的常识心理学

在人的生活中,或是在人的日常生活中,或是在人的日常语言中,进而在人的社会生活中,或是在社会日常生活中,或是在社会的日常语言中,都会有心理学或常识心理学的存在。常识形态的心理学就是生活中的心理学,就是日常生活中的心理学,就是日常语言中的心理学。或者说,常识形态的心理学就蕴含在生活中,隐藏于日常生活中,显现在日常语言中,体现于日常语言互动中。

一、日常生活中的心理学

常识心理学的重要基础和根本来源就是人的日常生活或社会生活。人在自己的日常生活或社会生活中,通过人与人之间的交往和互动而形成或接受了关于人的心理行为的理解和认识。所以,生活的常识心理学也可以称之为素朴的心理学。这是常人在自己的日常生活实践中,通过个体化的生活经验的获得而拥有的。常识心理学就是人的日常生活的组成内容,就是人的社会生活的必要内容。尽管常识形态的心理学可以是来自科学心理学的知识的生活传播,但是它也必须经过特定的生活转换,使之成为日常生活特定的形态和存在的方式。

日常生活是一个生活现实的呈现过程,也是一个生活意义的生成过程,也是一个日常心理的创生过程,也是一个心理常识的累积过程。因此,常识心理学就是日常或现实生活中的常识心理学。日常生活中的常识心理学具有日常生活经验的性质和特征。

对于每一个社会个体来说,社会经验的获取、多寡、提取、运用决定了其生活定位和生活方式。人的日常生活是经验定位的。有生活经验与没有生活经验的人,生活经验丰富与生活经验贫乏的人,对于生活的理解、把握、定向都有着根本的不同。在普通人的日常生活经验中,非常重要的构成内容就是有关自己和他人的心理行为的经验。社会个体在多大程度上能够理解和解释、掌握和控制人的心理行为,这与其拥有的生活的常识心理学的丰富程度和有效程度有直接的关系。

常识心理学之所以也是一种特定形态的心理学,就是因为常识心理学拥有常识意义上的心理学理论、方法和技术。[①] 人依赖于经验而生活,人通过经验来理解生活。人的生活经验可以成为常识,这也就是所谓的经验常识,或者可以称为生活常识。常识是普通人生活的指南。普通人在生活中可以不依赖于各种明晰的科学道理来生活,而仅仅靠各种习以为常的常识来生活。常识对于人的作用主要通过五个方面体现出来:一是常识决定了一个普通人的生活视野,决定了他在自己的生活中能看到什么,看不到什么;二是常识决定了一个普通人的生活态度,决定了他在自己的生活中倾向什么,否定什么;三是常识决定了一个普通人的行为习惯,决定了他在自己的生活中愿意做什么,能够怎么做;四是常识决定了一个普通人的目标定向,决定了他在自己的生活中设计了什么,构想了什么;五是常识决定了一个普通人的生活程序,决定了他在自己的生活中的生活秩序、生活步骤、心理生活规范、心理生活程序。

人的经验常识包括心理经验常识。心理经验常识是普通人对自己的心理行为、对他人的心理行为、对自己的心理行为与他人的心理行为的关系等的认识、说明、理解、阐释等。其实,每个人都是常识意义上的心理学家,都掌握常识意义上的心理学。例如,普通人会有自己的朴素的人格理论,他在

---

① 葛鲁嘉.常识形态的心理学论评[J].安徽师范大学学报(人文社会科学版),2004(6):715 -
718,727.

自己的生活中去界定他人会是什么性格的人,会具备着什么样的人格品性、性格特点、行为动机、行为方式。他拥有的心理经验常识使他能够去面对自己的社会生活或日常生活。他在自己的日常生活中,可以根据自己的心理经验常识来定义、定位、构造自己的生活。

可以说,常识中给出了特定的生活目标、生活样式和生活含义,也给出了特定的生活前景和生活演变,还给出了特定的心理学说、人格理论、行为判定和心理归因。常识可以体现或隐身在普通人的日常语言中。通过掌握日常语言,普通人就可以习得常识。在日常语言中有大量关于人的心理行为的语汇,这些生活语汇都有习惯化的或习俗化的特定含义。例如,涉及人的认识时,习语可以表达为"看法""说法""想法""了解""认为""清楚""模糊""糊涂""盲目"等;涉及人的情感时,习语可以表达为"感动""激动""高兴""欢乐""欢喜""难过""难受""难堪""气愤""生气""懊恼""害怕""吓人""恼怒""讨厌"等;涉及人的意志时,习语可以表达为"坚定""软弱""脆弱""胆大""胆小"等;涉及人的个性或人格时,习语可以表达为"大方""小气""精明""糊涂""仁义""小人""豪放""谨慎""冲动""沉静""乐观""悲观""随和""气度"等。

科学心理学诞生之后,在短短一百多年的时间里就有了突飞猛进的发展。其实,西方的科学心理学继承了实证科学的传统,提供了一整套理论、方法和技术,特别是提供了一系列心理学概念和概念范畴。例如,实证、实验、心理、人格、生理、性格、感觉、感知、知觉、思维、情绪、情感、思想、本能、心境、动机、意志等。这些概念和概念范畴都有其明确的含义或定义。中国本土的心理学传统也可称为心性心理学的传统,并在长期的历史演变和发展中,形成了自己独特的一整套理论、方法和技术,同样也提供了一系列心理学概念和概念范畴。这就是中国本土的心理学传统,其中就包括常识形态的心理学。例如,常识心理学表达的理念包括体证、体验、心性、人品、生活、品格、感受、感悟、知道、思考、情理、情义、思念、情欲、心情、欲望、意念等。其实,上述西方科学心理学与中国本土心理学中的这些重要心理学概念和概念范畴,都是可以匹配成对的。但是,其含义却有着重要的区别,并形成了鲜明的对照。这些成对的心理学概念和概念范畴包括:实证与体证、实验与体验、心理与心性、人格与人品、生理与生活、性格与品格、感觉与感受、感知与感悟、知觉与知道、思维与思考、情绪与情理、情感与情义、思想与思念、本能与情欲、心境与心情、动机与欲望、意志与意念。①

常人的心理生活是由常识来规范和指引的。或者说，常识限定和引导了人的心理生活。正是在常识的意义上，常人知道自己应该以及可以怎样生活。首先，常识限定了普通人的生活目标。因为普通人就是通过常识来了解生活、解释生活、设定生活的，所以常人也以常识来确立自己的生活目标。常识告诉了普通人，人为什么活着，人为什么要活着，活着是为了什么样的目标。生活目的会成为一个普通人重要的生活支撑，生活目的就是普通人生活的核心。其次，常识确立了普通人的生活意义。普通人通过常识来把握生活，认定生活的内容和方式，因而常识为人提供了一套意义系统，这包括生命的意义、生存的意义、生活的意义、人生的意义、事物的意义、世界的意义，等等。最后，常识给出了普通人的生活技巧。人总要应对生活，而常识中就包含应对生活的方式和方法。

二、日常语言中的心理学

在后现代心理学的背景中，对话和建构成为核心的内容。对话的理解直接引发关于对话心理学的研究和探索。在话语心理学的研究中，有研究指出，实证主义尺度下的研究总是采纳价值中立的立场和标准化、定量化的工具，以期获得在不同时间和空间中具有普适性的知识，用这种知识描述的人具有平均化、大众化、匿名性等特征。发生于 20 世纪 80 年代中后期的心理学的"第二次认知革命"，是心理学中话语转向的一个重要标志。一批心理学家出于对心理学研究现状的不满，努力使心理学回归自己的传统常识性观念：心理学研究私人或公共语境中的主动人；这些人按照地方性正确标准、运用物质的和象征的工具去合作完成各种任务和筹划。话语心理学表明，人心是植根于历史、政治、文化、社会和人际过程这样一个复杂语境中的动态过程，是"广泛的结构化影响的汇聚点"。人心绝不是去时间化和去语境化的理智的器官。

自然界中万物具有客观性，受因果律支配，而社会性世界中人的行为具有广泛的主观性，受意向支配。如果说因果性产生了物理性世界，人则通过符号体系的运用建构了社会性世界。社会性世界的人文性使其有别于具有

---

① 　葛鲁嘉.西方实证心理学与中国心性心理学概念范畴的比较研究[J].社会科学战线,2005(6):35.

物理性的物质世界。在人和会话的参照构架之中,言语行为成了社会实在的"材料"。因而,如果说自然的环境世界由处在时空中的事物组成,社会的环境世界则由存在于人和会话中的言语行为组成。因此,对社会性及心理性世界的体验只有通过言谈才能达到。

受苏联心理学理论特别是活动理论的影响,心理学家开始将目光转向社会实践和日常生活中的人。与西方心理学中的"被动人"概念有所不同,在苏联心理学中,人被视为投身于目标的制定并积极实现目标的能动者。

这场继续革命的一个重要结果是:在对科学心理学涉及的现象加以界定时,必须将重点放在日常语言上,语言成为人们的关注点。语言是被当作一种社会实践、一种实在世界的现象而加以研究的。因此,其中恰当的概念是"日常语言"或者是"话语对话",而不是语言。语言只涉及符号系统的关系,仅为思想交流提供规则。话语则具有时间性,拥有说话者,是具体的、生成的。话语涉及所表达的事物,是思想交换的实现。话语心理学被认为是一门体现了话语转向的新认知心理学。

话语心理学的研究范围非常广泛。从认识论的角度来说,知识的本质、认知和实在,人们的日常语言的运用,确立话语议题的方式,使自己具有一定的取向性,如描述和解释事件的方式、建构事实报告的方式、对认知状态进行归因的方式,等等,都被界定为话语性议题而纳入话语心理学的视域。从实践论的角度来看,话语心理学的起点在于对记忆进行研究,考察记忆在日常背景中的自身意义和功能,以及对日常生活中归因的本质和作用进行研究。

话语心理学家在研究中努力将这些被忽略的语境和边缘现象纳入分析的中心。研究的目的并不在于通过揭示文本和言谈的语言结构来发现人们的认知结构。研究关注的是,话语何以能够完成社会实践并成为社会实践的一个部分。这一研究取向的学者正在努力回归日常生活,回归实践活动。话语心理学将认知现象当成实在世界的现象加以研究,这就意味着它放弃了那些孤立、虚构、实验的文本,而转向自然发生的话语。人们希望离开实验室环境,并进入自然人的正常思维、行动和日常生活的生态环境中。①

---

① 邵迎生. 话语心理学的发生及基本视域[J]. 南京大学学报(哲学·人文科学·社会科学版),
　2000(5):109-115.

很多研究认为,常识形态的心理学就隐身于人的日常语言之中,是通过日常语言表达出来的。在日常话语中完全可以捕捉到常识形态的心理学的踪影。在日常语言中梳理出常识形态的心理学是具有重要意义且难度极高的心理学研究任务。

当然,日常的语言、语汇、表达、交流等既是常识形态的心理学的存身之所,也是其流传方式。普通人在习得和掌握日常语言的同时,就会接纳隐身于日常语言中的常识形态的心理学。语言的理解就包含了生活的理解和心理的理解。

不过,对于心理学的研究来说,怎么样分离出日常语言中的心理学或常识心理学的内容,是一项非常困难的研究任务。它也可以界定为语言心理学,但却不是狭义的科学心理学的分支,而是日常语言的心理学,或者是日常语言中隐含的常识形态的心理学。它通过日常语言栖身,通过日常语言传递,通过日常语言变迁,也可以通过日常语言来加以捕捉和考察。

第五节　科学的常识心理学

科学的常识心理学是通过心理学科学知识的普及化和大众化实现的,它也就是心理学的科普常识,是通过心理科学的传播过程、科学心理学的普及化而使普通人拥有的心理学科普常识。因此,常识形态的心理学不仅包含生活的常识心理学,而且包含科学的常识心理学。

一、心理学的科学普及

科学传播完整的表述是有反思的科学传播,指科技信息在社会各主体之间的发送、接收等,相当于广义的科普。科学传播可以包含和取代科普及科技报道等。科普与科学传播在理念上有许多差别。科学传播可以有不同的描述或阐释。有研究考察了科学传播的三种模型与三个阶段。科学传播是与科学创新相对应的一个概念,与科学的大众化有关,科普大致是指科学技术的大众化。科学与科普、科学创新与科普传播的"两轮"或"两翼"从来都不是对称的。科学传播虽然与科学技术、科学家密切相关,但不存在依附关系和从属关系。科学传播从业者与科学家、工程师地位平等,各有各的行业规则和标准。

科学主义流行的一个外在标志是,"科学"一词被到处乱用,被用来修饰许多事情,这足以表明整个社会普遍认可科学等同于正确的、好的。在强科学主义看来,科学有力量,是好东西,多多益善,应当无条件地快速传播;科学的思想、方法、手段、思维方式等,应当扩展到其他领域,等等。传统科普大多假定了这种科学观,这实际上是有问题的。科学没必要一定与科学主义捆绑在一起,科学传播也一样。

综合国内外科普、科学传播的理论与实践,可以发现科学传播有中心广播模型、欠缺模型、对话模型等三种典型模型。这三种模型的变迁顺序为:传统科普是中心广播模型,方法为自上而下的命令、教导,"知"与"信"中强调"信";公众理解科学是欠缺模型,方法为自上而下的教育与公关,"知"与"信"并重;有反思的科学传播是对话模型,方法为公民接受义务科学教育,就科学技术事务参与协商,强调"知"和"质疑"。中心广播模型是第一种模型,它适用于计划经济时代,主要服从于国家、政府的需要,最主要的目的是维护社会安定。此模型强调科学权威、科学信仰,偏重具体知识和技术,少讲科学方法与过程,基本上不提科学的社会运作,更不会讨论科学的局限性及科学家的过失,此时的科学是"神圣的""非人的"或者"超人的"。欠缺模型是第二种模型,它发端于发达的民主制国家。该模型认为,相对于科学家,公众十分欠缺科学素养,公众可能因为并不了解科学而不支持对科学的投入,科普或科学传播的目的就是弥补这种欠缺。但是在具体做法上,此模型增加了"公关"的维度,即一方面要提高公众的科学素养,另一方面要呼吁公众支持科学事业。对话模型是第三种模型。在对话模型中,许多以前根本无法讨论的或者根本看不到的问题都显露出来,都可以进行讨论了。例如,科技的风险性、不确定性,科技界内部不轨行为的曝光,等等。科技界对此模型的态度很复杂,经常处于矛盾之中,因为它涉及科技的"公众形象"。在该模型中,科技本身具有不确定性和风险;科技并非不重要,但科技不等于正确,更不等于幸福;关注科学不等于支持科学,支持科学不等于支持某一种具体的科学。第三种模型的特点是:科学传播受众与主体均多元化;强调公众的态度、公众的发言权;必须考虑社会正义、社会资源的公平分配;提高公民的科学素养的关键是正规教育,社会再教育起辅助作用。

　　总的看来,中国的科学传播观念目前处于第一种模型与第二种模型之间,在局部和个别问题上已经开始向第二种模型和第三种模型过渡。从传统科普到公众理解科学,再到有反思的科学传播,是广义的科普(科学传播)经历的三个阶段,与中心模型、欠缺模型和对话模型相对应。这三种模型分别反映了国家或政党立场、科学共同体立场和公民立场或人文立场。①

　　心理学的科学普及活动是把心理学传播到社会生活中,是把心理知识转换成为科学常识的历程。因此,心理学的科学普及活动是非常重要的社会常识或心理常识的来源。这对于来自常人创造的常识形态的心理学来说,是一种科学的改造和科学的转换。因此,心理学的科学普及带来了常识形态的心理学的重要改变。

二、心理学的科普常识

　　常识心理学还可以有另外一个来源,那就是科学心理学的传播。科学心理学的研究累积了有关人的心理行为的科学知识,这些知识可以通过科普活动和社会宣传转化为普通人的生活常识。当然,心理学知识通过科普活动传递给普通人,是把心理学的知识转变为日常生活中常人能够掌握的心理学常识。所以,科学的常识心理学严格说来不是常识心理学,而是心理学常识。心理学常识是常人在日常生活中掌握的科学心理学的知识,并把这些科学心理学知识转变为日常生活的常识和经验,这构成了普通人理解社会的心理生活和理解人类的心理行为的知识基础。

　　科学的常识心理学与生活的常识心理学的最根本不同,就在于前者依据科学研究,后者则依据日常经验。把科学心理学的知识转化或转换为日常生活的常识,这需要一个基本过程,它包括怎样把科学语言转换为日常语言,怎样把科学方法转换为日常方法,怎样把科学技术转换为日常技术。

　　常人在日常的生活中都是依据常识来解释世界、说明社会、了解他人、

---

① 刘华杰.科学传播的三种模型与三个阶段[J].科普研究,2009(2):10－18.

理解自己。常识是常人的日常生活的指南。常人依据自己掌握的常识来进行生活的定向和心理的定位。因此,影响和形成常人的科学的常识心理学,是科学心理学的科学普及的基本目标和重要工作。

科学语言与日常语言、科学方法与日常方法、科学技术与日常技术有着非常重要的区别。心理学的科学语言有清晰的界定和基本的内涵,日常语言则有各类歧义和模糊的意义;心理学的科学方法有基本的科学规范和严格的操作程序,日常方法则有个体化的理解和运用方式;心理学的科学技术有特定的技术工具和操作的基本规程,日常技术则注重具体的生活情境和实用目的。

对于心理学的科学普及工作来说,最重要或最核心的工作就是怎样把科学心理学的语言转换为常人可以接受和理解的日常生活化的语言,怎样把科学心理学的方法转换为常人可以掌握和运用的日常生活化的方法,怎样把科学心理学的工具转换为常人可以实施和推行的技术。

更重要的问题还在于,因为常人有自己的日常的常识心理学,也即有立足于自己的心理生活经验的心理学思想、语言、方法和技术,所以就要设计科学的常识心理学应怎样去合理地替代日常的常识心理学,也即替代日常的常识心理学的思想、语言、方法和技术,从而引导和建构普通人的合理的心理生活,提升其心理生活的质量。

在科学心理学的研究与应用中存在着去日常化的过程,也存在着重新日常化的过程。去日常化是指科学心理学的研究必须超越常识心理学,超越常人的日常生活。科学心理学提供的是关于人的心理行为的合理化和规范化的知识。重新日常化是指科学心理学的研究必须回归常识心理学,回归常人的日常生活。科学心理学不是要凌驾于生活,不是要摆脱生活,而是要以日常生活的方式来最终引导和改变生活。

科学的常识心理学是科学心理学的科学普及工作要达到的目标和要实现的结果。正是通过心理学的科学普及的工作及宣传,常人才拥有科学心理学的知识、理解科学心理学的方法、接受科学心理学的技术。心理学的科学普及不是把常人变成科学心理学家,而是让常人具有心理学的科学常识。

科学心理学面临的一个非常重要的任务就是把心理学的科学知识普及给生活中的普通人,科普心理学就是承担着这一任务的重要的心理学应用分支。心理学研究者的科学研究成果会在科普心理学的科学普及活动中，变成日常生活中给普通人造福的心理学知识。

三、普通人的科学常识

有研究对公众理解科学与公众理解研究进行了区分，这就在科学与公众之间建立了两种不同的关系。一种关系是涉及公众的，另一种关系是涉及科学的。涉及公众的是公众对科学的理解，涉及科学的是科学与公众的交流。

公众理解科学的基本预设遵循的是一种公众需要更多科学知识信息的简单逻辑，是将公众理解科学大致等同于使公众赞赏和支持科学。20世纪90年代以来，在科学研究的发展面临前所未有的极端风险和不确定性，公众与科学的关系空前紧张的境况下，公众理解科学随时代的发展而发生了含义变迁。第一，科学的形象发生了变化。当代人们对科学及相关问题的意识已大大不同于近代。首先，科学知识不再是不以人的意志为转移的客观真理，科学知识本身涉及社会、政治、伦理、文化等多方面问题。其次，科学不再被视为至善的和万能的，科学的进步并不等于人类社会的进步。在科学影响日益渗透到人类生活的方方面面的今天，公众有权对科学进行质疑与评判，科学活动应该成为一种对话，而不是科学共同体的独白。最后，科学研究活动本身就是具有自身利益诉求的政府、企业或利益组织的活动，因此其"中立""客观""公正"的特征已经不再是无可争议的。第二，公众的角色发生转换。"公众"的概念不同于"大众"，后者通常指对事物无鲜明主体意识的、无根本差别特性的群体总称。从这两方面来说，相对于传统科普中无知、被动的受众角色，当代公众的概念与角色发生了转变。首先，公众有权利评价科学的正面影响和负面影响。公众作为主体而不是单纯的受众，由被动的科学知识的接收者过渡到作为一种平等的社会力量与科学进行交流和对话，并要求参与到有关科学的政策决策中。其次，公众包含的不同层次与特性得到区分，并采取了不同的方式来加以对待。在当代，公众理解科学更注重根据公众的不同文化、地域、国家、民族、职业、角色、性别、年龄等不同方面，设计使用不同的科学传播方法。同时，随着科学越来越专业化，科学家在自己的专业领域之外同样属于外行，将科学家作为科学传播的受众是公众理解科学运动的新发展与进步。第三,理解具有不同含义。有研究就认为,公众对科学的理解包括三个方面:认识和理解一定的科学术语和概念;基本理解科学研究的一般过程和方法;理解科学技术对个人和社会具有的影响。这也就是说,当前理解的内容不仅包含单纯的科学知识,而且包含科学的方法与过程、科学思维与科学精神,并且在将科学作为一种文化来理解的同时,要全面理解科学技术对于个人与社会的影响和作用。

公众理解研究主张把进展中的科学研究向公众传播及与公众交流。因此,公众理解研究是指把科学作为一个处于进展中的过程进行传播,无论这一过程是毫无结果的、困难重重的,还是不确定的、不可预测的。其含义包括两方面的内容:第一,传播内容为科学研究的动态信息与过程。传统科普传播的主要内容为既有知识——已经确立下来的结论性知识,而公众理解研究以不可预测的、处于进展中的研究活动为中心,追踪最新的研究动态,播报研究的进展过程,满足公众不断了解和深入理解研究的需要;致力于对研究过程详细展开,如实反映科学研究活动的整个过程。第二,致力于为公众与科学对话交流提供时机,促进公众参与。不同于以往的科学传播以塑造科学与科学家的积极形象为目的,公众理解研究试图快速、准确、有效地为公众传递最新的信息,在此过程中人们可以猜测新的科学技术在社会中应用的多种可能性,如此便为公众与科学的对话与互动、公众对政策决策的讨论与参与提供前提和时机。①

无论是公众对科学的理解,还是科学与公众的交流,最终都是要说明普通人的科学常识或心理科学常识。常识形态的心理学在当代的一个非常重要的转换,就在于科学心理学以前所未有的方式进入普通人的生活或心理生活。这就使得原本依赖于日常生活经验的常识形态的心理学,现在也开始接受科学心理学的科学知识的传递,这就极大地改变了常识形态的心理学的基本成分。普通人具有的心理学的科学常识也逐渐开始成为科学心理学在日常生活中的延续。

普通人在日常生活中常常会把自己的生活经验放在最重要的位置上,这

---

① 朱晓庆.公众理解科学与公众理解研究[J].科学技术与辩证法,2005(5):101-104.

就会使其在自己的生活选择、生活定向、生活导引、生活决策、生活评判、生活调整等诸多方面轻易地把常识凌驾于科学之上。因此,普通人在自己的日常生活中很容易回避科学知识和科学道理,从而主要依赖于生活经验、生活常识。即便是科学家或心理学家,也同样会在科学研究场所之外、在实验室之外抛弃科学常识。许多科学家都愿意在科学与生活之间划出清晰的界线,希望生活中遵循的原则及道理与科学研究中遵循的原则及道理各行其职。

对于普通人来说,最重要的是怎么把科学知识融入自己的常识,也即怎么把心理学的科学知识汇入自己的常识心理学。这形成的是普通人的科学常识,也就是普通人的心理学的科学常识。从生活经验到科学知识,从生活常识到科学常识,从心理经验常识到心理科学常识,常识的科学化或心理常识的科学化实际上是一个极其关键的步骤。

四、普通人的心理常识

普通人不是科学家,普通人的心理常识也不是心理学家的科学知识,而是基于普通人的日常生活的心理经验。这也就是在天长日久的生活中,在一代又一代的生活经验的传递过程中,不断积累起来和传播开来的心理常识。普通人的心理常识是通过日常生活获得的,也是通过日常生活验证的,是生活中不可或缺的理解人的心理行为的经验知识。

普通人的心理常识是无法回避和无法消除的经验性的心理学理论、方法和技术。普通人即便没有科学心理学的知识,也同样能够有关于人的心理行为的特定的和经验的理解或解说。对于普通人个体来说是如此,对于普通人群体来说也是如此。普通人具有的经验性、日常性、解释性、交流性的心理学常识,使普通人能够如心理学家那样去理解和解说人的心理行为。

普通人的心理常识既可以是普通人在日常生活中不断创造或建构的、不断运用或借用的、不断调整和推进的,也可以是普通人之间相互传递或交换的。普通人的心理常识有自己的建构和积累的过程,也有其消亡和逝去的历程。在这样的过程中,普通人的心理常识获得了自己的生命活力和生活价值。因此,常识形态的心理学的产生、演变、发展、衰落、消失、重生,就变成了人的心理生活的一个十分重要的特征和历程。

普通人的"普通",心理常识的"常识",都与专家、专业、知识、学术等存在重要的区别。普通人的心理常识并不是规范的、合理的、明确的,而是多义的、模糊的、不明的,但它却在日常生活中起到了理解并说明自己和他人的心理行为的作用。普通人掌握的心理常识使其能够如同心理学家那样去了解和解说人的心理行为。

普通人的心理常识或普通人拥有的常识形态的心理学,也会由于天长日久的积累,由于生活冲刷的筛选,由于生活检验的净化,由于社会应用的考评,由于社会文化的融会,由于历史传统的奠基,由于历史发展的推动,而带来和出现新的内容、新的表达、新的含义、新的变化、新的发展。

普通人的心理常识会集合个体的心理经验、社会的心理共识,也会集合日常的心理知识、科学的心理知识。普通人会将这一切整合或汇聚成为自己的常识形态的心理学,并在此基础上成为常识意义上的心理学家。因此,科学的常识心理学、心理学的科学普及带来的心理学科学常识会逐渐渗透到普通人的日常生活或日常心理生活中,会逐渐影响普通人关于人的心理行为的理解和解说。

普通人可以拥有大量关于人的心理行为的日常经验的解说,也可以掌握大量关于人的心理行为的心理科学的知识。这两个方面可以汇合在一起,构成普通人的心理常识。这种普通人的常识形态的心理学既可以体现出个体化的日常生活经验的性质和特征,也可以体现出社会化的专业科学知识的性质和特征。个体的心理经验与科学的心理知识可以在普通人的日常生活中交汇在一起。

因此,普通人的心理常识会受到科学化进程的影响,会接受科学心理学普及化的影响,会在科学心理学的传播过程中逐渐科学化,会在普通人的日常心理生活中增进合理性。这就给了普通人的心理常识一个更合理、更重要的地位。普通人通过常识形态的心理学得到、拥有和掌握的那些心理学的概念、术语、知识、理论、方法、技术、工具、手段、技能等,就会逐渐地科学化、合理化、有序化、系统化、社会化。普通人的心理常识理应受到心理学研究者的重视,也必须纳入心理学研究的范围。

第三章　常识心理学的探析

常识心理学是一种特殊形态的心理学。对常识形态的心理学进行考察或探析，需要确定常识心理学的性质、传递和价值。常识形态的心理学具有独特的性质，通过特定方式在社会生活和人际关系中传递，具有非常重要的生活价值和学术价值。对常识形态的心理学进行系统深入的研究，是心理学以及其他相关学科的研究者的重要学术任务。

第一节　常识心理学的性质

常识心理学具有日常生活经验、日常生活知识、日常生活理论、日常生活理解、日常生活交流的性质。这些性质既决定了常识心理学的存在、特征、内涵、功能，也决定了常识心理学的发展、演变、走向、变迁，还决定了常识心理学的影响、作用、引导、塑造，等等。

一、常识心理学的日常生活经验性质

日常生活经验提供了常识的思维方式。有哲学家考察了常识的思维方式与哲学的或形而上学的思维方式之间的关联。常识的思维方式就是形成并适用于人们的日常生活的思维方式，常识的世界图景就是由常识的思维方式构成的世界图景。所以，变常识的世界图景为科学的世界图景，或者说，变常识的世界观为科学的世界观，就不仅仅是以科学的知识内容去变革常识的经验内容，更重要的是以科学的思维方式和哲学的思维方式去变革常识的思维方式。

在人的日常生活中，人们常用的提问方式是："有"还是"没有"？"是"还是"不是"？"真的"还是"假的"？"对的"还是"错的"？"美的"还是"丑的"？"善的"还是"恶的"？"好的"还是"坏的"？与这种提问方式相对应，人们常用的回答方式是："有"或者"没有"；"是"或者"不是"；"真的"或者"假的"；"对的"或者"错的"；"美的"或者"丑的"；"善的"或者"恶的"；"好的"或者"坏的"。

分析日常生活中的提问方式和回答方式会发现，其中隐含着一种非此即彼、两极对立、互不相容的思维模式，这就是以日常生活为基础的常识的思维方式。

人的日常生活是一种依据并遵循共同经验的生活。在这种生活中，共同经验是把人与世界联系起来和统一起来的中介。在共同经验中，人成为认识世界的主体，世界成为人认识的客体，共同经验则作为人的意识内容而构成人的世界图景。

在这种以共同经验为中介的主体与客体的关系中，人成为既定的经验主体，以直观的方式去把握世界；世界则成为既定的经验客体，以给予的方式呈现给了认识的主体，也就是呈现给了人。在这种主体与客体的关系中，主体的经验与经验的客体之间具有确定的、稳定的、对应的、非此即彼的经验关系。在这种经验关系中，人的共同经验是确定的。因此，这要求经验主体的思维必须保持非此即彼的确定性。首先是保持对"有"与"无"、"真"与"假"、"是"与"非"、"善"与"恶"、"美"与"丑"等具有最大普遍性的对应范畴的非此即彼的断定。所以，在常识的思维方式中，白的就是白的，黑的就是黑的，男人就是男人，女人就是女人，太阳就是太阳，月亮就是月亮，有利就是有利，有害就是有害，美的就是美的，丑的就是丑的，一切都是泾渭分明、非此即彼的存在。两极对立和非此即彼是以日常生活为基础的常识思维方式的根本特性，也是人们经常谈到的形而上学的思维方式的本质特征。

人们的日常起居、劳作、交往、娱乐构成了最普通、最平常但又最基本、最普遍的日常生活。在日常生活中，在日常活动的范围内，常识是"极可尊敬的"。简单推论的常识可以满足人们日常活动中的形式逻辑推理的需要；一般的生活常识可以作为技术格言和道德箴言，既满足了日常活动中

处理各种事务的需要,又满足了日常交往中调节人际关系的需要;模糊的
自然常识,在并非要求对自然现象作出精确解释的日常活动中,可以基本
满足人的活动适应自然规律的需要;警世格言式的政治常识,使人们在日
常活动中持有一种可以得到某种相互认同的对政治的评论、解释和期待,
从而满足人们在日常活动中关注天下大事、体现人心向背的需要。所有这
些满足日常生活需要的常识,都是由世世代代的个体经验积淀下来的共同
经验。共同经验适用于人们的日常生活,但也仅适用于日常生活。一旦超
出这一范围,常识及其思维方式就会遭遇"最惊人的变故"。所以,要变革
人们常识的、形而上学的思维方式,使人们不再在绝对不相容的对立中思
维,首要的是拓宽、深化和转换人们的"活动范围"。一旦人们进入"广阔的
研究领域",就必然超越这种常识的、形而上学的思维方式。

在现代社会生活中,迅猛发展的科学技术使人们进入了广阔的非日常
生活的领域,并不断地使这种非日常生活日常化。因此,非常识思维的常识
化首要和集中地体现为科学思维的常识化。

科学的直接意义在于,科学为人类提供描述和解释世界的不断深化的
概念系统和知识体系,从而为人类展现具有历史性和时代性的科学世界图
景。然而,正如常识的世界图景是由常识的思维方式构成的一样,科学的世
界图景也是由科学的思维方式构成的。科学的发展史是人类理论思维的进
步史。科学概念的形成和确定、扩展和深化、变革和更新,不仅为人类提供
认识和掌握自然现象之网的网上纽结,而且为人类提供不断增加和深化的
认识成分和思维方法。特别是科学的每一次划时代发现,都以其璀璨夺目
的理论成果深刻地改变了人们的思维方式。从地心说到日心说,从既成论
到进化论,从绝对论到相对论,不仅使非此即彼的常识思维方式遭到了巨大
的冲击,而且使科学思维方式以其不可抗拒的力量转化为人们的常识思维。
在现代科学中,由于各门科学的相互交叉和相互渗透,特别是由于系统论、
控制论和信息论等横向学科的兴起,在更加广泛和深刻的意义上变革了人
们的思维方式及其构成的世界图景。这就是现代科学常识化引发的人类思
维方式的变革。①

---

① 孙正聿.哲学通论[M].沈阳:辽宁人民出版社,1998:51-82.

显然，如果仅仅从日常生活的经验常识的方面去理解，常识自然具有其独特的价值。但是，当科学研究、哲学探索以超越常识的方式剔除常识的意义和价值的时候，常识就会被埋没。不过，这并不等于说在生活中常识就不复存在，常识就没有价值。

二、常识心理学的日常生活知识性质

怎样理解和把握常识心理学的日常生活知识的性质，这体现了关于日常生活知识的生活知识观。有研究对生活知识观进行了探索，认为生活知识观是指知识要关心人的生存与发展状况，要关注人的需要与价值取向，要关怀人的现实与未来理想。当然，生活知识观是与科学知识观相对应的。科学知识观推崇自然科学的范式，重视科学理性、技术理性，排斥其他知识。这种知识观忽视了人的现实生活世界，忽视了知识对人的生活的意义。这实际上就形成生活知识观与科学知识观的对立，这种对立出现在科学知识观的自我封闭时期。实证主义的科学观希望能够使自己与现实生活中的日常的理解和认识严格区分开来。

科学知识观是指经验主义知识观和理性主义知识观。经验主义知识观以经验论为哲学基础，理性主义知识观以唯理论为哲学基础。科学知识观发展到近现代后，其科学、实证的色彩更加浓厚。这种知识观认为，只有经过经验、实证方法证明了的知识才是真正的知识，这种知识具有普遍性、确定性和中立性等。科学知识观以科学为取向，仅把自然科学知识视为真正的知识，而把社会人文学科的知识都视为非知识。

科学知识观涉及认识论和知识论。科学知识观持主客二元对立的思维方式，视知识为人类认识的成果，知识表现为概念、原理等。科学知识观认为知识仅是工具；知识是与人完全对立的东西，知识对人只有工具价值、功利价值，人获得知识的唯一目的就是控制自然、支配世界。科学知识观奉行理性主义的思维方式，将理性神圣化。理性不仅是评判一切的最高标准，而且在理性面前，自然不再具有神秘性，一切皆可以通过人的理性来加以把握。人通过自己的理性确立了自己的主体地位，然而，人的这种主体地位由于缺少了现实生活世界的关照，因此在把知识仅视为物的同时，主体的人也就成了物。科学知识观崇尚工具理性，其指向是征服自然、占有自然，满足

自己的感性欲望。工具理性视自然科学为唯一的科学知识,贬斥人文科学、社会科学等其他知识,因为这样的知识并不能满足人们的功利需要。科学知识观崇尚科学,进而崇尚技术至上主义。

科学知识观也涉及决定论和价值中立理念。科学知识观遵循本质主义的思维方式,总是力图通过经验观察或理性推理发现事物的本质或规律,然后用本质或规律来解释对象的存在,指导对象的发展。科学知识观认为,涉及这些本质或规律的就是知识。本质或规律是永恒不变的、不可动摇的,人只能遵循这些本质或规律,而决无干预这些本质或规律的能力和权利。科学研究是价值无涉的,是纯粹客观的,是价值中立的,是纯粹描述的。

科学知识观还涉及符合论和反映论。科学知识观把心灵视为一面洁净的镜子,心灵反映世界就是把现实世界反映到人的意识中来,对现实进行照相式的刻板记录。科学知识观认为知识是心灵对外部世界的反映。这强调的是知识的客观性,力图通过不掺杂人的情感、意志、信仰的所谓纯净的意识,来准确地反映外部世界,获得客观的知识。科学知识观只注重人如何正确地反映世界,获得客观知识,利用自然满足自身物质需要,而全然不顾知识对人的生活的意义和价值。

生活知识观则是指人本主义的知识观和非理性主义的知识观。人本主义的知识观以人本论为哲学基础,非理性主义的知识观以直觉论为哲学基础。前者把知识看成是人类本性的显露,后者则把知识置于生活世界的背景下。

生活知识观涉及存在论和生活论。存在论表明,人们不能脱离人的存在来考察知识,人是知识的最终目的。可以把知识分为科学知识和生活知识:科学知识虽然也是人战胜自然、把握世界不可缺少的知识,但它对人只具有手段价值、工具价值;而生活知识与人的生存和发展状况息息相关,与人的精神和意义价值紧密相关,因而处于更高的层次上。生活知识的指向是人,科学知识也必须在生活世界的背景下,在生活知识的指引下,以人的生存发展为旨归,这样,科学知识也就具有了人性。

生活知识观也涉及选择论和价值论。存在先于本质,人的存在先于人的本质。人首先存在,然后才能通过自己的行动去实现人的本质。这样,人就突破了本质主义、决定论思维方式的束缚。人在本质面前不再是消极的、被动的,完全依附于本质,按照本质规定的方向前进,而是主动地选择适合自身发展的因素。人是生活的主体,是选择的主体,生活中充满着偶然性、复杂性,并没有绝对必然的东西,因此人的命运并不是预定的,而是人选择的结果。选择是有价值取向的,强调价值的存在、地位和功用。

生活知识观还涉及生成论和创造论。生活知识观建基于生活世界。由于生活世界本身是一个开放的、人文的世界,因此,知识就会由于生活的多样性、丰富性、具体性、历史性而始终处于流变过程中,处于不断的生成、变化之中。知识是不断生成的,不仅在于其与生活的关系,而且在于其与人的关系。人是自由的本体,其自由性的重要表现就在于创造性。人具有创造的本性,不满足于在物理世界中生活,这使得人能够超越物理世界,进入可能世界,去过真正的人的生活。

实现从科学知识观向生活知识观的转变,也就是在看待知识的立场上实现从认识论和知识论向存在论和生活论的转变,从决定论和中立论向选择论和价值论的转变,从符合论和反映论向生成论和创造论的转变。生活知识观认为,人获得知识必须是在生活中,通过生活进行,并且最终是为了人自身的生活。这里的生活就是指蕴含着丰富意义和价值的人类现实生活。因此,人获得知识必须在自己的现实生活中,与人的生活经验紧密相连,以人的社会实践活动为媒介,最终能够使人过上幸福的生活——一种有意义、有价值的人的生活。①

生活知识是人的生活的依据或依托,它决定了人的生活理解、生活取向、生活秩序、生活内容。把生活经验转换或提升为生活知识,是普通人在日常生活中改变自己的生活命运的非常重要的目标和任务。

三、常识心理学的日常生活理论性质

心理学研究运用的概念和理论都有自己的形成过程和建构方式,其中就包含心理学概念的产生方式和定义方式,也包含心理学理论的构成方式和检验方式。任何心理学的概念或理论都有产生和定义、构成和检验的问题。如果从心理学理论建构的上述几个方面去考察,常识心理学也可以看

---

① 阎亚军.生活知识观初探[J].当代教育科学,2003(19):7-10.

成是日常生活的理论，或者也具有日常生活理论的性质。

常识心理学就是以常识的方式体现出来的一种特定形态的日常生活理论。这种理论也与哲学理论或科学理论的形态在形式上有类似性或相似性，常识心理学甚至也会从哲学理论或科学理论中吸收特定的内容。但是，这种知识获取是经过了某种转换的，也就是将科学理论或哲学理论的特定内容转换成了日常生活的理论或知识形态。应该说，普通人与哲学家的关系是不对等的。从普通人的角度来看，哲学家并不是生活中的普通人；从哲学家的角度来看，普通人也不是哲学家。

有哲学研究者阐述了哲学的常识化与常识的哲学化。哲学的常识化是以哲学去变革和更新常识。具体主要是以哲学的世界图景、思维方式和价值规范去变革和更新常识的世界图景、思维方式和价值规范，也就是哲学成为人们普遍认同和遵循的常识。常识的哲学化是用经验常识去看待、理解、解释、运用哲学，把哲学变成冠以某些哲学名词的常识。应当指出，强调用哲学去"化"常识，从而实现哲学的常识化，这主要是从如何理解哲学的角度论述的，而不是否定常识的生活价值及其对哲学的意义。常识既是哲学反思的重要对象，又是防止哲学反思陷入脱离生活的幻觉之中的重要基础。学习和研究哲学需要在批判地思考常识的过程中深化对哲学的理解。①

更进一步，与哲学的常识化和常识的哲学化相对应的是科学的常识化和常识的科学化。科学的常识化就是将科学的知识、理论、方法、工具、技术等按照常人可以接受的方式转换为常识。反过来，常识的科学化则是把常识的含义、内容、方式、途径、手段等按照科学可以容纳的方式转换为科学。

其实，在人的日常生活中，常人也掌握和运用了一系列日常生活的理论，其中就包括常识形态的心理学理论，也就是心理学的日常生活理论。日常生活理论最基本的性质就是它植根于文化的基础、文化的传统、文化的历史、文化的创造和文化的创新。普通人创造、建构、把握的理论与科学家创造、建构、把握的理论的最大的不同，就在于前者的非专业和生活化。因此，常识形态的心理学就是普通人的日常生活的基本组成部分。常人掌握的常识形态的心理学就是常人拥有的基本生活道理，或是常人掌握的基本生活

---

① 孙正聿. 哲学通论[M]. 沈阳：辽宁人民出版社，1998：51-82.

知识。

心理学的日常生活理论也具有重要的心理生活的解释力,常人因而生活在一种相对合理的心理世界中。并且,心理学的日常生活理论也会通过社会化的过程成为社会共有的心理学解说或理论。

四、常识心理学的日常生活理解性质

认识和理解是有所不同的,认识日常生活与理解日常生活也是不同的。有研究通过考察诠释学或解释学对心理学的启示从而提供了一种关于理解的心理学的理解。在该研究看来,哲学的诠释学或解释学转向是当代西方哲学最重要的思想变革,诠释学或解释学强调对话与理解,认为理解是个体的存在方式,这对心理学研究产生了重要影响。理解的心理学不同于说明或解释的心理学,它不追求对心理的形式化解释和抽象化研究,而是强调研究的对话性、参与性和现实性,这将是心理学未来发展的方向。诠释学或解释学是当代哲学和哲学史研究的一个新转折,是现代西方哲学的集大成者,它把主客体的关系发展到了一个新高度。诠释学或解释学强调理解,而不是说明,突出的是意义,而不是事实。随着当代哲学研究的转向,人文社会科学的研究也随之出现了新的转向,在人文社会科学领域内也纷纷出现了相对应的文学诠释学或文学解释学、艺术诠释学或艺术解释学、社会诠释学或社会解释学等,人们试图从诠释学或解释学的视野重新考察各自的学科。心理学也正在承受来自诠释学或解释学的挑战。哲学的诠释学或解释学转向引发了一场深刻的思想革命,也给心理学的发展带来了深刻的启示。

得到的第一点启示是主客体的对话关系。诠释学或解释学对心理学最大的启示就是重新界定了主客体关系。在诠释学或解释学看来,主客关系是一种相互开放和彼此平等的对话关系,这既不是客观主义,也不是主体至上。因此,心理学的研究对象是主客体的对话关系,这种对话本身就是心理学的研究对象。

得到的第二点启示是重理解而不是说明。所谓说明,主要是机械的、因果的分析,它适合自然科学,但不适合人文科学。因为自然科学的对象是事实,而人文科学的对象是意义。说明来源于对实体的假设,来源于对普遍性法则的认同,而最终目的是建立一种对世界的普遍说明,从而能够

预测整个世界，最终达到控制整个世界的目标。这是自然科学的研究模式，也是自然科学的理想。人文科学的目的并不是预测和控制世界，而是在描述中理解世界的意义。传统的心理学研究要么关注心理现象，即那些可以通过实证手段观察和处理的对象，要么沉浸在主体的幻想和自言自语之中，这两种方式都不具有现实性。心理学的将来也许就是成为关于意义的科学，关注人们的心理生活，理解心理生活的现实意义，而不是试图说明心理生活。

得到的第三点启示是有关参与性的研究。既然主客体之间是一种对话的关系，那么在研究中主体就必须参与客体的活动。在心理学研究中，研究关系中的双方，也就是研究的主体与研究的客体，都是生活中的人。人的存在既有主体性又有客体性。传统的心理学研究抹杀了客体的主体性，割裂了主客体的互动交流关系。这种对主体性的无视的根源是心理学对自然科学的盲目崇拜。如果把人对象化、工具化，那势必产生对方法的崇拜。研究者要真正参与到被研究的人或事当中，这种参与不是形式上的参与，而是真正地融入两者的互动中，在互动中去达成彼此的相互理解。这种互动打破了主体与被试之间的"人与物"的关系模式，建立了一种真正的人与人的关系，在这种关系中，主体带着自身的历史面对客体，客体也包含自身的历史，两种历史在对话中产生了新的意义，而这种新的意义就是心理学研究的对象。

得到的第四点启示是有关现实性的研究。由于受到实证主义哲学的影响，科学心理学研究致力于对心理行为的形式化解释，以寻求隐藏在心理行为后面的普遍规律。形式化的研究表现为抽象化的研究和以偏概全，在这样的研究中，具有多种复杂社会关系的人变成了普遍意义上的人。个体既然被抽象化了，那么形式化的研究必然陷入抽象的境地。理解的心理学主张抛弃对心理行为的形式化解释，避免用抽象的原则替代现实的关系。理解并不是说明，自然科学就是一种说明，即用主体的语言来规范对象。理解的心理学主张关注事实本身，即事实在具体情景中的意义。在研究个体心理生活的时候，理解尤为重要。

心理学的研究应当具有对话性、参与性和现实性，这就是心理学的发展方向。所以说或应该说，诠释学或解释学捍卫了心理学未来发展的空间，为心理学保留了最后的家园。①

　　无论是称之为诠释学还是称之为解释学，都是立足于西方文化和西方哲学的思想和理论。在中国文化和中国哲学的思想和理论中则有依据心性学说或心性理论的不同的理解和解说。诠释学或解释学是西方哲学的理论，是西方文化精神的体现；心性学或心性说则是中国本土的理论，是中国文化精神的体现。

　　显然，日常生活理解最重要或最根本的内容就是对人的心理行为的理解。这种理解不仅是人与人之间的双向过程，而且是人与人之间的关于心理行为的共同解说、共有建构和共生把握。人的日常生活的理解，包括关于人的心理行为的日常生活的理解，都应该是在心性一体或心道一体的基础之上，以心性或道性为根基进行的理解和解说。这决定了日常生活理解的基础、性质、特征、进程、结果。

五、常识心理学的日常生活交流性质

　　在人的日常生活交流中，常识心理学起到非常重要的门户作用或桥梁作用。正是通过常识心理学，普通人在日常生活中才可以相互理解和相互影响。例如，在中国文化传统中，关于人情的常识心理学的理解就成为普通人在日常生活中交流的依据和准则。

　　人情往来是中国本土社会生活中重要的交流活动。有研究从本土化社会心理学的角度，探讨了普遍存在于中国社会中的人情现象，认为人情是一个"世俗化的文化概念"，并着重分析了人情作为一种行为规范在中国人的社会交往中具有的意义、产生的影响和运作的过程。人情是中国人与他人进行交往、建立关系的主要依据和准则，决定了中国人在与没有血缘联系的他人进行交往互动时表现出的互惠互利的社会性交换行为，以及在人际交往活动中的关系取向。作为一种行为规范，人情产生和形成于中国的家族制度和家族主义文化观念，并在社会发展的过程中逐渐深化成为社会的基本制度和文化的基本规范。

---

① 周宁."理解"的心理学——诠释学对心理学的启示[J].湖南师范大学教育科学学报,2004(2):84-88.

　　一些致力于文化与行为之间关系问题研究的心理学家和社会学家撇开了宏观的、抽象的制度、结构、价值、信仰等文化因素和文化概念,努力寻求和探索介于社会文化与社会行为之间的中介变量。这些具有社会规范作用的次一级的文化概念可以称为生活概念或常识概念,或者称为"世俗化的文化概念",它们在社会文化与社会行为的联系中起着中介变量的传递和转换作用。分析这类"世俗化的文化概念",就有可能形成对人们在现实社会生活中表现出的社会行为的解释和说明,从而在常识经验的层面和基础上建立科学的认识和理念。这种研究和探讨能摆脱制度、结构、规范等制度文化探讨的那种"只见森林,不见树木"的必然、偶然之分的局限性,避免价值、信仰、传统等观念文化解释的先入为主的倾向性。

　　在中国社会中,存在许多在宏观社会文化的影响和制约之下,在世俗的社会生活中逐渐累积和提炼而成的"世俗化的文化概念",诸如人情、关系、面子、缘分、命运,等等。这些概念本身具有一定的文化内涵,是社会的物质文化、制度文化和观念文化的反映,同时又具有行为规范的约束、限定、支配和制约的作用。

　　人情这一概念,作为语词,其包含的意义大体上有以下三种。一是人情即人之情感,所谓喜、怒、哀、惧、爱、恶之类,是人生而有之的一种心理状态。二是人情乃人与人之间进行社会互动和交往时往来双方进行交换的资源。这种资源可以是物化的、有形的实际存在物,如金钱、礼品等人之衣、食、住、行所需的一切物品,也可以是非物化的、无形的,表现为一种活动或者过程。三是人情指人与人交往、相处应遵守的规范,即人与人相处之道。通常所说的"通情达理""人情练达",就是指人熟知和深谙人与人相处应遵循的规范,并善于根据这些规范来待人接物,处理人与人之间的交往和各类关系。

　　在上述三种不同含义的人情概念中,后两种资源含义和规范含义的概念与关于人的社会交往行为的研究有着直接和密切的联系,人们所说的人情通常就是指人情的后两种含义。无论是作为一种交换资源,还是作为一种行为规范,两者实质上是融为一体的,构成了中国人社会交往活动的内容和形式。资源是交往活动的基本内容和实际体现,规范则是交往中资源互换遵循、依照的形式、法则和程序。因此,在中国人的社会生活中,人情实质上是一种人们日常社会交往的生活理念,包含原理性、观念性的内容,又与实际生活紧密相连,指导着人们的社会交往。

在中国人的社会互动和人际交往过程中,作为一种待人接物的行为规范,人情是至关紧要的。与理相比较,情的意义、价值和作用都大于理、重于理、超于理。作为一种生活理念,人情在中国人的社会生活中具有重要的作用,是人们判断和决定自己与周围其他人发生互动交往、建立相互关系的一个重要的依据和基准。在人际交往互动中,人情的施与、收受和还报的实际运作,就成为一种极为复杂和微妙的社会活动和社会技能。由于人情具有的这种特点,因而在实际的人际交往和人际互动过程中,人情就具备强有力的"缠粘作用",施与人情的一方不能也不应该要求和期望对方给以回报,正所谓施恩莫望回报。但是,若人情难尽,人又会担心一而再,再而三地被求情者或施与者纠缠。收受人情的一方虽然可以回报,但是人情难清,因而会因一次收受他人之人情,而感到须永生无时无刻想着给予回报,从而被对方套牢。所以,在先人留给后人的训诫和叮嘱中,常有不可轻受人德、人恩、人惠的教诲。①

中国本土生活中的人情往来的心理定位就属于常识形态的心理学。在本土文化的背景之下,人情的心理含义、心理解说、心理互动,都在本土的常识形态的心理学中被定义和解说,从而成为普通人的日常生活的心理学理念和依据。正因为在常识形态的心理学中包含了人情心理学的内容,这种常识心理学的解说或解释就成为人际互动或人际关系的日常心理学的基础。

第二节　常识心理学的传递

常识心理学不仅由不同的社会个体所掌握,而且会在不同的社会个体之间传递,因而成为社会民众共有的一种独特的心理学。可以说,常识心理学的概念、理论、学说、方法、技术、工具等,都隐含在普通人的日常语言之

---

① 李伟民. 论人情——关于中国人社会交往的分析和探讨[J]. 中山大学学报(社会科学版),1996(2):57-64.

中,藏身在普通人的日常行为之中。它们具有日常生活的含义,具备日常生活的方式。常识心理学的心理学含义和方式也在社会互动或社会沟通中得以传递和交流。常识心理学也能够从科学心理学中获得独特的心理学资源。

一、日常生活中的语言

有研究指出,在心理学研究中存在理论话语、实证话语和常识话语等三种话语形态。长期以来,心理学研究的中心话语是实证话语和理论话语,常识话语则被严重边缘化了。心理学应该具备常识性,心理学的常识性建立在主体论哲学(尤以现象学为代表)的基础上。现象学强调的是面向事物本身,这里的"事物"并不是客观存在的物理客体,而是指一个人意识到的任何存在,或者是一个人意识中的一切存在,比如价值、情感、意志、愿望等。面向事物本身也就是面向意识领域,由此,研究的重心从可共证的客体转向多变的主体,这也促使心理学的研究发生相应的变化,从以前单纯关注心理学的科学性转为关注心理学的常识性。

首先是常识话语的日常性质原则。常识话语的心理学抛弃了对心理行为的形式化解释,避免用抽象的原则来替代现实的关系。理解不是解释或说明,而是关注事实本身,即事实在具体情景中的意义。人们最先接触到的是生活世界,生活世界的意义是一切科学认识的基础与前提。研究心理生活的目的不是寻求普遍原则,而是强调理解;不是急于建立理论体系,而是解决具体的现实问题。这就要面对具体情境中的具体人群,理解和阐释他们的心理生活,而不是为心理生活寻求普遍性。在心理生活领域,只能够去理解,而不能预测和控制。因此,在理解个体时必须将个体置于具体的情景中,充分考虑其现实性。

其次是常识话语的价值多元原则。常识心理学的内涵实质上就是文化的意义,这是从文化多元论的视角来审视心理学研究,要求打破价值中立的原则,强调从文化价值多元的视角去探究心理生活的奥秘。这也是反对科学心理学忽视心理的文化背景,把研究对象抽象化。文化的存在给了心理学研究以多元的价值取向。不同的文化存在、不同的文化价值成为心理学研究必须面对的现实。

最后是常识话语的问题中心原则。常识话语的心理学在常识水平上抛弃了方法中心原则，一切研究应该围绕问题展开。心理学的研究必须从研究的问题出发，参照研究的问题来选择方法和手段，而不是用研究方法来约束研究的问题。研究的终极目的是解决问题，而不是建设精巧的方法、程序和理论。只要能够解决问题，采取什么样的方法都可以。常识话语的心理学还十分强调研究真实的问题。常识心理学认为，在提出问题时必须真实、具体，把问题置于现实的社会文化背景中。只有研究真实的问题，才可能得出有效的结论。①

日常生活中的语言包含着有关人的心理行为的重要内容，这体现了一种特定的生活互动和社会关系。生活互动显示了心理行为的层面或侧面，社会关系则表达了特定的心理关系或行为关系。进而，日常生活中的语言也表明一种特定的心理解说或行为理解。心理解说属于普通人对社会生活中的自己和他人的心理的说明，行为理解则属于普通人对于自己和他人的行为的社会心理意义的把握。

二、日常生活中的意义

生活的意义问题是人对自己生命活动的审视和追问，是追寻生活的目的和价值的问题。由于生活条件、生活背景、生活能力、生活体验和生活经历的不同，每个人对生活意义的认识和选择也不相同。维持生存、享受生活、创造自我，表现了人生活动的三个阶段或三种状态。

生活的意义问题不是一个事实存在问题，而是一个价值判断问题。这不是回答人是怎样生活的，而是回答人为什么要这样生活，这样生活有什么意义。生活的意义探讨的不是一个"外向"问题，而是一个"内向"问题。所谓"外向"，是人指向外部世界的对象化活动，所谓"内向"，则是人指向自身的自省和反思意识。

人作为有意识的生物，注定摆脱不了生活意义问题的困扰。相比之下，精神烦恼要比物质烦恼更令人难以忍受。在大多数时候，生存对人类而言不是问题，人最惧怕的是自己成为无意义、无价值的存在。缺乏物质资料，人固然

① 周宁，葛鲁嘉.常识话语形态的心理学[J].辽宁师范大学学报(社会科学版)，2004(1)：49-51.

无法生活下去,但缺乏生活意义,人也无法生活下去,甚至人对生活意义的寻求更重于对物质资料的需求,精神的折磨要比肉体的痛苦更难以忍受。人只要精神不败,任何艰难困苦都能支撑下去,但如果失去了精神支柱,就会失去生活的追求和动力,这对人来说是最痛苦的事情。认识生活的意义主要不是靠逻辑和理论,而是靠理解和体验。生活的意义并不是一个确定的、可预测的事实或过程,而是根据对生活的理解和体验而产生的一种追求。

总之,生活的意义是指怎样生活才有意义,或者是指怎样才能有价值地生活。但是,由于不同的人生活环境和条件不同、个人素质和能力不同、生活的理解和体验不同,所以每个人或同一人在人生的不同阶段能达到的生活意义的层次和境界是不一样的。生活意义虽然属于主体的问题,但并不纯粹是主体自身的意识和判断问题,而是要通过人与对象的关系体现出来,以主体的对象化活动来证明自己,正如人自己看不清自己,透过镜子才能审视自己一样。①

生活的意义是以生活目的为标准对自身生活进行评价的结果,是一个人的生活对于生活目的的效用。一个人的生活可以是有意义的:如果人的生活中有一个明确的生活目的,并为实现这一目的而进行不懈的努力,人的生活就具有对人自身而言的意义;如果人的生活目的和活动能够符合社会的目的,人的生活就具有对社会而言的意义。生活的意义并不会因死亡的到来和时间的流逝而消失。

日常语言中的意义有两种不同用法:一种是语义学中的用法;另一种是价值论中的用法。语义学中的用法是指语言文字或其他符号表示的内容,价值论中的用法是指主客体关系中的一种价值。"生活有没有意义?"这一问题中的"意义"显然是价值论中的意义,追问这一问题也就是在追问:"生活值不值得过?"现代价值论的研究表明,价值是主客体之间的关系属性。主体是指具有分辨利害的能力、可以进行选择的活动者,客体是指主体的活动对象,价值也就是客体对主体需要、欲望、目的的效用。

人在通过反思意识到自己活动的目的,并以此目的为尺度对自己的活动进行评价时,这些活动才能显现出自身的意义。因此,价值论中的意义是一种

① 杨魁森. 论生活的意义[J]. 长白学刊,2004(2):62-65.

特殊的价值,是客体对于主体目的的效用。人们只有通过反思意识到目的才能觉悟自己活动的意义。生活的意义也就是生活对于主体目的的意义。当然,仅有明确的生活目的和相应的生活计划并不能保证一个人的生活充满意义,人还必须为实现自己的生活计划和达到自己的人生目标而积极行动,并依此来指引自己的各种行动。

一方面,生活意义是一个人的生活相对于他自己的主观目的而言的意义,也就是生活对个人的意义;另一方面,人是社会的存在,每个人都生活在特定的社会中,都是人类社会的一员,他的生活还可以与社会构成评价关系。一个人的生活相对于社会目的的意义也就是一个人的生活对于社会的意义。如果说一个人的生活目的及为实现此目的所作的努力符合人类社会的目的,那么他的生活对社会来说就是有意义的;反之,如果他的生活目的和在这一目的指引下的活动不符合人类社会的目的,那么他的生活对社会来说就是无意义的。①

在人的日常生活中,生活的意义就包含心理生活的意义,那么,生活的意义或心理生活的意义在常识或心理常识中就会得到表达和传递。因此,常识或心理常识并不是无足轻重的,而是包容了生活中对于人和人的心理来说最根本的内容。常识心理学也就是关于心理生活意义的日常解说。

三、日常生活中的价值

常识可以成为经验的价值规范,对人的思想和行为具有规定和否定的双重规范作用。这也就是日常生活中的普通人的价值取向的基本来源。生活中的普通人会有自己关于生活的基本价值定向,这会是基本的生活导引的方向。

常识作为最普通、最平常但又最普遍、最持久的知识,其规范作用也是最全面和最长期的。正是在常识的价值取向和价值规范中,人们的价值观念得到最广泛的相互理解,人们的价值标准得到最普遍的相互认同,人们的价值取向得到最深入的相互调整,人们的价值理想得到最持久的相互激励。因此,常识的价值规范是人们的日常生活的最坚实的根基,也就是人的存在方式的最深厚的根基。

---

① 谢广宽. 论生活的意义[J]. 学术论坛,2005(11):22-25.

常识作为人的思想和行为的价值规范,是人类世世代代积累起来的适应人类生存的自然环境、社会环境和文化环境的产物。常识在最实际的活动水平上、在最广泛的日常生活中,发挥着人类维持自身存在的生活价值。常识还会以其非常独特的隐喻形式,例如谚语、格言、箴言等,拓展和延伸其适用范围和使用价值。这样,常识的价值规范就以文化传统、民族心理等形式得以世代延续,并由此构成人类的、民族的普遍性的价值规范。

常识具有的价值规范,正如常识的世界图景和思维方式一样,是经验的普遍性的产物。在常识的价值观念中,人们的思想与行为的根据和标准、范围与限度,都体现了经验的普遍性。人们的所思所想、所作所为直接受常识的世界图景和思维方式的制约,任何超越普遍经验的思想与行为都是对常识价值规范的亵渎与挑战,都会被视为"荒诞不经"和"胡作非为"。经验性的价值观念决定了常识价值规范的三大特性:一是狭隘性,即无法超越共同经验;二是保守性,即倾向于墨守既定的价值规范;三是极端性,即习惯于在两极对立的思维方式中进行价值判断。

常识的价值观念就是以常识的思维方式进行的价值判断。因此,在常识的价值判断中,总是习惯于定性地作出判断,而不是定量地进行分析;总是孤立地评价经验的具体对象,而不是系统地考察对象的诸种关系;总是着眼于当下的利弊得失,而不是着重于长远的根本利益;总是在两极对立中进行判断,而不是以中介的观点去寻求必要的张力。在常识的两极对立、非此即彼的思维方式的制约下,常识的价值判断也会具有两极性的特征。是非、好坏、善恶、美丑、福祸、荣辱、君子小人、崇高渺小……被常识的价值观念泾渭分明地断定成非此即彼的存在。在这种常识的价值规范中,人们的生活态度和行为方式常常采取"要么……要么……"的价值取向,如要么是"理想主义",要么是"功利主义";要么是"集体主义",要么是"个人主义";要么是"利他主义",要么是"利己主义";要么是"无私奉献",要么是"赚钱发财";要么是"整齐划一",要么是"怎么都行";要么是"莺歌燕舞",要么是"糟糕透顶";要么是"众人皆醉唯我独醒",要么是"随其流而扬其波",如此等等,不一而足。这表明常识的价值规范和生活态度缺少辩证智慧的"张力"。简单化和绝对化,是常识价值规范的极端性的具体体现。

人类的文明史也就是人类的价值规范的变革史。价值规范的变革就是以科学的价值规范、哲学的价值规范去变革和引导常识的价值规范。这就会在更高层次上使非常识的价值规范变成人们普遍认同的常识的价值规范。

与常识不同的是，科学的价值观念并不是经验性的，而是理性化的。科学以其系统化的知识体系和逻辑化的思维方式去规范人们的所思所想和所作所为。实证的精神和分析的态度是科学价值观念的基础。科学价值观念不仅着眼于经验的普遍性，更着重于对经验普遍性的理性思考；不仅着眼于定性式的论断，更着重于形成论断的定量化的分析。系统性与分析性是科学价值观念的显著特性，这也是科学价值观念对常识价值观念的简单性和绝对化的超越。

在科学的发展过程中，科学的世界图景和思维方式处于生生不已的历史性转换之中，从而不断地变革和更新人对自己和世界及其关系的理解，即不断地变革和更新人们的世界观。思想内容和行为内容的拓展、思想方式和行为方式的更新，必然引发价值标准的变革。由于价值标准是价值观念、价值判断和价值规范的依据，因此，价值标准的变革又必然引发整个价值系统的历史性转换，这又是科学价值观念对常识价值观念的狭隘性和保守性的超越。科学的价值观念不断地形成对常识价值观念的冲击，并不断取得社会的普遍认同，这就是科学价值观念的常识化。①

常识中就内含和给出了生活价值的定位，进而，心理常识中也就内含和给出了心理生活价值的定位。尽管这种日常生活中的价值表达很难或没有得到科学的或哲学的专业研究者的重视，但却在普通人的日常生活中发挥着重要作用。这会成为普通人的心理生活的价值定位和价值引导，这也正是对科学心理学由于价值中立或价值无涉的研究取向而形成的价值真空或价值缺位的补充。

四、日常生活中的互动

社会互动是日常知识、生活知识、经验常识、心理常识等形成、构成或生成的生活基础。知识社会学主张，知识既不是客观世界的直接再现，也不是主观心理的任意创造，而是群体交流和社会互动的结果。因此，知识的有效

① 孙正聿.哲学通论[M].沈阳：辽宁人民出版社，1998：51-82.

性并没有普遍通行的标准,知识的形式和内容也因社会背景的不同而不同。知识社会学不同于哲学认识论的地方就在于,知识社会学并不赞成抽象地思考认知主体与认知对象的关系,不主张将主体和客体先验地分离和对立起来,并反对在此基础上去推断世界的可知性。知识社会学考察具体的经验世界中的知识,用客观的社会结构去解释客观的知识构成,用客观的社会条件去理解主体的社会认知,并将主体当成不同客体因素的关联要素。

符号互动论赋予情境知识以基础性地位,不再仅仅关注抽象的人文社会知识;社会不再是超越主体的客观实在,而是主体不断参与建构的互动过程;知识和社会之间不再是单向决定关系,而是相互建构的辩证关系。符号互动论反对实证主义社会学轻视行动者主观能动性的社会结构决定论,提出行动者的认识、行为和互动构成社会的理论命题。符号互动论的奠基人米德试图探索个体思想与行动之间的关系,发展了用社会行动解释个体意识的社会心理学。符号互动论关注人际互动过程中的情境知识。在实证主义知识社会学中,这类知识被视为抽象知识的具体表现,并被社会结构所决定。但是,依据符号互动论,这些知识依托每一个互动情境和行动主体而产生、存在、传递和再生,在行动者的主观世界和行动者之外的客观世界中往复穿行,并不完全是社会结构的产物和抽象知识的具体表现。

符号互动论有三个基本假设:行动者对某事物采取的行动以对该事物赋予的意义为基础;这些意义产生于社会互动过程中;这些意义通过自我解释过程不断修正。不论是关于心理自我的知识,还是关于客观世界的知识,在符号互动论视野中都是对这些对象的意义的认识。这种认识产生于互动中这些对象引起的反应,这些反应或来自互动一方,或是互动多方反应的综合。互动是这些知识的来源,知识与社会互动不可分割。在符号互动论中,社会是由个体间的行动和反应的交互过程及社会互动组成的,互动就是社会本身,个体间的互动共同组成社会整体。人们通常根据自己所属的群体和社会情境对自我进行组织,从社会群体的其他成员的特定观点以及从社会群体整体的一般观点出发来看待自我。①

----

① 赵万里,李路彬.情境知识与社会互动——符号互动论的知识社会学思想评析[J].科学技术哲学研究,2009(5):87-93.

在人际互动的过程及结果中,重要的不是物理的影响,不是身体的接触,不是行为的交叉,而是现实的意义,而是社会的内涵,而是心理的内容。因此,最重要的是心理行为能够传递的价值和意义,其本质是社会个体或社会群体能够把握和理解的日常生活以及心理常识的含义。那么,互动也就是心理意义的互动,是支撑着心理互动的常识形态的心理学的存在。

五、日常生活中的科学

科学也会在日常生活中存身。科学会通过特定的方式或通道进入普通人的日常生活,这种特定的方式或通道就是科普,科普活动使科学成为日常生活中的科学。

科普的人文性既是指科普的基本形式要体现亲民性或平民化的特点,也是指科普的最终目的要体现人本性或为民性的一面。科普的科学性和人文性是提高科普工作效能的两个方面,两者难以割裂开来;既不能彰显科普的科学性而舍弃科普的人文性,也不能张扬科普的人文性而忽视科普的科学性。对科普的人文性的探讨不能离开科普的科学性,否则就是空洞的、虚假的科普;脱离科普的科学性来单纯谈论科普的人文性,将无法从根本上解决科普的人文性缺失问题。

虽然"科普"一词至今并没有统一的定义,但是,谈到科普总是意指探寻向大众传播科学的活动、学科和方法,是把科学的专业化和职业化形态转化为普及化和大众化的科学形态的过程与结果,科普就在这个转化的过程中担当了转化器、变压器的功能。因而,科普的科学性是在体现科学特征、表达科学特性的基础上,创造性地把具有真理性、客观性的职业化形态的科学,以适应大众接受能力的、通俗且易理解的方式进行传播,从而为大众所掌握。科普活动不仅指活动内容具有真理性和客观性,而且指活动本身具有创造性、通俗性、可接受性和可传播性。科普就是通过选择各种适合普通大众的中介手段和方法,把职业化形态的科技知识、科学思想、科学精神、科学态度准确地传达给大众,并被大众正确领悟,被大众掌握的科学具有客观性和真理性,但同时又是以大众科学文化而非职业化科学文化的形态被大众理解、掌握和运用。

任何一种科普活动都既含有科学成分,也含有人文成分。两者的区别在于:从科普活动的整体意义上讲,人文性是科普活动的出发点和归宿,科学性是科普活动人文性目的得以实现的途径和手段；从科普活动的具体方面来看，科普的科学性与人文性又体现出内容与形式的辩证统一关系。科普的目的就在于把科学知识、科学方法、科学思想和科学精神传播到社会并被公众理解和接受。若要达到上述目的，科普必须采用多种方法、通过多种途径才能实现。"科学知识、科学方法、科学思想和科学精神"表征着科普科学性的内容，"多种方法""多种途径"表征着科普人文性的形式。因此，科普在"内容—形式"的意义上形成了辩证统一的关系。内容是主导、是根本，内容决定着形式。科普的科学内容是科普载体形式的基础和前提，没有科学内容或科学内容失真，科普活动将无法进行或走向迷失。科普的科学性与人文性相互依赖、相互联结的密切关系，表明科学性与人文性共存于科普之中。科学性与人文性任何一方在科学传播中的发展与进步都有赖于另一方的发展与进步，并且以另一方的存在和发展为条件，双方相互渗透、相互贯通，共存共生。①

科普实际上是一项具有社会公益性的事业，要面向社会公众普及科学技术知识，要倡导科学方法、传播科学思想、弘扬科学精神。科普承载着经济功能、科学功能、文化功能和教育功能等多方面的社会功能，对人类的全面发展和社会的进步起到了重要的推进作用。

科普与常识之间的关系就在于，科普可以通过常识把科学知识普及给日常生活中的常人，常识则可以通过科普而得到改变和改造，使常识不仅反映普通人的日常生活经验，而且能够迈入科学知识的行列。当然，心理学的科普并不能够扫除常识心理学，常识形态的心理学还是会通过日常生活进入生活和学术的领域。

第三节　常识心理学的价值

常识心理学有没有价值？在科学的或实证的心理学诞生之后，心理学的研究就开始排斥和否定常识心理学，认为常识心理学仅仅是常人的没有

---

① 陈玉海，邢怀滨. 论科普科学性与人文性的双向度及其辩证关系[J]. 自然辩证法研究，2010(9)：101-105.

解释力和预测力的日常经验的表达。但是,常人的常识心理学具有顽强的生命力,它无法被科学心理学完全替代和淘汰。常人的解说和智慧应该有重要的价值,尽管这种价值还没有被充分挖掘和提取出来。

一、常人的生活解说

常人对生活有一套自己的解说,这种解说的依据可以是多样化的。这种多样化是指来源的多样化、含义的多样化和角度的多样化。社会个体、社会群体和社会大众都有自己的生活解说,都寻求自己的生活道理。

常人的生活解说会使其生活合理化、有序化、系统化,这是在常理或常识的基础上建立或建构起来的,否则生活就会是混沌的、混乱的、无序的、无聊的。正是在这个意义上,常人也是生活意义方面的哲学家、理论家、思想家。

首先,常人的生活解说的来源可以是多样化的。常人的生活理论或生活原理可以来自自己的生活经验的积累,这与常人的阅历有十分重要的关系。阅历浅的人对生活的理解就会很浅薄,而阅历深的人对生活的理解就会很丰富。常人的生活理论或生活原理也可以来自他人的生活经验的传递。常与阅历丰富的人在一起会得到很多人生的经验,社会生活中的常人会不断地整合并梳理自己和他人的日常生活经验,并将其常理化。其次,常人的生活解说的含义可以是多样化的。常人的生活经验通常是不连贯、不系统、多歧义的,甚至是自相矛盾的。但是,这种多重含义的生活理论或生活解说却可以同时体现在常人的思维之中。最后,常人的生活解说的角度可以是多样化的。常人并不是真正意义上的科学家或心理学家,因此并不会形成和运用稳定的理论解说和生活阐释。常人可以将多重的或不同的视角整合在一起。

常人可以按照自己的生活经验、生活理论和生活解说,给出自己的生活道理、生活意义和生活价值,并以此来理解自己的日常生活和日常心理,给出自己的生活含义和心理意义。常人与学者一样,普通人与科学家一样,都试图给出和提供关于对象的解释,这可以使生活变得有序化、合理化。

常人的生活解说与专家的生活解说十分不同。专家的生活解说依据的是特定的专业、学科、知识,常人的生活解说依据的则是独特的经验、体验、证验；专家的生活解说具有普遍的意义和价值，常人的生活解说则具有独特的意义和价值。其实，最重要的问题在于，专家的生活解说常常把常人的生活解说当成不合理的存在，并加以排斥和贬低。但是，专家的生活解说常常不能够替代常人的生活解说。

所有专家都是常人，但常人并不都是专家。更进一步说，所有的心理学家都是常人，但常人并不都是心理学家。显然，常人的生活解说普遍存在，在人的日常生活中充斥着各种生活解说。生活可从各个角度解读，这就是生活的常识、生活的道理。

二、常人的心理解说

常人或普通人都有一套关于人的心理行为的日常解说，常人由此获得其社会生活、心理生活的合理性。常人的心理解说同样有特定的生活解释力和行为约束力。有研究具体探讨和分析了常识心理学具有的基本特征，认为常识心理学具有非常鲜明的独特性或特殊性。这体现了常识心理学的存在和性质，并包括如下一些重要的特征。

第一，常识心理学的文化特征。不同的文化传统、文化背景、文化生活可能会生成、建构和延续迥异的常识心理学。文化间的区别也可以通过民族间的界线加以区分，所以常识心理学的文化品性就可以通过民族性格加以表达。这也是一种常识心理学区别于另一种常识心理学的重要界线。离开了文化环境或民族环境，常识心理学就失去了解释力和指导力。

第二，常识心理学的历史特征。常识形态的心理学有着古老的过去和久远的历史。过去的某一种常识心理学今天可能会变换了形式而继续存在，进而承担着某种心理功能，并表现出连续性、传承性和变异性。常识心理学的历史传统并不存在于心理学著述之中，哪怕这些著作非常伟大；而是存在于生动、鲜活的生活常识之中，日久弥深，即使中断也会产生其他相应的表现形式。

第三，常识心理学的模糊特征。尽管常识形态的心理学时刻存在于人们的日常生活之中，但是人们对这种形态的心理学并不自知，或者并不是自觉习得和掌握的。常识心理学包含着传统和现实之中人们对于心理生活的认知、情感、价值判断、理解和信仰等。人们可能会心照不宣，却又无法说清其逻辑结构。常识形态的心理学构成了一个松散的心理意义的网络,影响和指引着人们的日常心理生活。人们对之常常可以意会,却无法言说。

第四,常识心理学的价值特征。常识心理学并不像科学心理学那样,冷静、理智、客观地说明心理现象的实质或规律。常识心理学常常以感觉、愿望、意图、信念、担忧、痛苦、欢乐等带有浓厚的感情色彩和价值意念的词汇,来表征常人的心理生活状况,来表达常人强烈的好恶和选择意向。[①]

第五,常识心理学的社会特征。常识心理学是人的社会生活的重要构成部分,是人的社会交往的基本内容。因此,常识心理学建立在特定的社会基础、社会结构、社会交往、社会互动、社会语言的基础之上,其内容和方式就是社会生活的重要内容和方式。普通人在自己的社会生活中,正是通过拥有和运用常识心理学,才使人与人之间的社会沟通、社会交往、社会互动得以进行或开展。

第六,常识心理学的思想特征。常识心理学是普通人在日常生活中关于人的心理行为的理解和解说,其中就内含着常人的生活智慧和思想历程。常人可以成为人的心理行为的探索者,也可以拥有关于人的心理行为的日常思考,其中就包括常人的日常概括、日常总结、日常推理、日常逻辑、日常思考、日常理论。这种生活智慧、这种日常思想也应该在人的生活中占据重要的地位。

三、常人的发展解说

心理生活是常人作为心理生活的体验者自己生成、创造或建构的。当然,在心理生活的建构过程中,人都有自己关于人的心理行为或心理生活的特定的理解和解说,这会成为人自己的心理生活的建构基础。关于心理的日常理论就是这样的基础,例如,儿童的心理理论就是儿童建构自己的心理生活的基础。

发展心理学关于儿童心理理论的研究是 20 世纪 80 年代以来西方发展心理学中最重要的一个研究领域,也是一个已经取得长足进步并且前景十分看好的热点探索领域。"心理理论"这一术语最初是指称儿童发展的"常

① 孟维杰.常识性:心理学另一种文化品格[J].现代生物医学进展,2006(10):145-147.

识心理学"的一种试探性说法。但是，后来有许多发展心理学家进一步提出，儿童对心理生活的认识真的就是一种"理论"，这就形成了所谓的理论论（the theory-theory）。简要地说，理论论就是对儿童发展着的心理理论的一种理论解释，或者就是对儿童关于心理生活的认识的一种解释性理论。理论论的核心论点是，儿童对心理的认识或理解本质上是类同于科学理论的，其基本特征与一般科学理论的基本特征相同。其中包含两个主要的假定：一是成人或科学家和某一年龄的儿童都是利用一种内聚性的概念框架，去预测和解释他人的动作和思想；二是这种心理理解的发展机制是一种理论形成过程，该过程与科学理论的建构过程是相同的。

目前，发展心理学中有两条研究路径是有助于理论论的。一是关于儿童朴素理论的研究。心理学家考察了儿童对客体的日常分类。早期的理论，如皮亚杰的理论，就试图按客体的知觉特性来说明这些分类。近期的研究则表明，分类最好是按照关于客体的潜在因果结构的日常理论来理解。二是对常识心理学进行新的探讨。这就预示了这样一种可能，即常人对心理的日常理解与科学理论是类似的。那么，儿童对心理的早期理解就可以被解释为一种理论，其理解的变化可以被当作理论的变化。儿童在形成和发展关于心理的说明中，假定了知觉、信念和愿望这样的心理实体作为说明普通人行动的手段。①

有研究梳理了关于儿童心理理论的研究，试图澄清儿童心理理论发展研究中不同概念的含义。这种梳理和澄清包括如下几个方面：儿童心理理论的发展是常识的发展，还是理论的发展？是心理表征的发展，还是元表征的发展？是领域特殊性的发展，还是领域普遍性的发展？

第一个问题是，儿童心理理论的发展是常识的发展，还是理论的发展？一般来说，儿童的心理理论是指儿童从很小的时候起便具有一种按信念、愿望、意图等来解释人的思想和行为的常识心理学。在这个意义上，可以说儿童是常识心理学家。那么，从发展的角度来研究儿童的这种心理理论并对此进行解释，就可以适当地称之为关于儿童"心理理论的理论"。这里的关键是怎样

---

① 熊哲宏.儿童"心理理论"发展的"理论论"（the theory-theory）述评［J］.心理科学，2001(3)：333，334-337.

理解常识心理学。心理学家们把"常识心理学"一词所指的两个根本不同的东西混淆在一起:一是按信念、愿望、意图、期待、偏爱、希望和害怕等来解释人的思想和行为的常识心理学(common-sense psychology);二是对这种常识理论(folk theory)的一部分,即对日常说明(everyday explanations)进行解释的常识心理学(folk psychology),这包括利用信念、愿望等概念的概括化网络。可以将这两种意义上的常识心理学分别称为"常识心理学 1"和"常识心理学 2"。前者是对人的心理行为进行说明的一套概念框架;后者则是前者的这套说明框架将怎样得到解释,也即这套说明框架是有意义的吗?这套说明框架能够为人的心理行为提供合理的解释吗?

第二个问题是,儿童心理理论的发展是心理表征的发展,还是元表征的发展?心理学家对此有不同的理解,并且没有意识到这些不同的理解往往混淆在了一起。所谓儿童对他人的愿望、信念和意图等的理解,从作为观察者的心理学家的观点看,是元表征的发展,而不是心理表征本身的发展。认知系统是以建构和处理表征客体和事态的能力为特征的。心理表征以及如同言语对话那样的公共表征本身,都可以看成是世界中的"客体",因而这些心理表征是二级表征或元表征的可能的对象。关于元表征的机制,有研究认为,把心理状态归因于他人,如果是通过模拟来进行的,可以称为模拟论(simulation theory);如果是通过一般原理和证据推论来进行的,可以称为理论论;如果认为是天赋模块在起作用,可以称为模块论(modularity theory)。

第三个问题是,儿童心理理论的发展是领域特殊性的发展,还是领域普遍性的发展?领域特殊性的基本含义就体现在:在知识结构、推理模式、获得机制和内容领域的范围内,认知能力是领域特殊的。领域普遍性的基本含义就体现在:只存在一条单一的发展路线,这决定着儿童认知的所有基本方面或所有内容领域,如逻辑、数理、空间、客体等的发展。常人的发展解说是常人关于人的心理行为发展的解说。在日常生活中,普通人也会有关于人的心理行为发展的解说,这包括关于自己和他人、社会和文化的心理行为发展的解说。

四、常人的生活智慧

智慧心理学的研究就是考察和研究人在日常生活中的智慧心理、智慧活动、智慧表达和智慧传统。这构成了人的心理行为的重要基础，也构成了心理学关于人的心智考察、智力研究和认知探索的重要基础。

在常人的日常生活中，为了应对生活，常人也会运用自己的聪明和智慧，去提供关于日常生活的解说和应对方式。其实，生活中的普通人都在自己的日常生活中运用着自己的聪明才智，这种聪明才智会凝聚成为一些应对生活的基本理念和基本方式，并会在人际之间和代际之间进行传递。在常识心理学中就汇聚着普通人大量的关于人的心理行为的生活智慧。智力与智慧有重要的联系，但也有明确的不同。可以说，智慧是人的智力在日常生活中的运用或应用，也即人运用自己的智力去恰当地解决日常生活中的问题。

有研究分离出了五种西式经典智慧观，并对其内涵和得失进行了考察。该研究指出，西方现代心理学出现了五种经典智慧观，分别是皮亚杰的智慧认知观、艾里克森的智慧生命观、柏林智慧模式的智慧系统观、新皮亚杰主义的智慧思维观与斯腾伯格的智慧平衡观。细致、客观地梳理这五种西式智慧观的内涵与得失，对于今人准确地把握智慧具有借鉴意义。

一是智慧认知观。皮亚杰是最早从生物进化与思维方式角度来探讨智慧的心理学家。皮亚杰的智慧认知观有四个显著优点，从而在一定程度上触及智慧的本质。首先是清楚地认识到个体智慧的发展需要以思维方式的发展为前提与基础，重视从个体认知发展，尤其是个体思维方式发展的角度，来探讨个体的智慧及其发展；与此同时，又未将智慧等同于思维，而是主张智慧的范围大于思维。其次是明确指出智慧具有生物适应性和认知逻辑性，并用平衡来解释智慧，对后继者研究智慧产生了积极影响。再次是指出智慧的本质是个体有效率地解决自己面对的问题的一种能力。最后是强调智慧发展的内在性和主动性。

二是智慧生命观。艾里克森认为，智慧实际上是指个体对人生所持的一种内含爱心且超然脱俗的理智的生活态度或生活方式。所以，通常情况下，一个人的智慧只有在其生命发展周期的第八个阶段才会出现，是个体成功解决因死亡威胁而产生的心理危机之后的产物。艾里克森的智慧生命观至少有两个长处：它契合中西方传统文化从哲学和宗教学角度来界定智慧的传统；它合乎毕生发展心理学的相关研究成果。

　　三是智慧系统观。德国柏林智慧模式的研究将智慧定义为一种关于基本生活实际的专家知识系统,该专家知识系统包括对复杂的、不确定的人类生活情境的杰出的直觉、判断和建议。柏林智慧模式的长处主要有五个方面：第一,具有智慧的人在解决基本生活实际方面的问题时,往往兼具有效率、巧妙、准确之类的特点,这符合人们对有智慧者的一般看法;第二,它看到了智慧与知识之间的密切联系,从而为人们通过教育来培育个体的智慧提供了理论基础;第三,所讲智慧的内涵颇为饱满,除了包含知识外,还包含价值、情感和道德等因素;第四,所讲的智慧中包含明显的公德意识,关注人类的福祉;第五,提出了评估智慧的标准,增强了智慧研究的可操作性。

　　四是智慧思维观。新皮亚杰主义者或深受新皮亚杰主义影响的心理学家,沿着皮亚杰从思维方式角度探讨智慧的"老路"继续前进,主张用后形式运算思维来指称智慧。这种智慧观的长处是,看到了智慧中体现出来的思维方式具有的一些重要特点,如反省性、辩证性、开放性、宽容性和整合性等。但是,不足的方面在于,若只从思维方式角度来界定智慧,势必将智慧归入认知范畴,自然就容易忽略智慧固有的伦理道德属性,进而难以保证智慧与智力之间保持恰当的距离,有将智慧等同于智力的潜在风险。

　　五是智慧平衡观。斯腾伯格对智慧的最新表述是：以价值观为中介,运用智力、创造和知识,在短期内或长期通过平衡个人内部、人际之间和个人外部的利益,从而更好地适应环境、塑造环境和选择环境,以获取公共利益的过程。斯腾伯格的智慧平衡观的长处主要有六个方面：第一,明确强调智慧的首要特征是平衡;第二,在看到智慧与知识之间的密切联系的同时,又指出智慧与知识之间的重要区别,从而消除了将智慧等同于知识的隐患;第三,指出展现智慧的重要方式之一是要妥善平衡对环境的各种反应;第四,强调个体应用知识来平衡个人内部、人际之间和个人外部的利益,这之中显然既包含待人的智慧,也包含待己的智慧;第五,既强调了智慧内在的伦理道德性,即以价值观为中介,又明确指出这种伦理道德性的主要表现是公德意识;第六,明确区分了智慧与实践智力、社会智力、情绪智力、人际智力和内省智力等相关概念,使智慧自身的独特性一目了然。①

① 汪凤炎,郑红.五种西式经典智慧观的内涵及得失[J].自然辩证法通讯,2010(3)：93-97,107.

有研究考察了科学的真实与生活的智慧,认为以西方现代理性精神为基础的科学技术给人类带来了巨大的福祉,尤其是在 20 世纪,这已成为深刻影响人类生活的全球性现象。这表明,西方自启蒙运动以来确立的现代理性主义思想方式,向人类敞开了对人类生存极具意义的一个方面,即科学的"真"是人类能够更好地生活于世的基本保证,这体现出可贵的生活智慧。但是,科学的"真"并不等于生活的全部智慧,它虽然给人类带来了高度发达的物质文明,却不能为人类提供这种生活何以值得过下去的理由。从这一意义上说,启蒙运动的任务尚未完成。今天人类面临的困境表明,一方面,科学技术已不可抗拒和无可避免地成为人类的生存方式;另一方面,启蒙之光的核心也有一片黑暗,当代文化批判的重要任务就是不懈地揭示这片黑暗。

从广义上说,理性是人的一种自觉状态,这是与本能相对应的,是对行为和目的进行的分析、判断与设计,即一种相对于感性、知觉、情感和欲望的思想能力。理性的最典型或最纯粹的形态是指人在概念基础上进行逻辑判断和推理的能力,在近现代科学中,理性得到了最完美的体现。这种关于理性的学说珍视永恒胜过暂时,珍视一般胜过个别,珍视普遍胜过具体,珍视必然胜过偶然,珍视理性胜过非理性,这是一个用抽象观念取代具体经验的过程。

现代的理性精神要点在于:将使用理性的范围限定为人的经验可以检验的范围。从原来没有限定到用经验限定具有极大的意义,这使现代理性体现出三大彼此相关的精神:一是怀疑精神——对思想构造的理论体系(由对话语合法化得到的真理)表现出审慎的怀疑。二是唯物精神——理性对事物的解释寻求的是自然(物质)的原因,而不是人类理性不能了解的超自然的能力,这成为区分科学与非科学的基本标志。这同时也意味着,理性是有自己的适用界限的。三是实证精神——这是前两种精神的自然结果。既然理性追求的是自然的、物质的原因,就可以用各种观察、实验对思想构造的理论体系进行检验,以排除其任意性,由此确立不能通过经验的检验就不能证明理论为真的信念。这三大精神的确立使西方近代科学逐渐从思辨的自然哲学中独立出来,并使科学知识有可能成为改造世界的物质力量。

但是,问题总是两面的,在充分肯定科学的"真"对于人类生存的意义、价值的同时,也绝不能低估这种思想框架"黑暗的"一面。问题也许源于这种思维取向在当代垄断一切的地位,或者是源于其所忽略的方面。科学的"真"如果缺乏"善"的介入,往往会沦为实施"恶"的有力手段。历史的教训是,对"善"的认知并不能直接导致善的行为,善的行为不仅需要对"善"的认知,还需要实践"善"的智慧(本能欲望与理性判断、目的与手段的和谐)。这里要特别注意的是,在目的与手段之间存在某些不易调和的东西。目的是一种理念,可以是顿悟、直觉,手段只能是渐进的、推理式的。要完成两者之间的调和,需要有真诚的、善意的愿望(应然),还需要把握规律性的东西,形成高度缜密、有效的操作程序(实然)。"真、善、美"的统一是人类精神发展的最高境界,生活的智慧就体现在人类是否能在实然与应然的统一中逐渐达到这个境界。①

　　常人的生活智慧是一种非常重要的生活资源和心理资源。生活智慧中的心理智慧会引导常人的心理生活,提升常人的心理生活的质量。常人的生活智慧中蕴含的常识形态的心理学是常人的心理生活的基本依据。

五、常人的交往智慧

　　常人在自己的生活中,总是要与社会或他人打交道,这形成了常人之间的社会交往或社会互动。推动、约束、改善常人的社会交往或社会互动,是需要心理智慧的。常识形态的心理学就包含着常人的交往智慧,常人以此来理解和说明、支配和约束自己的社会互动。

　　有研究在关于智慧的探讨中指出,心理学的探索表明,智慧是包含认知、情绪、意志三要素的心理构念,是知识经验、认知能力、情感反应、行动意志等优秀心理素质恰当整合的理想表现。可以预见智者的判断决策能为大多数人考虑,有益于大多数人的生活。价值观分析应与智慧研究相联系。知识渊博、经验丰富、三思后行、冷静镇定、深谋远虑,等等,在社会生活中都被认为是成熟人格特征的表现,因此,通常人们认为年长者应该拥有更多的智慧。

　　智慧的概念是社会文化的产物,除了智慧的宗教观和哲学观以外,社会

---

① 柳延延.科学的"真"与生活的智慧[J].中国社会科学,2002(1):31-39.

大众持有的智慧的世俗观认为,智慧就存在于现实生活中,就体现于普通人的日常生活行为中。心理学的研究不能忽视世人头脑中关于智慧是什么的观念或看法,这就需要进行智慧隐含理论的探究分析。

如果要比较西方人和中国人的智慧观,那么当今西方人的智慧观均包含两个最基本的成分。一是认知思维能力,涉及判断分辨、逻辑推理、问题解决、洞察能力和学习能力等;二是人际交往能力,表现为善于沟通、与人建立良好关系、能够充分发挥人际互动对生活及工作的积极影响。然而,由于智慧这一概念是历史文化的产物,其内涵必定会存在中西方跨文化的差异。仔细分析现有研究结果可以发现,西方人十分强调认知(包括社会认知)和社会关系对智慧的重要性。中国人除了认同这一点之外,还十分注重性格修养,包括意志品质、处世哲学、为人之道、情绪调控等,将其看成智慧的一个基本维度。西方人虽然也重视情绪的良好调控和适当表达,但这在其智慧的概念中并未明确体现出来。对于智慧的理解,西方人可能比较倾向于过程或能力,中国人则可能更强调本性或素质。

显然,智慧与智能有非常密切的联系。然而,智慧的内涵超越了智能的范畴,智慧并不是任何形式的智能,只有当实用智能、社会智能或情绪智能被普通人运用于平衡生活中的各种利益,包括个人的利益、他人的利益、社会的利益、环境的利益,以获取最大的共同利益时,才能成为智慧的组成部分。平衡是智慧概念的独特要素,平衡可以使对立的双方和谐共存,也可以使不同的机能过程彼此融会、适度运作,从而实现最佳的适应。这可以表现为思与行的平衡、理性与感性的平衡、出世与入世的平衡等。值得指出的是,平衡也是中国传统哲学十分强调的理念,因此中华文化的智慧观似乎更能够精确反映智慧概念的精髓。①

常人的交往智慧是人的社会生活智慧非常重要的组成部分。怎样与他人交往、互动、沟通、合作、竞争,以及怎样化解与他人的矛盾、消除与他人的误会、处理与他人的关系、增进与他人的友谊,这些在常识形态的心理学中都有大量心理经验的积累。显然,常识形态的心理学中汇总了大量关于人际心理鉴别、人际心理引导、人际心理交流等的智慧。

---

① 张卫东. 智慧的多元—平衡—整合论[J]. 华东师范大学学报(教育科学版),2002(4):61-67.

六、常人的洞察智慧

西方心理学家在关于智慧的研究中明确指出,智慧可以被定义为以知识、经验、理解等因素为基础,对事物进行正确的判断并随之产生合理的行为,这种能力在这个似乎不时要下决心自我毁灭的世界中发挥着重大作用。①

古希腊的哲学家柏拉图最早对智慧进行了精深和透彻的分析。他认为存在三种不同的智慧:一是思辨之思,也就是哲学之思,这在那些为寻求真理而追求神思的人身上可以看到;二是理论之思,也就是科学之思,这在那些以科学的观点来认识事物的人身上可以看到;三是实践之思,也就是生活之思,这是指政治家和立法者表现出来的实践性的智慧。

一般来说,可以采用默会理论的方法研究智慧。默会理论强调的是人的内隐的知识。内隐的知识对应的是显性的知识,是指实际存在于人的心理之中,但又无法言传而只能切身体会的知识,是可以在人的生活或行动中显露出来的知识。默会理论的方法可以用来调查普通人的智慧概念,因此,其目的并不是提出一个关于智慧的"心理学上真实"的解释,而是考察普通人认为什么是智慧,不管其想法是正确的还是错误的。

有研究对智慧进行了主成分分析,解释了五种基本的因素:理解能力、判断能力、一般能力、交往能力和反省能力。解释智慧的理论涉及促进智慧的三类因素:一般个人因素、特殊技能因素和生活经验背景。智慧可以反映在五种成分之中:一是丰富的实际知识,也就是关于生活条件及其变化的一般知识和特殊知识;二是丰富的程序知识,也就是关于判断策略和生活规范的一般知识和特殊知识;三是重要的环境知识,也就是关于环境对生命的影响以及生活环境及其变化的知识;四是重要的相对知识,也就是关于不同的价值、目标、评判的知识;五是预见的生活知识,也就是关于生活中相对不确定的和无法去预知的存在的知识,从而知道如何去管理生活。

智慧的整合或平衡至少可以包括三种:一是整合或平衡不同的思维方式;二是整合或平衡不同的自我系统,如认知系统、意动系统和情感系统;三是整合或平衡不同的思想观点。智慧是成功的智力和创造的能力,是通过

①　斯腾博格.智慧 智力 创造力[M].王利群,译.北京:北京理工大学出版社,2007:147.

"达成彼此的共赢"或"获得共同的利益"的价值观来应用成功的智力和创造的能力。人的生活的智慧就在于能够进行不同利益之间的平衡，可以包括对个人利益、群体利益、人际利益、短时利益、长远利益等的平衡，因而智慧的运用就可以达到三个方面的平衡：一是适应现存的环境；二是塑造现存的环境；三是选择新异的环境。①

有研究论述了智慧具有的内涵和特征，认为智慧就是人们运用知识、经验、能力、技巧等解决实际问题和困难的本领，就是人们对于历史和现实中的个人生存、发展状态的积极审视、洞察和把握，以及对于当下和未来存在的事物发展的多种可能性进行明智、合理、果断地判定与选择的综合素养和生存方式。智慧同智力、能力、聪明、机智、明智等概念既有联系又有区别。智慧具有知识性、主体性、价值性、实践性、综合性等特征。

智慧既是西方人的价值追求，也是东方人的人生理想。比较起来，西方人更多地追求理性的、科学的智慧，东方人则更多地追求实践的、生活的智慧。总之，智慧是人类的一种极具普适性的、高级形态的认知方式、实践方式和生活方式。这主要是指人对事物的认识、辨析、判断、处理、发明和创造的能力，也称为才智、智谋。

智慧的要义有三个方面。其一，智慧指向人的实践能力或实际本领，其对象是实际问题与现实困惑，其方式是具有实践性、探索性、创造性的活动。其二，智慧指向人的明智的、良好的生存和生活方式。其三，智慧指向人的主体性、价值性、自觉性、自由性等人的类本质特征，智慧的道路通往人的自由发展和心理解放。

实际上，智慧的三个要义包含着三个不同的认识维度，即心理学、社会学和哲学的认识维度。在心理学意义上，智慧对应的英文是"intelligence"，是指人的聪明才智，即智力发达、思维有创造性、能够解决认识上的问题等。在社会学意义上，智慧对应的英文是"sensibleness"，是指人在日常社会生活中是敏锐的、明智的和明白事理的，其思想和行为等是切合实际的，是合情、合理和合法的，是有效、有利和有用的。在哲学意义上，智慧对应的英文是"wisdom"，是指人在世界观、价值观和人生观等方面具有的智慧、才智、知

① 斯腾博格.智慧 智力 创造力[M].王利群，译.北京：北京理工大学出版社,2007：178－183.

识、德性、学问、常识等。这也是指人的自由、自觉的特性，是人的类主体性
获得比较充分的发展。

心理学意义上的智慧、社会学意义上的智慧和哲学意义上的智慧，分别
代表着智慧的三个基本层次。这三个层次上的智慧的含义既相互关联，也
彼此区别、各有侧重。应该说，智慧的含义和价值还可以从更广泛的方面加
以揭示和解释，这包括生物学意义上的智慧、伦理学意义上的智慧、文化学
意义上的智慧、思想史意义上的智慧，等等。

可以说，智慧是人的理性智慧、价值智慧和实践智慧三者的协调统一。
理性智慧是智慧发生与发展的思想基础，没有理性的发展便没有智慧的成
长。价值智慧是智慧定位与前行的导向基础，如果没有良好的和德性的价
值，智慧就有可能会迷失，甚至走向邪恶。实践智慧是智慧运用与践行的现
实基础。实践活动可以使智慧走进人生、走进社会、走进生活。理性智慧、
价值智慧和实践智慧的相互协调，共同构筑了人的幸福生活。①

常人在日常生活中也会拥有和运用洞察的智慧。这种智慧并不是一种
理性的、逻辑推演的智慧，而是一种直觉的、透彻洞察的智慧。这是心理觉
解的整体把握，是对繁乱世事的明确知晓，是对生活道理的豁然贯通。聪明
与智慧有密切关联，但也存在重要区别：聪明是对于世事的知晓，智慧却是
对于事理的洞察；聪明的反面是愚钝，智慧的反面则是愚蠢。

心理智慧的研究是人的生活智慧的研究的核心和根本内容。洞察的智
慧就是生活认知和生活理解的整合、集中、全面和深入的体现。智慧会给人
慧眼、慧耳、慧口、慧心，这就是眼与心、耳与心、口与心和心与灵的相通，也
就是洞察的智慧的基本内涵和重要体现。

① 靖国平.论智慧的涵义及其特征[J].湖南师范大学教育科学学报,2004(2)：14-18.

第四章　常识心理学的产生

常识心理学是常人在自己的社会生活和日常交往之中,通过自己的自我意识和自我理解,通过社会的交往活动和互动过程,对有关人的心理行为的日常经验和心理理解进行总结、归纳、推论等,在此基础上形成和传递着一种心理学的理解和解说、方式和方法、技术和工具。这种日常的理解、经验的理解、个体的理解、群体的理解所建构的就是有关人的心理行为的日常理论、日常方法和日常工具。显然,普通人拥有的常识形态的心理学就包括日常的理论、方法和技术。

第一节　常人与专家的对应

所谓常人就是日常生活中的普通人,所谓专家就是专业领域内的专业人员。常人和专家构成相对应的两极,常人的心理学与专家的心理学就构成心理学对应的两极。常人与心理学家也是可以互换的,常人可以是心理学家,心理学家也都是常人。普通人与心理学家之间的对应关系,实际上也就是常识形态的心理学与科学形态的心理学之间的对应关系。

一、常人作为心理学家

美国心理学家凯利最早提出常人或普通人也是科学家的重要理念,并将这一理念引入了心理学,进而表达为常人或普通人也是心理学家。常人会通过自己的常识来理解、解说和阐释自己面对的世界以及自己和他人的心理行为。[①] 这也就是著名的个人建构理论或个人建构心理学。[②] 这一理论广泛地影响了社会心理学和人格心理学的研究。

在日常生活中,普通人也如科学家一样,会对世界有自己的理解和解说,这构成常人的朴素的理论。普通人从非常幼小的时候,就开始拥有了解说自己的、他人的、共有的心理行为的理论。有研究就考察过儿童的朴素理论。儿童的朴素理论是指儿童在某些领域中获得的非正式的、前科学的知识,其构成必须满足三个条件:首先,必须能够对此领域与其他领域的本体进行区分,如朴素物理学、朴素生物学和朴素心理学;其次,必须能够用该领域的知识对该领域的现象和事件进行因果解释;最后,在该领域内有具有内在一致性的因果解释框架。目前,大部分研究认同儿童具有朴素理论,但关于其种类还存在争议。有的研究认为,从原则上讲,任何科学领域都可以作为因果理解的特殊领域,所以儿童可以有很多种朴素理论,如朴素医学、朴素经济学、朴素气象学、朴素地理学、朴素天文学、朴素生态学等。通过分析发现,儿童心理的、生物的和物理的解释模式大约占了儿童总解释模式的百分之七十,并且这三种解释模式确实是儿童的核心解释模式。儿童核心知识领域中的朴素理论包括朴素生物学、朴素物理学和朴素心理学,这些被公认为是人类最重要的认知领域。[③]

当常人面对日常生活或社会生活中自己或他人的心理行为时,可以依据自己拥有的心理常识对之进行解说和阐释、影响和干预。例如,常人可以对自己或他人的心理行为进行原因的推论,据此给出自己的基本解释,这可以成为理解和解说自己和他人的心理行为的基本心理依据。这与心理学家从事的工作在性质上是一致的,因此常人也就是常识意义上的心理学家。

心理理论就是普通人在日常生活中形成和运用的关于人的心理行为的日常理解和解说,这在现代的发展心理学和认知心理学的探索中成为热点。有研究回顾和反思了心理理论近三十年的研究,认为在日常生活中常识心理学赋予人们一种能力,即将他人视为具有内在不可观察的心理状态,即信

---

① Kelly, G. A. *The Psychology of Personal Constructs*. London: Routledge, 1991: 3-31.
② Caputi, P., Foster, H., & Viney, L. L. *Personal Construct Psychology: New Ideas*. England: John Wiley & Sons Ltd., 2006: 3-16.
③ 卿素兰,等. 儿童核心领域朴素"理论"的研究进展[J]. 心理科学, 2005(2): 497-500.

念、愿望和意图等,并据此来解释和预测其行为。在理解他人行为的问题上,常识心理学对行为的解释和预测可以给出许多额外的启示,心理理论正是在这种满足日常经验生活的需要的背景下应运而生的。对心理理论的理解有广义和狭义之分。就狭义的心理理论而言,目前比较一致的理解是心理理论指个体对自己和他人的心理状态的认识,如对感知、知识、需要、意图、愿望、信念等心理状态的认识,并由此对相应行为作出因果性的预测和解释。广义的心理理论则泛指任何发端于婴儿阶段且与心理有关的知识。儿童对错误信念的理解能力的发展,在当前心理理论的研究中仍最受关注。与意图、愿望、情绪等心理状态相比,信念要更复杂一些,因为它包括对世界的表征或解释,其内容可以具有与世界的客观状态相分离的特性。这一点尤其体现在对错误信念的理解中:对他人与现实相符的真实信念的预测能通过直接评估外部世界而获得,在逻辑上无须必然涉及他人的心理表征;要对错误信念进行推测则必须认识到他人心理的表征性质。因此,当前大多数研究者较为一致地把达到对错误信念的理解作为儿童拥有心理理论的主要标志。

心理理论自提出以来,在取得一系列卓有建树的研究成果的同时,一直存在诸多争议。分析国内外近三十年来该领域的研究概况,这些问题与困境主要集中在以下四个方面。一是研究对象的客体化。从心理理论的定义来看,不管是广义的理解还是狭义的理解,理解自己和他人的愿望、信念、意图等心理状态都是推测和解释他人行为的基础。因此,心理理论主要的研究对象是自我和他人的心理状态。然而不难发现,在当前的研究中,研究者非常关注自我对他人心理状态的归因,以及在此基础上对他人行为的推测和解释,但是在个体如何理解自身的愿望、意图和信念方面则相对关注较少,对由自身心理状态引发的行为的推测和解释的关注则更少。二是研究内容的狭隘化。从心理理论研究的基本内容来看,鉴于实际需要和实验操作的便利,目前有关心理理论的研究主要集中在对狭义心理理论定义下的内容进行研究,即对诸如意图、愿望与信念等心理状态进行研究。如前面所述,其中又以信念为主要研究内容。许多实验都采用经典的错误信念理解任务,将其作为判断儿童是否获得心理理论能力的唯一指标,这无疑进一步缩小了心理理论的研究范围。三是解释模型的多元化。当前心理理论研究在结论解释方面存在多种理论模型,这些模型主要有理论论、模拟论、模块论等。有时针对同一结论,由于研究者知识背景与所持信念的不同,作出的解释也大相径庭,甚至截然对立。四是核心机制的匮乏化。当前心理理论研究中,依然存在许多无法解释或解释不清的现象,这一问题的背后潜藏着缺少一种具有容纳性和说服力的核心机制的危机。

综合当前心理理论研究存在的问题,可以发现这些问题与心理理论解释模型领域的困境存在密不可分的联系。心理理论解释模型的作用不仅体现在它可以对实验结论和现象作出合理的解释,更重要的是反过来它又指导研究者在实际操作中以一种立场去影响其实验的假设、采用的研究手段与方法,并通过实践来验证、修改或完善原有模型。[①]

常人凭借着掌握的心理生活的经验、社会文化的传统和心理生活的智慧,同样可以了解、理解、解说、影响和引导人的心理行为。常人仅是常识意义上的心理学家,是日常生活经验意义上的心理学家。这并不等同于科学意义上的心理学家,也不等同于科学研究或学术探索意义上的心理学家。

二、心理学家作为常人

心理学家通常是指受过专业的系统训练,能够从事符合科学规范的专业心理学研究,以及能够按照实证科学的基本方式来干预和引导人的心理行为的专业人员或专家。尽管在心理学的专业领域中,心理学家会有自己的专长,会有自己的专业知识、专业方法和专业技术,但是在日常生活中,心理学家仍然是一个常人,他也会依据自己的生活经验来生活。这显然就涉及生活经验中的常识心理学与学科专业中的科学心理学之间的关系。

有研究曾探讨过西方心理学研究中有关心理学的心理学研究,认为这实际上是探索心理学家心理的学科。研究指出,近年来由于科学和科学理论的发展,产生了"科学的科学"或"科学学"。"科学学"可被区分为科学的哲学、科学的历史、科学的心理学和科学的社会学。从科学的心理学引申出"心理学的心理学"。"心理学的心理学"主要解答"心理学家为什么要当心理学家",特别是"心理学家为什么在心理学理论和方法上选取一定的立场"

① 丁峻,陈巍. 心理理论研究三十年:回顾与反思[J]. 心理学探新,2009(1):23-26.

等问题。为了解答这些问题，就要研究心理学家的心理学，或考察心理学家的特殊的心理特征。其实，心理学家之所以选择成为心理学家，虽然与他们的心理特征不无关系，但主要不是决定于这些特征，也往往不是决定于个人的动机或愿望，而是决定于环境、遭遇或社会历史条件。"心理学的心理学"的重点在于解答心理学家为什么在理论上采取某种特殊观点的问题。心理学家在理论上往往各持己见，有的还分道扬镳，从而建立不同的学派。

就性别来说，男性较倾向于客观心理学，女性较倾向于主观心理学。就年龄来说，老年人有强烈的主观倾向，有好谈理论、较重视意志和意识经验、强调整体而忽视物理观点的倾向。总之，其主观心理学的观点随年龄而增长。就专业活动来说，调查发现，学术界的工作人员在行为内容的强调、元素的分析和客观的观点上得分较高，应用科学家较具主观倾向。如临床心理学家对主观的意识经验有较浓厚的兴趣，研究学习、记忆和动物行为的学者则较重视客观的行为和解释。就价值观来说，调查的结果证明，理论价值与客观倾向有极高的相关，因为在理论价值量表上获得高分的人最重视事实和理论。在经济价值量表上工商业者得分较高，这个量表与客观倾向也显示出了不同程度的正相关。美学的价值也与主观倾向密不可分；社会的价值重视人民的福利，与客观倾向成负相关；政治的价值与客观倾向虽可成正相关，但更重视自然的因果；宗教价值量表的分数与客观倾向则成负相关。[①]

有研究还探讨了可以成为"心理学的心理学"之补充的"心理学的社会学"，并指出后者可以成为前者的学术补充，心理学的视野和社会学的视野应该彼此互补。

研究明确指出，"心理学的心理学"包含四个主要问题：一是作为学术科目的心理学有什么心理学的根源？二是心理学作为一门特殊的学科有什么存在的理由？三是心理学家为什么要当心理学家？四是心理学家为什么在心理学理论和方法上选取一定的立场？

心理学的理论倾向有六个维度或六个方面的两两对应或彼此对峙的因素。显然，不同的心理学家采纳的维度可以是完全不同或截然对立的。这六个维度的相互对应关系具体表现在如下方面。一是主观与客观：意

---

① 高觉敷. 心理学的心理学[J]. 心理科学通讯，1982(4)：11-14.

识历程、内省报告、意志活动等都属于主观因素；环境条件、现实对象、研究基础等都属于客观因素。二是整体与元素：整体的组织结构、心理的完整特性、自然主义的观察等都属于整体的考察；心理的元素分析、还原决定论、机械决定论等都属于元素的分析。三是自然与人类：物理的类比、直接的决定、外在的因素等都属于自然的因素；人格的属性、自我的决定、意向的活动等都属于人类的因素。四是定量与定性：统计的分析、定量的描述、实验的控制等都属于定量的研究；思辨的推论、体证的方法、个案研究、群体访谈、生活史研究、民族志研究等都属于定性的研究。五是动态与静态：心理动机、社会变迁等都属于动态的因素；心理结构、生理基础等都属于静态的因素。六是内部与外部：遗传的因素、生物的决定等都属于内部的因素；社会的因素、文化的决定等都属于外部的因素。

"心理学的社会学"可用以纠正"心理学的心理学"的缺陷。"心理学的社会学"对心理学思想的诞生和发展采取了社会历史的解释。思想的发展与作为基础的社会结构密切相连，心理学思想也逃避不了社会的影响。因此，对任何思想体系的充分理解都必须体会其作为背景或联系的社会历史条件，而这些条件就大致制约或促进着学术思想的形成。①

心理学家也会通过自己的日常生活经验，以及获取社会共有的日常生活经验，来形成自己关于人的心理行为的日常理解。当然，这种日常的心理行为的理解与科学的心理行为的理解会形成交叉，也就是可以汇聚在心理学家的科学研究与日常生活之中。心理学家会按照什么来生活、依据什么来成长，都取决于心理学家的现实生活状况。心理学家也是一个具体的生活者，研究婚姻心理的专家自己的婚姻并不一定会美满。但是，心理学家却可以成为非常有标志性的样本，用以考察常识心理学与科学心理学在日常生活中的交叉影响。

第二节　日常生活经验构成

经验的获得和积累是一个完整的过程。生活的印记和心理的印记会不

---

① 高觉敷. 心理学的心理学与心理学的社会学[J]. 南京师院学报(社会科学版)，1982(3)：12-17.

断地累加起来,成为人的生活或人的心理生活的重要基础。那么,日常生活经验的累加性和功用性就构成了日常生活经验的基本方面。进而,日常心理生活经验的集聚性和有效性构成了日常心理生活经验的基本方面。

一、生活经验的积累

在普通人的日常生活中,会有依据和针对自己的生活经验的传述,这就包括社会个体对自己的生活经历和社会经历的表达。例如,社会生活中的普通人会口述历史及进行心理叙事。有研究曾经通过考察口述历史学与叙事心理学的关系,揭示和解释了人的生活经验的积累,人对自己的生活经验的回顾、组织、解释,以及这对于人的生活或心理生活的重要性和作用。有研究指出,在 20 世纪中期,口述史在美国被确立为历史编纂的一种现代技术。该方法于 20 世纪中后期在西方各国得到广泛应用。在前期,口述史学仅停留在史料学阶段,以确定历史人物、事件的存在形态为目的;在后期,则从简单地确定人物、事件的存在形态深入到探讨历史过程的参与者本身的历史意识,特别是把占人口绝大多数的普通劳动群众的愿望、情感和心态等精神活动当作口述史学研究的主题。这就把口述史学当作了一种治史方法,结合社会学和心理学等学科的跨学科研究方法来研究大众历史意识的形成过程。这种历史研究从心理层面进入,使口述史学与后来才出现的叙事心理学有了血缘关系。

叙事表现时间流中的人生经验,展示的是一个延绵不断的经验流中的人生本质。历史知识具有叙事的结构,史学的"终端产品"总是呈现为某种叙事。行动的历史是纸上历史的底本,纸上历史就是叙事的产物。不同学派的哲学家对叙事予以不同的说明,但都相信叙事是一种完全有效的再现历史事件的模式,甚至是为历史事件提供解释的有效模式。叙事的历史反过来又创造着行动的历史。历史叙事对行动历史的影响正体现了社会文化历史对人的心理行为的制约作用。叙事心理学要通过对人们作为符号(包括语言)存在的精神与行为产物的研究,揭示人们的意识的状态和特点。叙事心理学青睐于自传,因为自传能够较真实地披露个人的心声。口述个人经历与自传没有本质上的差异,可能唯一的不同是自传还可以是书写的,因而有琢磨、修改的过程。口述历史在心理层面的进入体现为它并不在乎和刻意考究所叙事件有多大的可靠性,而更重视所述事件后面隐藏的意识事实。①

在人的社会生活、现实生活和心理生活中,生活经验是有多寡、优劣的区分的,在运用上也有分别。一个没有或缺少生活经验的普通人,其日常生活会存在严重的适应问题;一个生活经验非常丰富的人,则会灵活适应日常生活。

生活经验的积累可以体现在个体心理成长之中。个体的生活经验,包括个体的心理生活经验,会经历从贫乏到丰富的两极之间的变化。在特定的生活情境中,长期的、持续的经验积累会使相应的心理经验丰富化。当个体生活在隔绝和封闭的环境中,其生活经验或心理经验就会贫乏化。

其实,个人的生活史、群体的生活史、民族的生活史、社会的生活史都可以包含心理生活史。心理生活史不仅是历史的延续,也是生活经验的积累,进而还是心理经验的积累。

二、生活经验的作用

生活经验在人的日常生活中发挥的作用是非常明显的,这在普通人的日常生活和职业人的职业生涯中都有所体现。有经验的人常常是日常生活中有生活效率和工作效率的人。当然,生活经验的系统化和合理化会决定生活经验的作用。

20世纪后半期,发展心理学中有一个相当盛行的观点——早期经验对个体心理发展起极其重要的作用。儿童出生后的几年最易受环境的影响,这在很大程度上决定人一生的心理发展。然而,不少研究特别是近年来的一些研究表明,儿童早期经验在心理发展中的作用是一个复杂的问题,个体的心理发展受一系列其他因素的影响。近几十年兴起的毕生发展心理学也不同意早期经验对以后发展起着特别重要作用的观点,而是主张人的一生的经验都对发展具有重要意义,没有哪一个年龄阶段的经验在发展中居首要地位。早期经验的影响可以被以后的经验改变,生命后期的发展在一定程度上取决于后期的各种因素的影响。

---

① 施铁如. 口述历史与叙事心理学[J]. 广东教育学院学报,2010(1): 44-48.

在强调早期经验重要性的观点中,一个基本的思想是,早期经验对人的心理发展会产生持久的影响,这种影响是不可逆转的。这也是关键期假设的一个核心主张。环境的改善可以消除儿童早期经验的不良影响。以后的家庭生活、学校教育和工作经验等因素都会影响人类个体的心理发展。心理发展的连续性和稳定性虽受遗传和其他先天因素的制约,但往往是儿童生活环境的连续性、稳定性的反映,而不一定是儿童早期经验对儿童心理发展的影响具有持久性的证据。

早期经验的作用在不同的领域有很大的差异。对于某些心理功能和行为,早期经验是重要的,其影响可能会持续终身,但对于另一些心理功能和行为,早期经验可能并不重要,甚至对个体心理发展不起什么作用。许多研究都可以说明这一点。早期经验在儿童心理发展中的作用还与儿童的个人特点有关。不少研究表明,儿童早期不利的生活条件并非对所有儿童都产生永久性的不利影响,这是因为儿童个人的特点是儿童心理发展中一个重要的影响因素。父母抚养的效果要以儿童个人的特点作为中介,具有不同特点的儿童对相同的事件产生不同的反应。儿童的个人特点甚至还可以影响、形成和选择环境。儿童早期经验的影响及其在人的整个一生心理发展中的作用受一系列因素的制约,这与儿童个人的特点、涉及的心理和行为领域、早期经验发生的时间、经验本身的性质和种类、儿童以后的生活经验等都有关系。①

近年来,口述历史引发心理治疗领域的一个令人瞩目的发展便是针对老年人的怀旧疗法。回忆和叙说过去的青春年华、蹉跎岁月中的壮举逸事,可以唤起他们曾经作为某一历史事件参与者、见证人有过的豪情与自信;诉说曾经的苦难遭遇则可以宣泄压抑的情感,使其更珍惜新时代、新生活的幸福。因此,缅怀过去、叙说自己的故事可以成为老年人在发展迅速、变幻不定的世界里保持良好自我感受的一种重要方式,这种方式正逐渐得到研究老龄化问题的专家的认可。于是,口述历史的怀旧方式跳出了历史研究的圈子,得到了心理卫生工作者的关注。特别是在实践应用中发现,怀旧可以被用来重新振作陷入孤独和抑郁的人的精神,甚至可以作为治疗老年精神

---

① 缪小春.儿童早期经验在心理发展中的作用[J].心理科学,2001(3):319-322.

病和癫狂症的手段。

　　怀旧疗法也可以称为回忆疗法,它以过去的事件、感觉、想法来促进心理的愉悦、提升生活的品质、增进对环境的适应、实现行为的调适。怀旧疗法引导老人说出生命的故事,以此组织和整合对个人有意义的人生经验,帮助老人觉察、觉知和觉解自己的生活意义。同时,由此来重新探索生命中重要的、有意义的事件。怀旧的觉察、觉知和觉解的功能使当事人在怀旧中省察和弄清对过去的事件或情境的内在感受或冲突,并去领悟事件的意义,有助于解决个人的冲突及增进对自我的了解,提高自尊及自我认同感。

　　怀旧疗法可以分为统整性怀旧和工具性怀旧。前者是指通过怀念过去的生活来寻求和完善生命的意义。个体会重新面对过去不愉快的生命经验,尝试厘清这些经验对生命的意义,使个体对生命历程的理解达到一定的整合。后者是指提供过去成功的应对经验以应对目前的困境,即使用怀旧来消除认知和情绪的障碍,提升个人的自尊和应对能力。①

　　显然,生活经验具有生活定向和生活导向的作用。心理经验就如同人走过的路从而形成的固定路径,这种生活路径或心理生活路径就具有定向和导向作用。生活经验也具有生活选择和生活锚定、生活应对和生活调节的作用;心理经验则使普通人可以在纷繁复杂的现实生活中选择适合自己的心理应对方式和心理调整方向。

第三节　日常心理经验构成

　　人的日常心理经验是日常生活经验非常重要和最为核心的组成成分。心理经验的积累、多寡、运用直接决定着普通人的日常生活和交往互动。它影响日常生活的质量和交往互动的水平,也影响日常生活的走向和交往互动的结果。

一、心理经验的多寡

　　心理经验是逐渐累积起来的,同时伴随着累积过程逐渐产生更大的作

---

① 施铁如. 口述历史与叙事心理学[J]. 广东教育学院学报,2010(1):44-48.

用,这可以体现在生活或工作中生手与熟手的不同上。生手通常就是缺乏相应经验的人,因此在应对特定的生活内容的时候,就会缺少应对方式和手段。与此相反,熟手通常就是具有相应经验的人,因此在应对特定的生活内容的时候,就会采用合理的应对方式和手段。

有关成人心理理论的研究也表明,把握成人心理理论的毕生发展趋势对于探索其社会认知发展有非常重要的理论意义,运用心理理论的能力对于人际交往、经验学习和社会适应等都有着重要的作用。6岁的儿童已经拥有了一套类似于成人的成熟的心理理论机制,这使得他们能够根据潜在的心理状态来解释他人的行为,也同样能够区分自己与他人拥有的不同的心理状态。但是,成人在“能够区分自己与他人的信念”和“以此信念来解释他人行为”的表现上出现了分离,这意味着成人不一定会使用熟练的心理理论技能来解释他人的行为。与儿童相比,成人除了从信念、愿望出发来解释行为外,还常常依据人格特质对行为进行解释。

关于成人心理理论的发展趋势有两种对立的观点:随个体老化而提高;随个体老化而下降。最近的研究不仅验证了成人心理理论水平和年龄的负相关关系,还提出操作智商是两者的中介变量。综合看来,更多研究支持成人心理理论随个体老化而下降的观点,并且年龄越大,这种趋势越明显。家庭环境、同伴关系、语言水平、执行功能对儿童心理理论发展的影响已得到了一系列研究的支持。与儿童相比,成人的生活环境与社会关系更趋于稳定,学者们更关注在个体成熟和衰老的过程中,执行功能、语言水平与心理理论的关系的表现模式。此外,生物遗传、文化环境、家庭生活、个人经验等内外环境的交互作用,赋予了每个成年个体独特的人格。这对外则表现为个体具有的社会能力和社会功能,并且共同影响着成人心理理论的发展。语言对儿童的心理理论发展起着重要的作用,不同的语言文化背景也可以影响儿童心理理论的表现。虽然已有研究还无法明确心理理论与语言能力孰因孰果,抑或受第三种因素的影响,但多数结果支持儿童心理理论与语言能力存在着密切关系。那么,成人心理理论水平与语言能力的关系是否和儿童阶段的表现有相似性呢?目前鲜有学者对个体已发展成熟的心理理论与语言能力的关系展开研究。持有某种心理理论才能具备一定的社会功能,这一似乎无可辩驳的观点在实际情形中可能表现为心理理论个别差异与社会功能个别差异之间存在千丝万缕的联系。研究者采用现代特质理论解释影响成人心理理论的人格因素及人格对心理理论的影响机制,总体而言,心理理论能力高者更具有宜人性等人格特质。①

显然,心理经验可以通过日常生活中多种多样的途径来获得,可以直接从心理生活的体验中获得,也可以间接通过他人或文化的传递而获得。阅历、经历、经验和体验决定着人的心理经验的多寡,也决定着人的心理经验的运用。

心理经验的积累取决于社会个体和群体的受教育程度以及生活阅历和文化传承的丰富性、心理体验的深厚度。当然,这种累积过程也是人对于自己的心理经验的整合、整理、系统化、理性化的过程。

二、心理经验的作用

心理经验关系到常人对人的心理行为的理解和解说。因此,在普通人的日常生活中,每一个社会个体的心理经验的存在、多寡、优劣、变化都制约着常人的日常生活的进行,决定着常人的日常生活的品质,约束着常人的心理行为的表达,控制着常人的心理行为的变化。

有研究从"心理学的心理学"的视角,考察了心理学家的个人道路与理论道路之间的关系。研究关注的焦点集中在两对基本范畴上:客观主义与主观主义;外因论与内因论。

客观主义包括如下一些基本成分。一是重生活事实:支持激进的经验主义,贬低推测和抽象阐述,贬低思想和理论建构。二是重客观原因:排斥或否定个人的选择与个人的参与,提倡客观原因决定论。三是重行为内容:专注于能普遍观察到的外显行为,并且认为这是适合心理学研究的中心课题。四是重基本元素:在理论研究中更愿意涉及元素或特殊变量与特殊关系。五是重物理主义:心理学家应当使用能以物理学术语定义的概念,并且探求那些能够用物理学术语加以表达的法则和规律。六是重定量分析:主张定量测验、定量描述,在理论描述中喜欢使用数学公式。

与此相对应,主观主义则由下列组成因素确定其特征。一是重理论取

① 林佳燕,等. 成人心理理论的研究回顾与展望[J]. 心理科学进展,2010(3):456-463.

向：提倡理论建构和理论思考，强调超越观察的限制。二是重个人意志：强调个人选择、个人目的和个人特性的重要意义，并视此为适当解释人类行为的必要组成部分。三是重经验内容：把个人的意识经验作为心理学理论与研究中的基本课题。四是重整体构成：在理论研究与实证研究中关注复杂的总体模式与系统关系。五是反物理主义：认为形成概念和建构理论时并不能够将其全部还原为物理学的术语。六是重定性研究：轻视定量研究与量化方法，偏重于不易进行数量处理的课题和方法。

内因论与外因论之间的区别就在于，在解说人的心理行为时，或者强调其内部生物性或自主性的原因，或者强调其外部环境或外在条件的原因。可以在这对范畴中找出两个最重要、最具代表的理论——生物决定论和环境决定论。生物决定论包括遗传决定论、生理决定论、内在决定论；环境决定论则包括客观决定论、社会决定论、外在决定论。内因论者更多地强调前者，外因论者则更多地强调后者。

客观主义与主观主义这一对范畴的区别适用于西方文化与东方文化之间的分歧，适用于英美文化与欧洲大陆文化之间的分歧。客观主义者和主观主义者的家庭背景存在广泛的文化差异。主观主义者更多地受到欧洲文化渊源的影响，英美心理学家就比欧洲大陆的心理学家更客观化。客观主义者一般都抵制宗教，主观主义者大多尊重宗教并且多信奉犹太教。

有可能主观主义者大都缺乏与美国社会相符合的经历，而客观主义者往往在其家庭中体验到更多的不和睦，他们常常报告说与父母关系不好，这通常表现在父子关系或母女关系上。他们比主观主义者更多地认为父亲具有相当大的支配与控制力。因此，客观主义者在智力工作中争取并坚持获得控制权，这可能源于其早期经验。在童年时代，他们受到大量强制性命令的影响，多少有过一些感觉和运动方面的障碍，这也许使他们中的某些人很早就学会从物理学的角度来观察人类问题。

客观主义者与主观主义者的兴趣和价值观也不同。客观主义者往往对物理科学、工程技术和数学计算等领域有强烈兴趣，主观主义者往往对人文学科、文学艺术和思想创造等领域有强烈兴趣。在职业活动方面，客观主义者一般都对研究工作有强烈兴趣并获得一定学术地位，主观主义者更多地对心理治疗或咨询有强烈兴趣。客观主义者持有相对强烈的理论价值观与经济价值观,而主观主义者一般持有审美价值观与社会价值现。

客观主义者高度尊重科学与科学方法,他们认为科学可以解答所有问题,他们往往接受许多与科学相联系的传统价值。因此,客观主义者主张一种超然事外的态度,并试图用他们理解无生命的物体和现象的方式去理解人。在论及人时,客观主义者表现出把人当作一种客体的倾向,主观主义者则表现出个人化的倾向。客观主义者用一组相对有限的特征去寻求对人的理解;主观主义者则以更复杂的方式去认识人,并且懂得以不同的方式去认识不同的人。客观主义者较多地倾向于实体的世界;主观主义者则更关心理的或主观的领域,并且易于接受自己的意识经验中的诸多变化形式。①

上述是在心理学研究的层面,考察了心理学家的生活经验对其心理学研究的实际影响。同样,社会个体和社会群体的心理经验会直接影响其现实生活的实际品质。获取更多或更丰富的生活经验、保留或提升更有价值的心理经验、提取或运用更灵活的应对经验,这些都会直接改变社会个体和群体的生活质量及心理生活质量。

第四节　常人的心理学应用

常人也有自己的心理学建构和心理学应用,这属于常识形态的心理学的范畴。

常人的心理学应用与专家的心理学应用既有相同之处,也有不同之处。其相同之处在于,两者都需要特定的心理学知识、理论、方法、技术、工具、手段;其不同之处则在于,两者有完全不同的基础、依据、目的、程序、方式、结果。

有研究系统阐述和建构了现代心理技术学,指出"心理技术学"(psycho-technology)这一名称是由德国心理学家斯腾于1903年提出来的。但是,在后来的很长时间里,提及心理技术学的人很少,或者是被许多心理学工作者

① 科恩. 心理学家——个人和理论的道路[M]. 陈昌文,译. 成都:四川人民出版社,1988:242-248.

淡忘了。不过，在心理学应用于社会生活的各个领域时，实际上人们仍然要做心理技术方面的某些工作，只是没有自觉地在心理技术学的统领下开展罢了。而今，科学的发展，包括心理科学的发展，越来越显示出技术学层面的生命力，加之社会生活实践的迫切需要，故而一百年前出现的"心理技术学"的名称又被重新召唤了回来。

心理技术学介于基础理论与实际应用之间，属于技术层面或中介层面，在心理学这一领域则已消解在基础研究与实际应用这两个层面的专业或学科分支的划分之中。其他学科领域的三个层次发展的经验告诉人们，若缺乏技术中介层次的研究，基础研究的成果较难直接转化为实际应用。因此，心理学应该重视心理技术学这一技术层面的发展，应该对心理科学发展过程中原先产生的心理技术学进行重建。

现代心理技术学是应用现代心理学的思想、理论、方法等基础原理，以及测验、测量、统计等技术手段，研究和干预社会生活实际部门中个体和群体心理问题的综合性应用理论学科。这个定义涵盖了心理技术学的基本原理与手段、研究对象与范围以及学科性质与应用，这三者之间是互相关联的。首先，就研究对象与范围来说，心理技术学是面向社会生活实际部门的，是研究这些部门存在的实际心理问题以及其中个体与群体的心理问题，而不是实验室研究的基础心理问题。其次，就技术手段与工具来说，心理技术学应用现代心理学的原理、方法及心理测验、测量、统计等技术手段，跟心理实验室的技术手段既有联系也有区别。心理技术学研究的是实用的技术，而不是精确的实验技术。再次，就学科性质与门类来说，心理技术学介于基础研究与实际应用之间，一方面在心理学基础科学中应用，另一方面又是许多具体应用技术的理论基础，因此可以将其性质定位为应用理论学科。心理技术学与其他心理学科的关系是，普通心理学、心理测量学、心理统计学是心理技术学的基础理论学科。相关学科主要有工业心理学、工程心理学、医学心理学、心理卫生学、社会心理学、管理心理学、经济心理学等。心理技术学的研究内容也很广泛，可以抓住其主要方面来建构内容体系。例如，就个体来说，有人员心理素质测评技术；就群体来说，有社会心理测查技术；就个体与群体的心理失常来说，有心理咨询与治疗技术；就经济对个体和群体的重要性来说，有经济心理技术。心理技术学与心理学各种具体应用问题发生联系。①

　　当然，心理技术学寻求的还是心理科学的学科视角，依旧出现在现代科学的研究视野内。它寻求的并不是生活常识的生命视角，也没有出现在现代生活的视野内。那么，在普通人的心理学应用中，常人的常识、理论、方法、技术、工具、手段都应该在常识心理学的范围内重新加以考察。无疑，这对于心理学的应用来说也是非常重要的和不应忽视的部分。

　　有研究系统考察了心理自助的基本结构和系统建构。心理自助是指个体根据自身发展的需要，在自我意识的基础之上，把自身作为发展对象，通过自我认识、自我体验、自我控制，来维护心理健康、完善心理机制、开发心理潜能、促进心理发展。心理自助的本质就是经由自我意识或通过自我控制，对自身的心理健康的认识和改造的过程。

　　在心理自助的过程中，自我意识是起着心理中介作用的关键要素，而自我意识中的自我认识、自我体验和自我控制三种成分的相互作用是心理自助的主要心理机制。自我认识是指个体对自己的身心特点、自己与他人的关系以及自己与周围环境的关系的认识和理解，包括自我观察、自我概念、自我图式、自我分析、自我评价等。在自我认识的基础上，个体在行为过程中会对自己产生积极的或消极的、正面的或负面的评价，相应地也就会产生自尊、自爱、自信、自卑、责任感、使命感、义务感、优越感等情感体验，即自我体验。自我控制则是以自我为主体，在由生命圈、社会圈和宇宙圈组成的立体三维的时空中，以个人的身心和行为、外在的环境和事件为对象，以实现个人、社会和宇宙内外和谐发展为原则目标的，自我觉醒、自我规划、自我执行、自我评估、自我激励、自我校正的动态阴阳变化自组织系统。这包括自强、自立、自主、自制、自律、自卫等，自我控制起着监督、引导和维持的作用。自我认识、自我体验和自我控制三者之间相互影响、相互作用、相互促进，构成一个统一的有机整体。

　　从基本结构来看，心理自助包括心理健康的需要动机、自我意识、知识信念、自我行动四个基本部分。从活动过程来看，心理自助包括八个基本过程：激发内在动机；通过心理健康状况的自我观察确定心理健康问题；对心

①　杨鑫辉.现代心理技术学[M].上海：上海教育出版社,2005：1,14,20-21.

理健康问题进行类型和成因分析;选择自我调节的方法和技术;将方法和技术转化为具体的操作;对自我调节的效果进行评估;重组内在的心理健康的知识信念结构;形成心理健康的体验。

心理自助是个体自主解决心理问题的方法和形式。通过心理自助来维护心理健康需要一定的条件和要素,包括自助意识、自助目标、自助环境、自助方法和自助活动等,这些都在自我意识的调控下共同构成个体的心理自助系统。心理自助是在自我意识的统一管理和调配下,系统内各条件和要素相互影响、相互作用的过程。应该选择适当的自助方法。自助方法是心理自助过程的技术层面,种类多种多样,包括自我觉察法、动机激发法、问题分析法、自我调适法、信念重组法、效果评估法、心理体验法、认知调整技术、行为改变技术、生理与心理放松训练技术等。①

常人的心理学应用的基础、依据、目的、程序、方式、结果等的独特性就在于,常人的心理学应用的基础是日常生活的经验,依据的是日常生活的道理,目的是解决生活者在自己的现实生活中面临的问题,程序是按照生活步骤设定的改变过程,方式是多种生活手段的结合,结果是改变或提升普通人的日常生活质量。

常人的心理学应用可以是日常生活中的生活化的解决方案,这与科学家的心理学应用有所不同。例如,常人是通过日常生活实践和日常生活事件中的实例来讲解生活的道理、原则、安排、技巧,从而指导他人的现实生活或心理生活。这实际上可以体现为日常生活中的心理劝导,所谓苦口婆心;也可以体现为行为引导,所谓以身作则。这既可以是日常生活中的目标导向,所谓登高望远,也可以是情感感化,所谓以情动人,还可以是创造改变,所谓"无中生有"。

常人的心理学应用可以有多样化的日常手段,这包括日常生活中所有可能与人的心理行为相关联的方面。例如,常人的话语交谈、心理奖励、心理惩罚、榜样引导、心理训诫、行为矫正、入静方法、境界提升、记忆手段、情绪调节、心理支撑、心理援助,等等。

---

① 李笑燃,等.心理自助结构及其系统构建[J].山东师范大学学报(人文社会科学版),2008(5):56-59.

所有上述方法和手段都在日常生活中行之有效。当然,一切也都会因人而异、因事而异、因时而异、因地而异,这是生活性和常识性的心理学应用十分重要的特点。常人的心理学应用最重要的并不是科学心理学强调的合理性和规范性,而是常识心理学强调的有效性和有益性。这给出了一个最基本的常识心理学的原则,那就是生活的合理性与现实的合情性,这与科学心理学主张的科学的合理性与应用的有效性存在重要不同。

第五节　生态化常识心理学

生态化常识心理学中的"生态化"可以有两种不同的含义:一是指常识心理学有自己产生、存在、演变的生态背景、生态环境、生态空间、生态样式;二是指关于常识心理学的探索应该置于生态学的方法论框架下,遵循生态学的原则,符合生态学的设定。因此,生态化不仅是常识形态的心理学存在的现实,而且是考察和研究常识形态的心理学的方法论框架。现实生活的生态学存在、学术探索的生态学取向都是常识形态的心理学能够延续和解说的根本。心理学研究的生态学取向、心理生态学的学术探讨和心理学研究的生态学方法论都是理解常识形态的心理学的重要途径。

有研究考察了心理学研究的生态学取向,认为其基本观点就是在现实生活或者真实环境中研究人的心理和行为。心理学的生态学取向为解决心理学现阶段的重大理论问题提供了合适的途径和正确的方向。一是生态学取向既具有科学主义精神,又具有人文主义精神,其出现可以缓和两大取向的对立,并为两者的融合提供平台。二是生态学取向建立在系统论、有限相对论的基础上,为心理学整合问题提供了新的发展方向。生态学取向不仅对心理学理论发展有重大影响,而且在具体的心理学应用领域中发挥着独特的作用。生态学取向作为一种理论态势,已经深入心理学研究的各个层面,包括心理学的实际应用。例如,在临床心理学、教育心理学、管理心理学、发展心理学中,都可以看到生态学取向在其中的具体运用。①

---

① 易芳,郭本禹.心理学研究的生态学取向[J].江西社会科学,2003(11):46-48.

还有研究对行为生态学、心理生态学和精神生态学进行了界定和探讨。该研究指出,行为生态学是行为学与生态学相互联系、相互交融,以动物的行为与其环境之间的关系及规律为研究对象的一门边缘学科。关于行为学的理解有广义和狭义之分。广义的行为学研究人类及低等动物在自然环境和社会环境中的行为;狭义的行为学主要研究人类的行为以及产生各种行为的原因。心理生态学是心理学与生态学联姻而产生的一门以人的心理行为与环境之间关系及其规律为研究对象的边缘学科。生态学的发展为心理生态学的诞生提供了理论基础,心理科学的发展要求自身的研究具有生态学效度,这是心理生态学产生的根本原因。精神生态学则是研究人类和谐、均衡、持续发展的思想基础。人不仅是生物性的存在、社会性的存在,而且是精神性的存在。在人类社会中,现实存在着的人,除了有外在的物质生活,还有内在的精神生活。在人类的思想宝库中,精神以各种形态存在着。精神无疑具有多种价值,它也可以成为生活的意义、奋斗的目标、幸福的源泉。①

生态学的出现不仅意味着一个新的学科的诞生,而且意味着一种新的思考方式的形成。生态学与心理学的结合形成了一个新生的学科——生态心理学,也构成了新的研究方法论——心理生态学方法论。生态的核心含义是共生。生态的视角是指以共生的视角来考察、认识和理解环境、生物、社会、生活、人类、心理、行为等。在中国的文化传统中,一个非常重要的原则性主张是天人合一。这是原初的生态学方法论,是强调人与天的合一、我与物的同一、心与道的统一。这应该成为中国本土心理学研究的重要方法论原则。

生态学与心理学的结合是人类为了解决心理与环境的关系、环境的健康发展与人类的心理成长等问题而作出的努力。目前,环境心理学和心理环境学都正在以非常快的速度发展和壮大。作为新兴的学科门类,作为具有重要生活意义和学术价值的科学研究,生态心理学考察生态背景下人的心理行为,研究环境问题、环境危机、环境保护等背后的心理根源,探索生态

---

① 傅荣,瞿宏.行为、心理、精神生态学发展研究[J].北京师范大学学报(人文社会科学版),2000(5):109-114.

环境对人的心理问题的解决、对人的心理疾病的治疗的价值。因此,生态心理学是从生态学出发的研究,主要考察生态环境和生态危机中人的心理行为问题。心理生态学则是从心理学出发的研究,主要考察心理生活过程中的生态环境的问题。心理生态学把人的心理生活看作是具有包容性和完整性的生态系统。

生态学方法论提供了来自整体观、系统观、综合观、层次观、进化观、同生观、共生观、互惠观、普惠观等观念的一些重要思路。生态学方法论会使心理学家有可能在相互关联、相互制约、相互促进、相互构成的模式下,理解人的心理行为,理解人的心理行为与环境的关系,理解心理学学科与其他学科之间的关系,理解心理学的研究应包含的内容,理解心理学研究者能看到的生活。①

生态的存在、生态的样式、生态的框架、生态的方法,这些都是常识形态的心理学最基本的性质和最核心的原则。这不仅表明常识心理学存在的现实性,而且表明常识心理学研究的合理性,这也就在两个层面上界定了常识形态的心理学,在不同路径中理解了常识形态的心理学。

生命、生活、生态,这都给了常识形态的心理学一个生活框架和研究框架。正是在这样的框架下,普通人和科学家才有可能给常识形态的心理学一个恰当的位置。生态化也就因此成为探索常识形态心理学的一个非常有价值的框架、原则、思路、方向和方法。

按照生态的含义、依据生态学的考察、因循生态学方法论的思路,就能够呈现和解说常识形态的心理学。这就包括捕捉、揭示、理解、考察、探索、运用常识形态的心理学,也包括定位、充实、改造、优化、提升常识形态的心理学,从而也就可以避免对常识形态的心理学的矮化、贬低、蔑视、歪曲、抛弃。

---

① 葛鲁嘉.心理学研究的生态学方法论[J].社会科学研究,2009(2):140-144.

第五章　常识心理学的演进

　　常识心理学有其产生、发展和演变的历程。作为一种独特形态的心理学,其演变过程也体现了常识心理学的性质和特征、内容和构成、功能和用途、未来和命运。常识心理学的演变有自己的条件、发展的背景、立足的基础。常识心理学是蕴含在日常语言中的,是通过日常语言体现出来的。常识心理学不仅借用日常语言的形式,而且具有日常语言体现的含义。日常语言随着人的日常生活的演进而不断变化,常识心理学也就随之发生变化。因此,常识心理学不是固定不变的、边界清晰的、内涵一致的,它伴随着社会文化的变迁而演变。社会文化的变迁会导致人的心理行为的改变,也会导致对人的心理行为的理解的改变。

第一节　进化心理学的主张

　　有研究从进化心理学的视角考察了朴素物理观和朴素心理观,认为从人类久远的进化历史来看,人类在自己的生存环境中获得了两种不同的适应。首先是适应物理的环境,如人类已经适应了生活在有重力的和三维的空间环境之中,能够知觉物体的重量、大小、形状、距离、速度、深度等特性及具有相应的感知运动协调能力。这种适应是人类在复杂的物理环境中生存和繁衍所必需的。其次是适应群居生活及与之有关的人际关系,如需要理解他人的观点、意图与想法。在进化心理学中,这两种适应分别可称为朴素物理观和朴素心理观,其中朴素心理观也称为心理理论。主流心理学主要从儿童发展的角度探讨心理理论,很少涉及朴素物理观和朴素心理观。

人类长时间生存在相对稳定的物理环境中,因而产生了对物理世界的直觉认识,这种直觉认识在心理学中被称为朴素物理观。进化使人类在婴儿期就了解现实世界中身体以外的物体(客体)的运动规则,而这些规则不像教科书中的物理定律那样准确。可以将人类对客体的物理运动的直觉认识称为朴素物理观。朴素物理观是人类对复杂的物理现象的简单化理解。人类迅速而准确地把握物理世界的特点对其生存和繁衍有重要意义。

所谓朴素心理观,就是常识的心理学。朴素心理观是人类对自己和他人心理状态的直觉认识。朴素心理观的产生和发展与群居生活有关,因为从进化的观点看,受到选择的群居生活使个体可以通过集体活动获得更多的生存和繁殖的机会。然而,集体行动也会带来诸如劳动分工、食物分配不均和作弊等问题,这些与合作相关的问题会对人类形成选择压力,心理理论就是群体生活形成选择压力的结果。因此,在与社会环境发生相互作用的过程中,如果个体能够理解他人的行为、意图和信念,个体就能获得更多的生存和繁殖的机会。能够理解他人心理状态的个体具有巨大的生存优势,这些优势包括能更好地与他人合作、影响和控制他人的行为以及防止被他人欺骗。

在长期的进化过程中,男性和女性面临着相同或不同的生存和繁衍的压力,这就使得他们在行为和人格上表现出了相同或不同的特点,如两性在朴素心理观和朴素物理观方面存在差异。在狩猎、采集的远古时代,男性面临更多的环境挑战,因此他们具有了较高水平的朴素物理观。女性面临的一个特殊挑战是养育后代,这要求她们能很好地理解孩子和他人的需要,从而使她们具有了较高水平的朴素心理观。这说明不同的生存压力导致了差异的产生,如性别差异。群体差异和个体差异在朴素物理观和朴素心理观上都是存在的。

从人类久远的进化历史来看,人类是一种高度社会化的动物,适合群居生活。在群居生活中,个体需要处理错综复杂的社会关系以及人与人之间的竞争、合作等。在这个意义上,朴素心理观和心理理论的发展对人类有更大的价值。个体理解了他人的想法就能采取相应的策略以维护自己的利益。心理理论高度发展的个体相对于其他个体有巨大的生存和繁衍的优势。①

很早就有研究指出,科学的发展与生物的进化有某种相似的地方,认为应该综合科学学、遗传学和教育学等学科,建立一门"科学遗传学",用"遗传"和"变异"的观点去揭示科学发展的内在原因及其发展、进化的规律。纵观科学发展的历史可以发现,科学的产生和发展的过程如同生命的起源和生物的进化那样,经历了萌芽时期、产生时期和由简单到复杂、由低级到高级的演化过程。如果生物的进化是在宇宙进化的基础上进行的,社会的进化是在生物进化的基础上进行的,那么科学的进化则是在社会进化的基础上进行的。原始人已经有了语言,并通过制造工具等生产活动积累了一些生产经验,进而对天、地、人、动物、植物、生产、工具等事物形成了粗浅的概念,甚至还逐步掌握了这些概念之间的简单联系。这种萌芽状态的科学相当于生物进化中的生命起源时期,即原核细胞或真核细胞的形成时期,可以将其看成原始知识基因和知识单细胞形成时期。将前人的知识传授给后人,后人接受、继承前人创立的科学理论,这种现象就是科学的遗传。后人继承前人的知识并不是原封不动地接收,再原封不动地一代代传递下去,而是依据社会实践的标准对前人的知识进行取舍与改造,并通过新的实践不断补充和丰富前人的知识,甚至突破前人的理论,创立新的科学体系,使科学不断进步发展,这种现象就是科学的变异。②

有研究考察了知识基因论的源起、内容与发展,并指出,生物学广泛地与哲学、经济学、文化、知识、心理学等学科和领域结合在一起,形成了诸如知识进化论、演化经济学和技术进化等诸多理论与交叉学科,这就为社会科学研究提供了全新的思路。有研究建议从基本概念开始,按思想基因进化图谱重建分类体系;主张从文献中找到"思想基因",按自然进化方式聚类,形成"思想基因串"(memetic string),再编造成新型的概念索引;呼吁重视思想的寿命,将科学计量建立在思想基因之上,提出要建立"思想基因学"(memetics)。在当代社会,由于知识领域的延伸、知识颗粒的凝聚、知识板

---

① 张雷,等.朴素物理观和朴素心理观——进化心理学视角[J].心理学探新,2006(2):9-12,74.
② 李伯文.论科学的"遗传"和"变异"[J].科学学与科学技术管理,1985(10):21-25.

块的重组,新知识不断产生,新学科不断崛起。这种发展与生物杂交、基因重组有惊人的相似之处,这种不谋而合为知识基因理论的广泛应用奠定了良好的基础。知识基因理论成为指导知识发展的理论,具有重要的研究意义和广泛的研究前景。它主要包含以下四类研究:知识基因发展、传播、进化的条件、途径和机制研究;知识基因影响知识体并作用于客观世界与人类实践的机制研究;知识基因的重组、交叉的规律与促进机制研究;作为人脑的产物,知识基因与大脑的思维功能与作用方式的机理研究。①

显然,在进化论的框架之中,常识对于人的心理行为的解说具有非常重要的生物进化价值。那么,从进化心理学的角度理解,也可以把在常识心理学基础上形成的初始的认知系统称为初始的认知能力,把在学校教育和社会教育基础上形成的次级的认知系统称为次级的认知能力。② 很明确,初始的认知能力与次级的认知能力之间存在着差距。其实,对于人类的教育活动而言,其非常重要的内容不仅包括培养和获得次级的认知能力,还包括减小和消除初级认知能力与次级认知能力之间的差距。

在进化论的视野中,心理行为的进化与心理学说的进化是两个有所不同但同样非常重要的层面。常识形态的心理学既与心理行为有密切关联,也与心理知识有特定关系。因此,常识形态的心理学也可以在进化心理学的框架之中得到理解。那么,最重要的就是在常识形态的心理学中内含有心理学后来发展的基因,这种基因会在人的心理生活的改变和新的心理科学的演变之中延续下来。

第二节　常识心理学的变革

有研究从后现代哲学的视角考察和分析了常识,并特别考察和说明了常识的改变或变革。研究认为,常识的变革与新因素的常识化其实是同一个过程。旧常识的淡出与新常识的出现是一个过程的两个方面。以知识层

---

① 和金生,吕文娟.知识基因论的源起、内容与发展[J].科学学研究,2011(10):1454-1459.
② 朱新秤.进化心理学[M].上海:上海教育出版社,2006:250-251.

面的常识变革为例,主要可以表现为以下五个层次的解构和建构。

第一个层次是知识交往层次的解构和建构。在全球化大众传播日益发达、知识呈现爆炸状态的今天,在知识的多元竞争之中,新知识进入常识的过程就是对常识中传统知识的淘汰和解构的过程。在受到新知识挑战的时候,常识的回应方式可以有三种:力求将新知识回归或纳入旧规范,使其得到同化;如果这一努力失败,则会拒斥新知识;如果拒斥亦难奏效,则出现反常和问题,知识的原有价值向度将产生合理性危机和合法性危机。

第二个层次是公众心理层次的解构与建构。新知识的传播与大众心理保持着双向交流的复杂关系。新知识通过娱乐媒介、大众传播征服公众,在大多数情况下,这都以保持或强化的功能的发挥为前提。这时,大众日常心态在新知识的推动下,会沿着原有的意义结构和价值向度扩张,呈现常规式迅速增长。

第三个层次是经验交往层次的解构与建构。新知识对原有常识中大众经验化意识的替代可以是一个较为长期的过程。传媒的轰炸、广告的引导、舆论的宣传都要经过大众经验的内化才有可能起作用。经验的解构方式是多样化的,但是,经验交往则是所有解构的关键环节。在交往过程中,新知识会被大众"读进"心灵深处,进入支配性的意识结构。

第四个层次是日常交往实践的解构与建构。在常识的意识层面的解构和重构之后,常识变革必然触及常识的底部和顶部。交往实践和相应的社会结构是常识的底部和决定性环节,这方面的变革将导致全部常识体系的根本转换。因此,在日常的交往层次上,日常的交往沟通活动就建立在特定的社会结构的基础之上,这会决定常识的基本含义或社会意义、社会价值的改变。

第五个层次是日常语言交往的解构与建构。交往实践的解构必然导致日常语言的变革,这可以表现为三个方面的解构。其一,语形的变革。表达新知识和新观念的语词、语汇及其表达方式源源不断地注入日常语言,旧概念、旧词汇和旧习语会逐渐淡出,表现为语形层次的新旧更迭。其二,语义的变革。一系列话语的意义发生了整体的转换,语义系统发生更迭,从而引发日常语言的整体面貌、框架结构的改观。其三,语用的变革。交往实践的转换使语义场、语境发生了根本变革,语言与交往实践及其精神交往的契合关系发生了变化,语言功能也就会随之发生变化。①

因此,上述变革呈现和说明了常识形态的心理学会伴随社会互动的过程、心理经验的积累、社会理解的演进、社会生活的变革、社会实践的进步而发生改变。这种改变可以使普通人对自己和他人的心理行为及其相互关系的理解,具有更丰富的内涵、更复杂的意义、更贴切的解说、更现实的作用。

当然,常识形态的心理学产生的变革可以是个体心理层面上的,也可以是群体心理层面上的,还可以是社会心理层面上的。无论是哪一个层面上的变革,最终都会在常识形态的心理学的实际内容、现实功能、社会价值等方面引发基本的变化,或导致生活的改变,或实现根本的进展,或促进心理的成长。

常识心理学的实际内容是生活的经验或心理的经验,个体、群体以及社会经验的积累、汇总、延续,都会使常识心理学发生变化,从而带来一系列变革。当然,这些生活的经验或心理的经验会得到梳理、加工、修缮、维护。常识心理学的现实功能是对个体心理或社会心理的解说和支撑,伴随着常识心理学的实际内容的变化,其个体心理或社会心理的解说和支撑的功能也会发生变化。常识心理学的社会价值是对社会心理的构成、运作和演进的基本理念的支撑。

第三节　个体与群体的经验

常识心理学既来自个体心理经验的积累,也来自群体心理经验的传递。个体与群体是常识心理学的两种最为基本的心理经验来源、心理经验存在、心理经验表达和心理经验传递。这也导致了常识心理学的多样化和复杂化。

一、个体心理经验的积累

常识心理学是人类个体在自己的成长历程中获取的,是经由社会交往而传递的,是伴随个体的心理经验的积累而扩展的,是普通人在日常生活中运用

---

① 任平.常识分析:与后现代哲学对话[J].天津社会科学,1999(1):11-17.

的,也是通过现实生活中的应用而改进的。对于不同的社会个体来说,心理经验的多寡决定着完全不同的对自己和他人的心理行为的理解和操纵。

社会个体的心理经验都是非常独特的。因为每一个社会个体都会面对完全不同的社会背景、社会条件、社会环境、生活情境、生活情景、生活情节、心理时间、心理事件、心理体验,所以每一个社会个体的心理经验都会有所不同。

社会个体的心理经验都是不断积累的。一个初入社会的个体拥有的心理经验会很少,但是随着个体的成长,其心理经验会不断积累和丰富起来,这是一个心理成长的历程。这种心理经验的积累和丰富的过程就会使社会个体掌握和创造的常识形态的心理学也丰富起来。

个体的心理经验的积累和丰富会使个体成为具有不同水准的常识意义上的心理学家,这使得低水平的常识心理学家与高水平的常识心理学家对人的心理行为的把握和理解会有根本的不同。个体心理经验的积累可以通过各种不同的生活途径和社会方式进行。一是可以增加社会生活的阅历。生活阅历丰富或者生活阅历复杂的人,可以获取更多样、更丰富的关于社会生活中人的心理行为的理解和认识。二是可以增进与生活经验丰富的人的互动。这就可以从有生活经验和社会阅历的他人那里,获得多样化的关于人的心理行为的理解和解说。三是可以通过文化交流、文化传递来积累心理经验。大量的人生的经验、阅历、体会、总结都可以在各种传播媒体上获得,通过阅读、观看、体验就可以把握其中传递的各种经验,这可以成为普通人的间接的生活经验。

因此,普通人传播心理生活的经验常识,就如同科学家传播心理科学的科普常识,普通人的心理经验的传递或传播也可以是生活经历的讲述、生活道理的告知、生活经验的总结、生活实例的讲解、生活事例的证明。社会个体在自身的生活历程之中,可以将自己个人的心理经验与获知的他人的心理经验整合在一起,将其汇集成为特定的常识形态的心理学的内容。显然,个体心理经验的积累决定着个体掌握的常识形态的心理学。

二、群体心理经验的传递

在人的社会生活中,不同社会群体之间的互动和交流也会把常识形态的心理学中蕴含的群体心理经验传递给不同的社会群体或社会个体。关于人的心理行为的社会解说、民俗理解、群体共识、公众看法等,都可以在社会个体之间以及社会群体之间彼此传递。

大量的研究文献表明,心理理论与语言对话之间存在着密切的关系,其中对话环境是研究的重要内容之一。纵观国内外关于微观的家庭对话环境和宏观的社会文化环境对儿童心理理论影响的最新研究,可以发现对话是儿童心理理论充分发展的基础。未来关于儿童心理理论发展的研究主要包括扩大研究主题、改善研究工具和揭示研究机制等。

早期儿童心理理论研究主要侧重心理理论起始的年龄、不同信念任务带来的结果差异等问题,随后转向关注儿童心理理论发展的差异、导致差异产生的影响因素等问题。目前心理理论的研究逐渐注重促进儿童心理理论发展的日常生活变量,其中儿童的言语能力和对话环境成为研究的重要因素。在儿童的言语能力方面,研究重点是探讨语言的语法、语义和语用与心理理论的关系;在儿童的对话环境方面,研究重点则是探讨微观的家庭生活环境和宏观的社会文化环境对心理理论发展的影响。人类通过观察他人的面部表情和肢体语言来推测其行为意图,通过语言来表达彼此的想法和情感。实证研究表明,经常参与对话的儿童,其心理理论任务完成得较好,特别是那些参与不同观点交锋对话的儿童,他们表现得尤为出色。

儿童的心理理论在其社会文化背景和各种社会互动中得到发展,语言的功能性得到充分的体现。其中,对话环境是解释儿童心理理论发展速度差异的主要因素。建构理论认为,儿童与他人早期的社会交往有助于儿童心理理论的发展,而兄弟姐妹是儿童早期最经常交往的对象。国外的多项研究表明,儿童心理理论发展和兄弟姐妹的数量以及他们之间的关系相关。有兄弟姐妹的儿童,其心理理论任务得分比在家中仅仅和父母交往的儿童得分高。父母的言语交流方式对儿童心理理论发展有一定影响。已有多项研究表明,母亲的语言方式对孩子的心理状态理解有很大影响,"将心比心"是其中一个比较有效的指标。社会文化环境对儿童心理理论发展也产生影响。儿童的心理理论使儿童进入思想的群落,要表达或表征这些思想,必须在一定的社会文化、交往背景中,借助语言符号来进行编码和解码。①

---

① 张长英,等. 对话环境与心理理论发展[J]. 心理发展与教育,2008(4):125-128.

常识形态的心理学有个体的生成和存在的背景,也有群体的生成和存在的背景。群体的存在、生活、心理把原本的个体化的心理经验,转换成为群体共同具有和共同理解的常识或心理常识。共同的心理经验是在群体成员的心理经验的相互传递、交流和互动的基础上形成的。

第四节　代际与历史的演进

常识心理学不仅可以在不同代的个体和群体之间进行传递,而且可以在历史传统中进行传递。这也就使得常识心理学既是生活的经验,也是历史的传统,还是文化的构成,更是心理的接续。

一、心理经验的代际更替

个体与个体之间会横向传递生活经验和心理经验,代与代之间也会纵向传递生活经验和心理经验。常识形态的心理学也因此实现了心理经验的代际更替,这使常识形态的心理学具有了文化传承的性质。

有研究表明,社会经验与儿童心理理论的获得及发展关系密切,而亲子谈话是儿童社会经验的重要来源之一。已有大量研究表明,亲子谈话的内容和风格均与儿童在心理理论任务上的表现相关,而中西方文化下亲子谈话内容和风格上的不同特征也与儿童在心理理论发展上表现出的文化差异有所呼应。以上两个方面的研究成果提示,具有文化特征的亲子谈话可能影响了我国儿童心理理论的获得,未来的研究需要考虑我国儿童独特的社会环境,并进一步关注在儿童不同年龄段亲子谈话对心理理论的影响。

心理理论强调的是对行为的心理表征以及一致性解释,这在儿童的社会认知与社会行为发展、个体间的相互理解与社会交往中都有极其重要的作用。近年来,一些研究开始将目光转向社会经验对心理理论的影响,认为社会化过程中大量相关信息和经验的输入塑造了儿童的心理理论。越来越多的研究从家庭的教养环境、父母的教养方式、兄弟姐妹的影响以及母亲与儿童的依恋关系等方面,探索了社会化过程中影响儿童心理理论的相关因素,其中亲子谈话成为关注的焦点。

有研究认为,亲子谈话作为早期的言语输入影响了儿童的心理理论获得。目前,研究正在逐步深入地探讨亲子谈话的哪些方面影响了儿童的心理理论的获得与发展,而现有研究主要集中在亲子谈话的内容和亲子谈话的风格上。关于谈话内容的研究表明,母亲在亲子谈话中对心理状态的描述与儿童在心理理论任务上的表现相关。有些研究则强调语言与心理理论发展之间的关系,并指出谈话经验会促进儿童心理概念的发展,因此亲子间关于心理状态的谈论可以通过促进与心理状态有关的概念的发展,优化儿童在心理理论任务上的表现。在考察谈话风格时,一部分研究采用经典的心理理论任务,另外一部分研究则采用情绪理解任务。概括起来,关于谈话风格的研究共同表明,母亲关于心理状态的恰当的、详述的、因果式的谈话风格会促进儿童心理理论的发展。

亲子谈话内容上的文化差异具体表现为:在西方国家,亲子间谈论较多的是自我与心理状态,父母在教养时强调儿童的自主性、自我和情绪,认为情绪等心理状态是个体对自我的直接表达,也是对自我重要性的肯定。在中国,亲子间谈论较多的是他人与行为,父母很少从个体特质以及心理活动的角度来看待儿童的行为。这是因为互依型文化强调人与人之间的联系,而行为可以使人们之间产生联系。

有研究比较了互依型文化和独立型文化下的养育行为,发现这两种文化在亲子谈话风格上也存在差异。总体来说,独立型文化中的母亲更倾向于采用具有详述性和解释性的谈话风格。关于儿童自传体记忆的研究发现,独立型的母亲在与儿童谈论过去事件时,会给儿童提供与事件有关的延伸性和描述性的信息。互依型的母亲与儿童的谈话则更简洁,很少谈论过去的事情,即使谈论也很少会涉及细节。①

当然,代与代之间的心理经验不但会传递,而且会发生变异,这种变异可以通过代与代的接续而导致心理经验的更替,常识形态的心理学也就会因此而产生重要的变化。这是常识形态的心理学具有的一种独特的变化和

① 苏彦捷,覃婷立.亲子谈话和儿童心理理论获得与发展的关系[J].西南大学学报(社会科学版),2010,36(3):1-6.

发展的形式。代际的接续和更替会给常识形态的心理学带来延伸和转换，带来稳定和变革。

二、历史传统的接续演进

常识形态的心理学有着自己的历史根基和传统延续。在这个过程中，常识心理学与本土心理学、科学心理学都有重要关联。所以，常识形态的心理学不是孤立存在的心理学形态，而会现身于各种特定的心理学探索之中。从历史传统的接续演进的角度去理解，就可以了解常识形态的心理学的更宽广的时代背景、更深厚的文化基础以及更明确的发展线索。

常识心理学是普通人创造和拥有的心理学，它使常人有可能涉入自己和他人的心理生活，达成交互的心理沟通、心理互动和心理影响。这里的常识心理学实际上就是希勒斯等人所说的本土心理学，它被看作是正统的或实证的心理学之外的非正统的或非实证的边缘心理学。在原有的正统心理学的研究中，这是受到歧视和排斥的心理学。希勒斯和洛克认为，本土心理学是汇集起来的"体系"，"本土心理学属于常识的范围"。[①] 在社会文化习俗中体现出来的常识心理学则是民俗心理学，目前的研究常常交叉使用这两个术语。

在特定的社会文化中存在着特定的常识心理学。那么，不同的社会文化便会有不同的本土常识心理学。这样，常人思考其心理生活的出发点就会有很大的差异。应该说，常识心理学根源于本土的社会文化历史，与本土传统心理学中的哲学心理学高度相关。

常识心理学与科学心理学之间也存在密切联系。心理学在实证水平上，主要是从客观经验的层面来界定心理学，以研究的实证方法为核心。受西方实证主义哲学和自然科学主义的影响，科学心理学从一诞生便开始追求和模仿自然科学，其研究原则几乎就是自然科学研究原则的翻版。首先，实证心理学强调客观经验原则。它关注的是客观事实和经验，采用的是实证的方法与手段，进行的是可操作的、可量化的和可控制的研究。实证心理

① Heelas, P. & Lock, A. (Eds.). *Indigenous Psychology: The Anthropology of the Self*. New York: Academic Press, 1981: 3.

学追求方法的合理性,重视研究的程序,强调对实验的控制。实证心理学奉行方法中心原则。从自然科学的角度出发,实证心理学认为研究方法与操作程序是衡量其科学性的根本尺度,为了达到科学性,它以技术手段为衡量标准对研究对象进行取舍。实证心理学首先关注的不是研究的问题,而是采用的研究方法的合理性。其次,实证心理学强调抽象概括原则。由于受本体论哲学的影响,实证心理学假设在人们自身以外有一个客观的、具有一般概括性的实体存在。对每一个个体而言,还存在一个普遍意义的和抽象意义的"人"。这是实体的存在,实证心理学要研究的对象就是这个抽象的实体。实证心理学对心理现象的属性的界说是抽象的,忽视了具体的社会情境,把研究对象抽象化,研究的问题也抽象化了。最后,实证心理学强调价值中立原则。这是相信社会科学应该也能够像自然科学那样消除偏见,以价值中立为基本原则,追求客观地、不带有任何价值判断地揭示社会行为和社会现象的内在规律。

理论心理学则强调前提性原则。科学研究是一项"有预设的活动",实证心理学正是在许多预设的前提下开展研究的。历史证明,心理学研究的每一次重大变革都不是体现在研究方法和手段上,而是体现在思想原则和理论上。所有学科都受哲学的影响,心理学也不例外。理论心理学在扮演将哲学与实证心理学结合在一起的角色,其任务是为实证心理学在理论层次上提供研究的方向与保障。因为虽然理论来源于经验,但是理论中并不全都是经验,还包括经验中没有的东西。理论不仅总结经验,而且预测经验,实证心理学只是在实证水平上实现了理论心理学的理论原则。理论心理学在制定规则和反思规则,实证心理学则是在贯彻规则和执行规则,这就是理论心理学的前提性。理论心理学也强调逻辑合理性原则。这强调的是概念、命题和判断之间的逻辑合理性,理论不直接面对客观经验,它是一种逻辑演绎的系统,是一种现实世界的模型,具有间接性。理论心理学主要是从合理性的角度审视心理学科发展的问题,更关注知识的合理性,而不是有效性。

心理学在实证水平与理论水平上实现了学科自身的建设和实证材料的累积,但这都建立在自然科学客观主义的基础上,并没有真正涉及心理生活。一切科学研究、一切理论探索均来源于问题,这些问题首先来自人们的日常心理生活,来自人们的常识。常识心理学强调生活原则,这是从心理生活层面了解个体,这样做更能把握心理的实质,也更加接近现实生活。这必然要打破价值中立的原则,因为不同的文化传统、不同的社会背景和社会经历都会使个体的心理生活呈现不同的特点。不同的文化产生了不同的常识,人们在日常生活中判断、解释和理解生活的依据是不一样的,心理生活因而被深深地烙上了社会文化的印记。心理学研究必须充分考虑文化、阶层、信仰等对心理生活的影响。常识心理学还强调问题中心的原则,一切研究均应该围绕问题展开。心理学要发展就必须实现心理学的实证水平、理论水平和常识水平三者的有机结合。

在中国本土的传统心理学中就有常识心理学的存在,这是蕴藏在中国文化传统中的一种特定的心理学资源,可以在中国的历史进程、语言交流、社会习俗、日常生活中,追踪到这种特定的常识形态的心理学。当然,中国本土的传统心理学包括各种不同形态的心理学传统,会对整个心理学的发展产生特定的影响。这在如下一些方面有助于西方心理学的发展。

首先,中国本土的传统心理学提供了对人类心灵的具体而不是抽象的理解,超越了主观性和客观性的分隔。西方的主流心理学从物理学等发达的自然科学那里继承了客观主义的模式,其最重要的特点就是分割了主体和客体,主体是观察者和研究者,客体是人的心理和行为。从而,观察者或研究者就是镜子,研究提供公开的资料,可为他人重复获得;研究提供公开的理论,可为他人重复检验。中国本土的传统心理学对人类心灵的具体理解导致对心理体验的完整考察,综合了心理的客观的一面和主观的一面。这把体验者和体验看成一个整体,从而强调了自我理解、精神修养和心理生活。

其次,中国本土的传统心理学提出把个人私有的体验转换为人类共有的体验的解说和实践。按照西方心理学的实证取向,统一研究者与研究对象必然无法回避个体经验的私有性和主观性。中国的思想家则主张,个体必须超越自身的片断和片面的经验,以形成共生和共有的经验。因此,自我理解就应该是共同体的自我理解,自我修养就应该是达于大我或无我的境界。个体承载着、体认着和实现着大道。道就在人的心中,就是人的本性,就是人的本心,就是人创造自己的生活、创造自己的心理生活、创造自己的社会生活的根基。

最后，中国本土的传统心理学强调，具体化的心灵境界是一个有机统一、不可分割的整体。人们可以通过践行的过程来创造、实现、转换和提升心灵的境界。心理学的实验研究则是采取分析的方式，任何一种心理现象及其与情境的关系都可以分解成不同的因素，然后在实验室中量化这些因素之间的关系。相对而言，中国的思想家提出的是一种完全不同的实验，或者可以说，这是把实验室放在了人的心中。个体通过训练和体证可以提升自己的境界，达到更高的水平。这不仅是可能的，而且是必要的。因此，任何心灵成长或精神境界都可以通过个人的修为来证明。这种实验显然是超越客观的和超越分析的实验。

第六章 常识心理学的解说

常识心理学的解说可以体现在两个重要的方面。一是拥有常识心理学的常人，在常人的心理构成中，常识心理学是有形成、接受、变化、发展和演变的历程的。二是包含常识心理学的文化，在社会文化的构成中，常识和常识心理学都有其特殊的存在方式和存在形态。常识心理学本身就是特定文化中心理文化的构成成分。常识心理学的解说涉及个体成长、社会互动、自我理解和建构生成。

第一节 个体发展的思想取向

人的发展或心理成长是在个体的自我理解、自我控制、自我建构、自我价值赋予的基础上进行的。常识形态的心理学实际上就成为个体发展重要的思想基础或思想取向。常人正是通过自己形成和掌握的常识形态的心理学，才有可能具备或达成自我理解、自我建构、自我价值。

一、自我理解的发展

如果从文化传统资源的角度去理解，有研究认为，早在两千多年前，佛教心理学便已高度成熟，宏深精密，较之近现代西方的科学心理学，不仅毫不逊色，而且包含着许多超越近现代心理学的卓识与睿见。无我是佛教心理学的核心特质。佛教对于自我的认识可以说是独一无二的。佛家的"我"为梵文"阿特曼"（atman）的意译，在印度最古老的典籍《梨俱吠陀》中，"我"具有"呼吸"和"本质"等意义，引申为自在者、主宰者，指人的自我意识或意识主体。如果说西方心理学受制于实证研究方法而无法深入到自我的深层,那么佛教对于自我根源的系统分析则得益于内证的方法——禅定。禅定就是一种通过意识的自主控制达到知自心的训练技术。

佛教认为,众生的自我意识、自我感受和种种的我想我见,只不过是一种主观的妄执、错觉。佛教的无我论并非简单的对自我的否弃,而是"假我非无"与"实我非有"的辩证统一。佛家建立正确自我意识的基本路径是从认识、改造和完善假我入手,然后再观修无我而实现真我。去除佛教"无我"之宗教出世色彩,这表达的是更深刻的心理学内涵:精神的发展确如西方心理学所展现的那样,是一个沿物质—心理—意识—自我意识不断上升的进程,但自我意识并非精神发展的最高阶段,精神之至高境界应是无我。①

有研究从科学传统资源的角度,通过自我图式理论考察了自我的信息加工观。认知心理学的研究认为,对信息的选择、组织和加工是由个体的内部认知结构决定的,这些认知结构可以称为图式(schemas),也就是认知图式。自我图式(self-schema)是有关自我的认知结构,是关于自我的认知概括。自我图式来自过去的经验,并对个体社会经验中与自我有关的信息加工进行组织和指导。自我图式既包括以具体的事件和情境为基础的认知表征,也包括较为概括的、来自本人的自我评价或来自社会的他人评价的认知表征。认知图式、社会图式、自我图式都是图式理论探讨的重要内容。

在人的自我知识中,有一类知识是与个体的潜能和未来有关的,这类知识被研究者称为"可能的自我"(possible selves),其中既包括人们希望成为的理想自我,如成功的自我、有钱的自我、受人尊敬的自我和得到爱戴的自我等,也包括害怕成为的自我,如孤独的自我、抑郁的自我、无能的自我和失败的自我等。那么,可能的自我是自我系统中有关未来取向的成分,它不仅仅是一些想象的角色或状态,它表征的是对个体有重要意义的希望、恐惧和幻想。这些可能的自我既是人格化的,也是个性化的,还是社会化的,这要受到个体所处的社会历史文化背景的影响。可能的自我有两个功能:一是未来行为的诱因,具有动机的功能;二是为当前的自我提供了评价和解释的

---

① 彭彦琴,等.无我:佛教中自我观的心理学分析[J].心理学报,2011(2):213-220.

情境。

　　首先,由于自我图式包含可能的成分,因而具有动力的功能。有些可能的自我是自己希望的,有些则是自己力图避免的。这些关于未来可能性的想法、感觉和体验,对行动、变化和发展具有导向和推动作用。其次,可能的自我还为现在的自我提供了一个评价和解释的情境。这些被激活并成为运作的自我概念的可能的自我,为如何评价和解释现在的自我提供了参照或标准。自我概念是由一系列自我图式组成的,它涵盖了各种各样的自我,如好的自我、坏的自我、理想的自我、可能的自我、应该的自我,等等。某一特定时刻的自我概念称为运作的自我概念(the working self-conceptions),这是大量自我概念中的一个子系统。各种各样的自我动机如自我增强、自我一致和自我实现,连同社会环境一起决定了运作的自我概念的内容。运作的自我概念主要对两类行为产生影响:一类是个人内部过程,包括与自我有关的信息加工、情感调节和动机等;另一类是人际互动过程,包括社会知觉、关系构成和相互作用等。①

　　为了有别于自我概念通常都是指客体我这一传统,有研究提出了自我理解的概念,并将其定义为自我理解是有关自己的思想和态度的概念系统,是个体关于客体我和主体我的知识。自我理解的研究内容包含主体我和客体我两个部分。主体我的核心就是主观性,包括对生活事件的主观性的觉知、对个人体验的独特性的觉知、对个人生活的连续性的觉知和对自我意识的反省性的觉知。主体我的功能是以主观的方式去调动、组织和解释经验。个体通过自我的能动性、独特性、连续性和反映性(觉知性)等觉察到主体我。能动性是指自我的自主性,指人能积极地建构和加工个人的经验;连续性是指自我的稳定性和一致性;独特性是指有别于他人的唯一性;反映性是指自我意识由反映衍生而来,并塑造了个体的同一性。

　　儿童自我概念的发展并不是从身体到活动、社会再到心理的一个由低向高的转化过程。在整个从童年向少年、青年发展的过程中,自我的身体、活动、社会和心理的成分都在变化。在所有年龄阶段,儿童对身体、活动、社

---

① 李晓东,孟威佳.自我图式理论——关于自我的信息加工观[J].东北师大学报(哲学社会科学版),2001(4):106-110.

会和心理的自我都有不同程度的理解。每一个图式都在随着发展而变化，但这并不意味着一种图式会消失或会转变成另一种图式。

自我理解的发展理论也是对当前的发展理论的一种挑战和修正。一般来说，发展心理学家普遍认为，个体自我意识的发展存在一定的阶段性，是从最初的对身体我的意识发展到对活动我、社会我和心理我的意识。自我理解的发展观不同意上述观点，认为个体在各个发展阶段都具有身体的、活动的、社会的和心理的自我图式，也都能认识到自我的能动性、连续性和独特性，只不过水平不同而已。①

显然，人的自我理解是伴随人的心理发展而成长的。在这样的过程中，常识形态的心理学就成为人的自我理解成长的心理根基，为人的自我理解的成长提供了可能和依据。普通人的自我理解中最重要和最根本的内容就是对自己的心理行为的理解，这种自我理解是社会个体的自我图式和社会图式的基本功能。

二、自我建构的过程

有研究对自我建构理论的发展进行了考察和评价，认为在所有存储于记忆系统的图式中，最重要的也是与个体人格和行为方式关系最紧密的，是关于自我的图式。对人格的研究颇具影响力的自我图式理论推动了相关研究的迅速发展。然而，随着跨文化研究的不断积累，诸多研究开始注意到，不同文化中个体的自我图式存在着非常显著的差异。具体来说，个体主义文化中的人倾向于将自我看成是与他人相分离的独立实体；集体主义文化中的人则倾向于将自我看成是周围社会关系中的一部分。因此，从自我与他人关系的角度来理解自我的认知结构，可以称之为自我建构。自我建构实际上可看成是自我图式的一种具体形式。研究者由此提出独立型与依存型自我建构理论，该理论的基本出发点是，不同文化中人们看待自我与他人的关系有根本不同的视角：西方人强调自我与他人的差异，东方人则强调自我与他人的联系。由此区分了两种不同的自我建构类型：在西方个人主义文化中具有典型性的独立型自我建构，在东方集体主义文化中具有典型性

---

① 李晓东.自我理解发展理论述评[J].东北师大学报（哲学社会科学版），1998（4）：86-91.

的依存型自我建构。除此之外,也有研究提出了三重的自我建构理论。

首先是独立型自我建构。西方文化强调每一个人作为独立个体的意义。当一个人的目标是成为不依赖且不同于他人的"我"时,个体都会将自我看成是一个有边界的、独特的、稳定的动机和认知系统,一个能够将个人的意识、情绪、判断和行为统合为一个独特的有机体系的动力中心。这一有机体系不仅独立于其他个体的相应体系,而且独立于个体所在的社会和自然背景。这种自我认知或自我图式就是独立型自我建构。

其次是依存型自我建构。东方文化强调人际关系的价值,要求人与人之间保持相互联系与彼此依赖。在这种文化背景下,个体对自我的定义主要以自己与他人的关系、自己在团体中的地位与身份为基础。依存型自我最基本的目标是维持人际联系。显然,这一目标能否实现以及如何实现,在很大程度上依赖于情境,尤其是该情境中的互动对象。所以,社会他人或周围环境对于依存型自我来说,并不只是比较、参照的标准,而是积极参与自我定义过程的一个重要元素。这种自我认知或自我图式就是依存型自我建构。

最后是三重的自我建构。该理论认为,个体的自我建构包含三个组成部分。一是个体自我,是指从自身独特性、自己与他人的区别的角度来定义与理解自我的倾向。这与自我概念中能够将个体自身与周围环境区分开来的特征组合相联系,与保护个体自身利益的动机相联系,是通过人际比较获得的。二是关系自我,是指从自己与亲密他人的双向关系中定义和理解自我的倾向。这与自我概念中涉及与重要他人关系的部分相联系,与保护重要他人的利益、维护与重要他人之间关系的动机相联系,是通过人际反馈过程获得的。三是集体自我,是指从团体成员身份的角度来定义和理解自我的倾向。这与自我概念中涉及自己与团体之间关系的部分相联系,与保护和提高团体利益的动机相联系,是通过将自我归属于某个群体,并将该群体与其他群体相比较的过程获得的。①

社会个体借助社会文化、社会价值、社会常识、资源形态的心理学、常识形态的心理学等,实现和完成自我建构的过程。这就把自我看成一个生成

---

① 刘艳,邹泓. 自我建构理论的发展与评价[J]. 心理科学,2007(5): 1272 - 1275.

性的或创生性的过程,人的自我建构就是人的自我创造。

三、自我价值的赋予

对自我价值的界说通常是从人的价值结构入手的。人的价值具有层次性,包括全人类的价值、特定社会群体的价值和个人的价值,其中每个层次的人的价值都是社会价值与自我价值的统一。对于自我价值则众说不一,比较集中的有两种观点:一种观点认为,自我价值是人对自身的满足,即自己对自己的意义;另一种观点认为,自我价值是社会对个人权利的尊重和对个人需要的满足。虽然关于价值的定义存在分歧,但大都肯定价值是一种关系范畴,是在主客体相互作用中发生的客体属性满足主体需要的意义关系。当研究价值时,主要是涉及价值的承载体(价值客体)对价值的享用者(价值主体)具有怎样的功能、效用及其量的大小。人的价值命题中的"人"与物的价值命题中的"人"是不同的。在物的价值中,人居于价值的主体地位,是价值的享用者;在人的价值中,人居于价值的客体地位,是价值的承载者。研究人的价值较研究物的价值复杂,这是因为在物的价值关系中,主体为人而客体为物,价值承载体与享用者泾渭分明;而在人的价值关系中,主客体两极均为人,但是作为价值承载体的人与作为价值享用者的人是不同一的。把人的社会价值视为人对社会的贡献,把人的自我价值视为社会对人的满足,其实是在自我的价值与社会的价值之间错误地画了等号。自我价值是指人对自身的意义和人对需要的满足,也即自我对自我的意义。自我价值是人特有的,人之外的物质不存在自我价值问题。

人的自我价值主要表现在以下三个方面。首先,从静态看,人创造的物质和精神成果可以满足自身需要,对自身生存和发展具有意义。这种意义又包括三个方面:物质性自我价值,即对自身生存需要具有意义;精神性自我价值,即对自身精神文化需要具有意义;能力性自我价值,即由于潜能的发挥而满足自我实现、自我完善的需要。在自我价值中,最高意义的自我价值应该是第三种。其次,从动态看,人的创造活动对人自身具有重要意义。劳动、创造、实践是人类的根本存在方式,是人之为人并与万物相区别的内在规定性。因此,人创造的各种价值成果固然对人有不可或缺的作用,但人创造价值的活动本身对人也具有不可或缺的作用。一方面,这是价值成果的源泉,没有创造价值的活动即无价值的成果;另一方面,这是人的"类"的确证和人的本质的体现,没有劳动实践,没有创造活动,就没有人与自然的对立,也就没有人的独立本质。最后,从自我看,人对自身价值的自我意识对人自身具有重要意义。人的价值是客观存在的,其价值量并不取决于人对自身价值的意识程度。但是,人能否正确认识和评价自己的价值,意识到自己对他人和社会的意义,是其正确发挥主体创造性的必要前提。人对自身价值的意识通常有三种情况:对自身价值的意识低于其实际价值,这就会形成自卑型人格心理,不利于主体创造性的发挥和人的价值的再创造;对自身价值的意识超出其实际价值,就会形成自傲型人格心理,也会影响主体创造性的正确发挥;对自身价值具有正确的认识和评价,既充满自信又脚踏实地,因而能够较好地发挥自身的能力,创造出更大的价值。因此,人对自身的价值是否具有清醒的自我意识对于人的生存和发展具有十分重要的意义。[①]

赋予自我价值是需要价值资源的。社会文化、传统价值、未来发展、价值演进都是自我价值的重要来源。常识中蕴藏有价值,常识心理学中也就蕴藏有心理价值,这可以成为价值资源的重要构成。常识形态的心理学有非常鲜明的意向性推论的特征,而意向性推论的最根本特征就是价值性推论。因此,常识形态的心理学给出了关于人的心理生活的价值定向、价值定位、价值引导、价值评判和价值传递。

在日常生活中,普通人是依赖于自己的价值取向而生活的。所以,在普通人对价值的寻求中,常识形态的心理学就提供了最原始的价值根基、最基本的价值尺度和最丰富的价值资源。普通人的日常心理生活的价值支撑就来自常识形态的心理学。

第二节　社会互动的理论观点

人是在社会中生存和生活,个体在与他人的互动和关系中存在。那么,

---

① 马捷莎. 对人的自我价值的思考[J]. 北京青年政治学院学报,2000(2):19-25.

社会互动、人际关系、群际关系也就成为常人的常识心理学关注的内容。常人在自己的社会生活中,也通过自己掌握的常识形态的心理学来理解和控制自己的社会互动、人际关系和群际关系。

一、社会互动

在人的社会互动的过程中,普通人不仅会形成特定的把握和理解社会生活、觉知和认识社会他人、解说和解释社会心理的认知模式,而且会进一步构成特定的支配社会行动进行、形成社会行为意向、改变现有社会行为的动力模式。

可以把图式看成人的心理构成中的知识单位,或是进行认知活动时的认知结构。在认知事物时,图式主要具有以下四项功能:一是选择功能。图式的选择功能涉及注意、编码和检索。选择不是随机的,图式在这一过程中起了关键性的作用,可以说认知图式就是一张滤网,它决定了人们在注意时接受哪些信息,在编码时存储哪些信息,以及在检索时提取哪些信息。二是整合功能。经过认知图式筛选的信息往往是杂乱无章的,这就需要人脑对其进行加工整理,而这一过程也必然受到认知图式的影响。整合的过程其实就是人提取存储于自己头脑中的内部信息,然后把内部信息加到外部信息上,用内部信息处理外部信息。三是理解功能。图式的理解功能主要表现在三个方面:不同的认知图式能理解的外界刺激的范围是不同的;对同一事物理解的角度随着认知图式的不同而不同;认知图式不同,对于相同信息理解的深度和广度是不同的。图式还影响人们对他人或其他社会实体作出推论。四是计划功能。这是指图式可以在环境中有目的、有计划地寻找需要的信息。图式限定了人们从什么地方寻找信息,可能有什么样的信息存在其中,从而降低外部刺激的复杂性。

图式是一种社会思想的共有模式,人们利用图式进行沟通和交流,并将图式完好地保存下来。人的认知结构中存在不同种类的图式,包括人格图式、自我图式、群体图式、角色图式和事件图式。

一是人格图式,这是对心理面貌的解释。人格图式是对人的人格进行描述的认知结构,一般应用于特殊的个人或者典型的一类人。人格图式组织了人们关于他人人格的概念,并且使人们可以形成对他人行为的期望。

人格图式可分为明确的人格图式和抽象的人格图式：前者是特殊的且属于特殊的人群，人们建立了一个完善的关于人的图式，那就可以预测这个人对新的环境、机会或困难的反应；后者是非常抽象的，描述的是人格特征之间的关系，这种图式类型就是所谓隐含的人格理论，这是一套阐述哪些人格特点与系列的人格特点具有关联的假设，并分析和阐明了行为与各种人格特征的联系。这之所以被称为隐含的，是因为日常生活中人们并不会精确地检验这些图式，甚至并未明确地意识到这些图式的具体内容。隐含的人格理论会影响人们判断和评价他人，因此在普通人的日常生活中非常重要。

二是自我图式，这是对自我概念的解释。自我图式组织形成了人们对自己的心理品质及人格特征的观念。人们通过自我图式来衡量自己、评判自己、约束自己、引导自己。自我图式也是来自过去的经验，组织并指导对个体社会经验中与自我有关的信息进行加工。自我图式随着自我的不断发展而产生，环境、社会、文化、家庭、教养都会影响自我图式的形成。

三是群体图式，这是对刻板印象的解释。群体图式是关于特殊社会群体或社会范畴的图式。刻板印象体现的是特殊社会群体和社会范畴的属性和行为。首先，刻板印象可以简化复杂的社会。由于刻板印象是人们对某一类人或事物产生的比较固定、概括而笼统的看法，因而它使人们在仅有很少量信息的时候仍然可以很快地作出判断。其次，具有特殊的图式是一个群体的标志。不同群体的成员对相同的人或事可能持有不同的图式。因此，群体间的不同体现在群体成员之间具有的图式的不同上。

四是角色图式，这是对社会认知的解释。在社会认知的过程中，对特定的社会地位和社会身份会有相对稳定的认知理解。在社会交往的过程中，人的角色图式会把相关的社会信息整合在角色图式之中。首先，人们会过度接受那些与图式相一致的信息。其次，当面对一些缺失的信息时，人们可能填充一些与图式相一致的信息。最后，由于人们不愿丢弃和修改他们已有的图式，所以即使这些图式已经不适用于人或事件，人们仍倾向于运用原有的图式。①

----

① 乐国安.图式理论对社会心理学研究的影响[J].江西师范大学学报（哲学社会科学版），2004(1)：19-25.

五是事件图式,这是对社会事件的解释。在社会生活中,社会个体会遭遇各种不同的社会事件,对于不同的社会事件形成的图式制约着人对这些社会事件的理解和解释。当特定的社会事件发生时,人的认知结构中的事件图式就会把特定的事件信息按照特定的认知方式去过滤、丰富、剪裁、加工、组织、系统化、有序化、合理化,等等。那么,人对于各种不同的社会事件就会有特定的应对。

二、人际关系

在社会生活中,人与人通过社会互动结成特定的人际关系。在中国本土心理学的研究中,人际关系心理是一个重要课题。在中国本土的常识形态的心理学中,就包含大量关于人际关系心理的内容。在严格意义上讲,"人际关系"是一个外来语,一般指个体与个体之间的各种关系,或个体与他人之间的心理距离或行为倾向。中国人热衷于使用这一外来语,这大概与中国社会中的"关系"一词在用法上涵盖了一些特殊的意义有关。这一外来语本身的不确定性正好非常符合中国人的用法,因此大众可以将人际关系的概念与口语中特定的"关系"一词替换使用,而学者把中国人的"为人处世""社会交际""社会应酬""人情往来""做人箴言"等统统划入这一概念内。这样就不但有了一个抽象出来的概念,而且有了一个包含中国人与人之间的复杂关系的专门术语。

对于要建立的本土概念可以做以下三方面的限定:一是在学科上要比中国哲学、伦理学的概念层次低;二是在社会学和社会心理学研究中要便于以后进一步的操作;三是要选择既能涵盖道德伦理中的抽象概念,又能广为流传、被大众运用或理解的词语。根据这样的限定,可以提取出三个体现了本土特色的人际关系术语,即人缘、人情和人伦。人缘指命中注定的或前定的人际关系;人情指由血缘关系和伦理思想延伸出的人际交换行为;人伦指人与人之间的规范和秩序。三者三位一体成为中国人际关系的特质。三者合一来源于中国传统社会文化背景中的天命观、家族制度和以儒家为核心的伦理思想的合一,从而构成了中国人为人处世的基本模式。"人缘"这一词汇或概念在我国的广泛流行既有本土文化的原因,又受到印度佛教文化的影响。后者加进了人事间的因果关系,如前世、来世、报应、轮回等,以解释现实人际关系的因果。这一概念的外延则包括血缘、地缘、姻缘、业缘、机缘、良缘、孽缘、结缘、绝缘、有缘、无缘等说法。在日常生活中,人缘也有善于待人接物之意。人情在一开始似乎只表示人本能的情绪或情感。中国传统社会对伦理的偏重使人的感情具有了两种独特的色彩:一是感情被转移到人与人的关系上;二是感情具有了"礼"的成分。人情有时也并不必受到"义"的严格限定,而是一种由亲情延伸出来的世情,诸如恩情、交情、求情、讲情、领情、情谊、情面、情分,等等。一旦人情具有了"义"的成分,就成了通常所说的人伦。人伦的含义最接近现在的"人际关系"一词,这是因为中国传统社会对人际关系的规定是从"伦"字上把握的。人伦就是指有序的人际关系,表示人际的规范和秩序。中国的人际关系就是由"缘""情""伦"构成的,三位一体,只有系统地研究这三者及其相互关系,才能理解人际关系的本质。

　　一般来说,人情是这一基本模式的核心,这表现出传统中国人以亲亲(家)为基本的心理和行为样式;人伦是这一基本模式的制度,为其提供了一套原则和规范,使人们在社会互动中遵守一定的秩序;人缘是这一基本模式的设定,将人与人的一切关系都限定在一种表示最终的本原而无须进一步探究的总体框架中。由此,"情"为人际行为提供是什么,"伦"为人际行为提供怎么做,"缘"为人际行为提供为什么,从而构成一个包含价值、心理和规范的系统。

　　人情是传统的中国社会强调家族制度的直接体现。如前所述,农业生活中的土地不能移动,乡村生活中的聚族而居和家庭生活中的血缘亲情都导致人际关系以长期、稳定、和谐为要旨。为了实现这些目标,中国人在为人处世中加重了"情"的成分。中国人的人际关系偏重于"情",这已经不同于西方,而其中再加入伦理的成分就更显示出自己的特色。人伦是传统伦理思想对人情的规定,其外在形式是"礼",其内在心理是"仁"。儒家伦理把人伦融于人情中,这给中国人的人际关系带来了深远的影响。一方面血缘亲情被染上了伦常的色彩;另一方面哲学伦理思想扎根于日常生活,从而导致中国人的社会互动长久、稳定、和谐及等差有别。但是,从人格方面来看,感情从个体转向关系又遵循许多规定后,只能使自我被压抑,形成了个体行为的他人取向。在佛教传入中国以后,"缘"既表示自然和社会产生的关系和条件,又与儒道的天命观结合,在民众的心理中产生了"人缘"的说法,使人际关系带有了浓厚的宿命论思想。"缘"的含义虽有前定之义,但是其功能主要体现在事后,是对已经发生的人际关系的归因。[①]

普通人的常识心理学就包含大量关于人际关系心理、人际关系处理、人际关系变化的解说和阐释,从而成为普通人在日常生活中处理和应对人际关系的基本依据。这也就成为重要的社会常识、社会常理和社会常规。因此,人际关系有着心理常识和常识心理的支撑,这显然使人际关系能够合理化、有序化和生态化。

三、群际关系

群际关系是社会群体与社会群体之间形成和具有的关系。有研究探析了群际关系的社会心理机制,认为群际关系虽是指两个群体之间的关系,但又总是体现在具体的个人之间的关系上。而且在很多时候,群际关系情境中并不存在两个实际的群体,只是有两个把自己看成代表着不同群体的人发生相互作用。因此,群际关系和人际关系的区分并不取决于卷入该关系的人数的多少,而是取决于人的自我知觉状态,取决于参与者是否把自己看成不同群体的成员,或者是否认同的群体不同。因此,群际关系是指人们把自己看成不同社会群体的成员而非单独的个体时所产生的相互作用,或者因群体成员身份不同而产生的思想、情感或行为。人有将人际关系与群际关系牵连在一起的倾向,这使人们的关系经常被染上群际关系的色彩。

存在着影响群际关系的因素及其作用机制。一是社会类别化过程是群际关系形成的基础。人们面对的社会生活过于纷繁复杂,所以很难把每个人都当成相互分离的单独个体来对待。因此,人们会用类别化的方法来简化世界,把人们(包括自己)放在各种不同的类别之中,而这些类别是人们把人划分为群体的基础。二是相对被剥夺感,这是当个体认为他们自己或其群体得到的结果不公平时产生的愤慨。这是一种对不公平的情绪体验,人们感到报酬或结果被不公正地剥夺了。三是威胁与反威胁。研究表明,在群际情境中,群体之间的相似性会使人们感受到威胁,从而加剧群际冲突。

---

① 翟学伟. 中国人际关系的特质——本土的概念及其模式[J]. 社会学研究,1993(4):74-83.

在人际情境中,人们被与之相似的人吸引。但是,一旦不同的群体已经形成,群体之间的相似性却会混淆人们所属群体的独一无二的身份感,因此会被知觉为一种威胁,从而促使人们与外群体发生冲突,以便重建内群体的身份感。四是信任与不信任。研究表明,缺乏信任感是引发和维持群际冲突的最重要因素,这会让即使是最善意的缓和冲突的努力化为乌有。[①]

一直以来,群际接触(intergroup contact)被认为是心理学中促进群际关系的最有效策略之一。群际接触理论是在群际接触假说的基础上,对群际接触的条件和机制进行进一步探索而形成的理论体系。群际接触假说的主要内容是:减少群际偏见的主要方式是与外群体,即与自己不属于的、他人属于的群体在最佳条件下进行接触。最佳的群际接触要符合以下四个关键条件:一是平等的地位。在群际接触中,接触的双方群体都希望能够拥有平等的地位,在平等的氛围下与外群体进行的接触会更有成效。同时,接触也有助于平等地位的形成。二是共同的目标。要通过接触来减少偏见,需要接触的双方群体共同努力,且态度积极、目标明确。这一共同目标的实现也进一步强化了成员间的团结协作。三是群际的合作。共同目标只在群体间存在合作关系而非竞争关系时才发生作用。四是社会的支持。这包括权威、法律的支持。群体双方更容易接受得到权威、法律支持的群际接触,这样的接触也更有成效。

在当代,心理学通过拓展研究对象的范围、增加群际接触的类型,研究了不同的偏见类型和最佳的群际接触条件等,这就在群际接触假说的基础上丰富了群际接触理论的内容。一是研究对象范围的扩大。最初的群际接触假说主要应用于如何减少不同种族和文化群体间的偏见。近年来,群际接触理论也开始研究同性恋者、老年人、精神病患者、政党等群体。研究结果表明,群际接触也可以减少对以上群体的偏见。与群际接触假说主要局限于两个群体之间的研究不同,当前群际接触理论既重视研究两个群体之间的接触对消除群际偏见的作用,也重视群际接触对多个群体的影响。对早期群际接触假说研究对象的另一个拓展是开始关注少数群体及弱势群

---

① 付宗国.群际关系的社会心理机制探析[J].山东师范大学学报(人文社会科学版),2005(2):122-124.

体。在对待外群体的态度上,相对于处于较低地位的少数群体,群际接触对处于较高地位的多数群体的影响要更强。二是群际接触类型的扩展。早期的群际接触假说主要关注直接的群际接触。最近的研究表明,间接的群际接触也可以起到减少群际偏见的作用。三是不同偏见类型的研究。先前群际接触理论的研究中指出的群际偏见的减少主要是指外显的偏见水平的降低。最近则对群际接触影响内隐偏见水平及行为展开了研究。四是最佳接触条件的探索。分析表明,群际接触的确有减少群际偏见的作用,但群际接触假说提出的四个群际接触的最佳条件并不是良好群际接触的必要条件。这些条件的存在的确有利于更好地进行群际接触,但在这些条件不存在的情况下,群际接触依然可以起到减少群际偏见的作用。研究表明,跨群体友谊以及建立友谊的机会也是影响群际接触的重要因素。

群际接触理论中有关减少偏见的作用机制包括群体间的依存关系、群际互动、情绪因素和认知因素四个方面。首先,群体间的相互依存关系对群体间态度和行为的转变起直接调节作用。积极的依存或合作的关系有助于提升对外群体的好感,反之,消极的依存或竞争的关系则容易对外群体产生更加消极的态度。群体间相互依存的合作关系有利于改善群际关系,减少群际偏见。其次,最佳的群际接触是在接触环境下建立的一种积极的群际互动,这将有助于逐步完善双方群体均能接纳的新规范,并将其推广到新环境中去。再次,情绪因素在减少偏见的群际接触过程中起重要作用,它是作为一种调节中介而存在的。群际接触可以减少对外群体成员乃至整个外群体的负性情绪反应,或是可以增加对外群体的正性情绪体验。在正性情绪方面,共情(empathy)可能是群际接触偏见减少的重要中介。最后,认知因素主要指对外群体信息的习得。了解他人是群际接触促进群际关系的重要步骤。群际接触使人们更愿意了解外群体,随着对其了解的增加,偏见也会减少。①

在社会生活中,人们在处理群际关系时也会把常识形态的心理学当成心理互动的依据或基础。群际心理关系应该成为群体心理学的重要研究内容。群体之间的相互理解、相互包容、相互排斥、相互协调、相互敌视、相互扶持、相互拆台,都可以由在群体成员之间通行的常识形态的心理学来支撑。

---

① 李森森,等.群际接触理论:一种改善群际关系的理论[J].心理科学进展,2010(5):831-839.

常识形态的心理学中就包含着超出了个体范围的、关于群体之间的心理存在和心理关系的描述、说明和阐释。这成为群体成员在代表着自身群体的基础上,对自己所属的社会群体、其他社会群体的心理行为,以及不同社会群体之间的心理关系的描述、解说、阐释。

常识中的"常"除了"普通"的含义外,实际上也有"共有"的含义。关于人的心理行为的普通的理解和共有的理解之间,既有特定联系又有特定区别,因此,社会生活中的普通人结成不同的社会群体,不同的社会群体就会共有特定的理解或共识。不同群体之间的关系就是群际关系。群体与群体之间的关系也可以体现为常识心理学与常识心理学之间的关系。

第三节　社会关系的现实形成

在社会互动的过程中,人与人之间结成了各种各样的关系,这也就是所谓的社会关系。可以说,社会关系也就是人际关系,也就是心理关系,也就是人与人之间的认知、情感和意向的联系。那么,在常识形态的心理学中也就存在关于社会关系的形成和发展的理解和解说。

一、关系构成

人际关系的构成涉及人际关系的性质和分类。有研究分析了人际关系及其分类。正如很多西方社会心理学的主要概念一样,人际关系这一概念的逻辑起点是西方意义上的"自我"。在西方的文化背景下,"自我"不仅蕴含有"动力"的意义,更具有"独立"的意义。所谓人际关系是一个拥有这样的自我的个体与另一个拥有这样的自我的个体之间形成的心理距离和行为倾向。因此,个体之间的关系大多是由人与人之间的互动建立起来的、包含着各种各样的内容的关系,这种人际关系也就是"获致性关系",又称为"后致性关系"或"获得性关系"。①

获致性关系的本质是选择性和契约性。由于关系的建立是后来形成

---

① 杨宜音.试析人际关系及其分类——兼与黄光国先生商榷[J].社会学研究,1995(5):18-23.

的,因此个体的心理意愿、价值取向、心理需求、性格品质等个人因素就起着决定性作用。个体可以有选择地与他人建立人际交往,有选择地投入情感,有选择地与他人保持行为等方面的一致。关系的这种选择性是与其契约性相联系的。

与西方文化成为对照的中国文化,其社会的意义单位不是个人,而是家或家族、亲属等。家是以血缘为联系纽带的社会单位,强调代际的血缘联系,使辈分位置以及与这一父子轴的距离成为个人社会身份定位的依据。因此,个人与个人之间的关系主要是先赋性的关系以及准先赋性的关系。由于"家"的概念包括个体所属血亲关系以及姻亲关系中的其他个体,所以,个体的"我"的概念便不仅包括自己,而且包括对自己在家庭结构中地位的意识,对自己与家中其他人相对位置(通常以称谓为标志)的意识,甚至包括家中的某些人。这样的一个"自我"不同于西方的"自我",它可以被描述为"家我",其内外群体的界限是极不明确的、相对的。

从这样的背景来看,中国人注重的人际关系的意义不同于西方。它不是独立个体之间的、通过交往建立的可选择的关系,其逻辑起点与其说是自我,不如说是家庭、家族或者亲缘关系。中国人的"关系"是先赋性的,这种先赋性关系在几千年的文明发展中逐渐被泛化到社会生活的各个方面,因此在正式组织关系和公众关系中总是潜藏着另一种亲缘式的关系,两者形成表里。中国人往往没有公与私的明确分野,而只有对关系远近的亲疏判断。

在西方社会心理学中,人际关系分类的重点集中在关系的社会心理内容上,例如竞争关系、合作关系、交换关系、依恋与吸引关系、说服与被说服关系、选择比较与被选择比较关系,等等,而不是集中在关系的身份形式上,例如亲子关系、夫妻关系、邻里关系,等等。在中国,关系意味着身份形式与内容的统一,关系的内容随先定的身份形式而变化。关系越是靠近亲缘的核心,其内容就越是肯定的、情感的、合作的、亲密的;而越是远离亲缘的核心,其内容便越是否定的、竞争的、疏远的。

中国人的亲缘关系与西方人的人际关系存在本质差别:一是逻辑的起点不同;二是身份形式对其内容的依附程度不同;三是情感性特征不同;四是关系行为中通行的法则不同。亲缘关系的"缘"具有的先定性和攀附性,这也说明了亲缘关系本身具有扩张的特性,亲缘关系不是完全封闭的。从人际关系的发展来看,亲缘关系并不总是处于与公众关系对立的状态下,也不是与地缘关系、业缘关系并立而存在的。亲缘关系经常隐藏在这些关系背后,潜在地发挥着自己的功能。①

如果从常识形态的心理学的角度去分析,中国本土的文化传统之中就包含大量关于人际关系或人际心理的解说。这也就是常识形态的心理学中关于社会关系、人际关系、心理关系的生活化解说。这不仅可以引导人际关系的定位,也可以决定人际关系的演变。心理行为仅仅是这种关系中的特定表达。

二、社会关系

理解和把握人的社会关系是许多学科共同关注的内容,社会关系也是社会学研究的核心内容。有研究指出,关系主义是相对于个人主义、集体主义而言的。个人主义的本质特征是利益本位、个人导向。与个人主义针锋相对,集体主义的本质特征是价值本位、集体导向。这里说的价值就是“集体利益高于一切”的信条,而对集体利益的认同往往是先验的,是个体进入集体之前既有的、不容个体谈判的。在一个传统的集体主义制度中,个人的利益是没有地位的,重视和彰显个人的利益是受批判的,因为某一个体利益的满足往往会动摇、损伤、破坏集体利益,严重时甚至使集体以及集体中的所有个体走向消亡。因此,关系主义与个人主义、集体主义有着完全不同的理论逻辑。②

关系主义的本质特征是伦理本位、关系导向。关系主义并非不承认个人利益或集体利益,但其理论出发点是:利益诉求的行动个体并不像个人主义理论假定的那样是相互独立的;利益诉求的集体也不像集体主义理论假定的那样是硬性地包揽个体利益的。在关系主义理论家看来,个体和集体的利益及其边界植根于个体与个体、个体与集体、集体与集体的关系之中,因而是动态的。一个行动的个体,如果生活在伦理本位、关系导向的文化

---

① 杨宜音.试析人际关系及其分类——兼与黄光国先生商榷[J].社会学研究,1995(5):18-23.
② 边燕杰.关系社会学及其学科地位[J].西安交通大学学报(社会科学版),2010(3):1-6.

中,那么其基本行为准则就是"划圈子":最外围的是熟与不熟的圈子,熟人之间是亲与不亲的圈子,核心圈则是既熟又亲,再加上义、利高度一致而形成的可以高度信任的圈子。这表明,与个人主义、集体主义文化中的权、责、利相对应,关系主义文化中的行为规则是熟、亲、信。

从研究中国社会的角度来看,关系社会学是一套关于以伦理本位、关系导向、"熟、亲、信"为特征的关系主义现象的理论知识。这是关系社会学的第一层含义。这层含义关心的是关系社会学的基本内容以及在中国社会学发展中的地位。关系社会学还有第二层含义,是方法论层次上的含义。从这层含义来看,关系社会学是探索和分析社会行为模式的一种思维方法论、研究方法论,即从关系主义的理论立场出发,研究中国社会和所有其他社会。

存在三种关系主义的理论模型。第一种理论模型是将中国的关系主义的本质特征定义为家族亲情伦理的社会延伸。命题一,血缘和姻缘关系是自我中心网络的核心;命题二,泛亲情化是人际关系成为社会资本、社会资源的必要机制。第二种理论模型是将中国的关系主义的本质特征定义为特殊主义的工具性关系。这强调的是,中国人之间能达到关系认同的根本点是工具性的实惠交换;实惠交换是关系成立和存在的原因,亲情化只是其形式,是关系交往的手段。第三种理论模型是将关系主义的本质特征定义为非对称性的社会交换关系。①

对于中国本土文化传统中的心理行为的定位或定向,在不同学科的研究、不同学者的主张、不同取向的观点、不同研究的思路之中有不同的理解和主张。不同研究者分别将其界定为群体主义、家族主义、关系主义、普遍主义、社会取向、关系取向、他人取向、权威取向,等等。这是一系列不同的对社会关系的理解,也广泛地化解和渗透在社会常识之中,特别是体现在心理常识之中。那么,与群体主义相对应的是个体主义,与家族主义相对应的是个人主义,与关系主义相对应的是个我主义,与普遍主义相对应的是特殊主义,与社会取向相对应的是个人取向,与关系取向相对应的是个我取向,与他人取向相对应的是自我取向,与权威取向相对应的是平等取向。

---

① 边燕杰. 关系社会学及其学科地位[J]. 西安交通大学学报(社会科学版),2010(3):1-6.

三、关系演变

在特定的文化传统、文化背景、文化演进中，社会关系有其特定的演变。有研究对中国人的"我们"概念形成的社会心理机制进行了专门的探讨。① 研究指出，梳理社会心理学有关群己关系的探讨，可以看到相互关联的两个研究脉络：其一是以文化、社会和个体的价值取向为关注角度，其二是以社会心理机制为关注角度。价值取向这一脉络自 20 世纪 80 年代以来一直备受学界的青睐。特别是随着跨文化心理学、文化心理学、本土心理学的兴起，越来越多的学者希望从价值观的角度揭示不同社会、历史、文化背景下的人们如何处理个体与群体的关系，并且从中发展出了文化社会心理的比较框架和解释框架，其中最引人注目的是有关"个体主义—集体主义"的理论框架，以及此后发展出来的相关测量工具。在社会心理学看来，这是一个个体与群体之间通过什么样的机制，建立了怎么样的心理联系，最后获得什么性质的"我们"概念及"我们"感的问题。这是社会心理学的基本问题之一，这一问题既涉及从理论上回答中国人社会行为的文化社会心理原因，包括个体、人际、群体、群际、社会等多个分析水平，又涉及回答现实中的群际关系问题，群际关系包括城乡关系、阶层关系、代际关系等，还涉及回答社会认同、国家认同、文化认同、群体行动、社会运动、社会合作等心理过程与机制的问题。社会心理机制这一脉络的研究坚持社会心理学关于自我的研究传统，试图从自我概念的社会文化特性入手来解释群己关系。例如，"群体我""独立性自我""互赖性自我"同样成为许多研究采用的理论框架。在当前的研究中可以看到以下三种研究范式。

一是以独立个体为中心的研究范式。北美的社会心理学的方法论预设是个体主义的，因而也被称为"方法论的个体主义"。这一方法论预设被西方社会科学的很多分支采用，社会心理学也不例外。在这样的学术共识下，主流的社会心理学是从个体社会心理出发来建构学科内容，从个体出发去关注自我和人际关系，以个体为中心建构社会心理学的理论框架和理论解说。个体不仅是社会心理学学科的出发点，也是社会行为逻辑的出发点，他人、群体、社

① 杨宜音. 关系化还是类别化：中国人"我们"概念形成的社会心理机制探讨[J]. 中国社会科学，2008(4)：148-159.

会、文化都是个体心理活动的背景和条件。在个体主义的研究范式中,对社会关系或人际关系的研究和解说都是在个体主义的基础上进行的。

二是以群际关系为中心的研究范式。在经历了战后恢复重建的过程之后,欧洲大陆的社会心理学家在欧洲特殊的社会、政治、文化的背景下,以及在完形心理学等社会心理学理论传统中,以群体成员、群体过程和群际关系这一新的研究范式的视角,对主流的社会心理学进行了整体性的重新思考。个体的行动同时具有个体的性质和群己、群体、群际关系的性质。一个人既是个体,同时也是所属群体的成员。当个体成为成员时,自我和我他关系(人际关系)都会出现新的特征。我们与他们之间的关系不再是我他关系的背景,而是渗入我他关系之中,甚至构成我他关系的内容。个体主义范式与群际关系范式的区别在于,前者是指以个体自我为意义单位的行为,后者是指以群体成员为意义单位的行为,这被称为更具有"社会"意味的社会心理学。

三是以东方文化为中心的研究范式。在东方文化的背景下,儒家学说中的"关系"概念成为群己关系的研究范式。20 世纪 70 年代开始,出现了本土心理学运动。这一对主流社会心理学范式的反思随后也影响了中国的社会心理学界,带来了对中国人的社会心理文化特性的关注。这方面的研究大致采取了文化心理学(包括本土心理学)和跨文化心理学两种立场。

经历了长期的探索之后,在文化心理学的立场上进行的研究中,中国社会特有的"关系"成为一个受关注的概念,并逐渐显示出其独特的方法论意义,成为被国际社会科学界接受的一个学术概念。研究发现,中国文化设计中的"人"并不是一个独立的个体,而是包含着与己身相关联的另外一个人或一群人,也就是两人或多人之间的对应关系。"方法论关系主义"的概念就试图以"关系"作为研究范式,全面建构用来解析中国人的社会心理的理论,关于"关系"的研究已不仅仅是社会心理学和文化心理学研究的重心。按照有关研究的理解,"关系"的概念具有下述四个主要特点。

第一个特点是关系与角色规范具有伦理联系。这实际上是以社会身份,特别是以亲缘的身份,来界定自己与对方的互动规范,使关系蕴含角色规范的意义。第二个特点是关系对亲密、信任及责任作出了规定。在对偶角色中,亲缘关系越相近,相互之间就越应当熟悉和亲密、诚实和信任、负责和付出。从而,这也就限定了亲密、信任及义务的发生总是局限在亲缘关系或准亲缘关系中。这些依据血缘亲属制度作出的规定,制度化了情感、信任及义务,规定了人与人之间的心理距离,因此就具有了中国本土文化独特的差序格局的性质和特征。第三个特点是关系可以通过交往来建立和中断,即所谓"拉关系"或"断关系"。因此,通过履行更亲密的关系角色才具有的义务,表达更近距离的关系才具有的亲情,就可以从陌生或没有关系,逐渐发展到熟悉或建立关系,再到"铁关系"或牢固的关系。第四个特点是以自己为中心,通过他人而形成关系的网状结构。关系的形成是以自我为中心,不断扩展、丝丝相扣和环环相套的。

如果关系化或自己人式的"我们"概念体现出来的是一种中国社会特有的"差序格局",类别式的"我们"概念体现的是一种西方人普遍存在的"团体格局",那么可以假设,中国人的"我们"概念的生成机制是双重格局的。换言之,中国人可能有两种路径达到自我与他人和群体的联系。其一是与具有特定地位和关系的他人,根据先赋性的规定与面对面的互动来判别和建立这种心理联系;其二是与较为抽象的他人,根据类别特征的凸显来判别和建立这种心理联系。对此,可以推测情境会成为启动条件,即"我们"概念是情境化的。这种根据"关系化"与"类别化"双重途径情境启动的"我们"概念,可以称之为双重格局的情境"我们"概念形成机制。①

关系的存在、解说、改变、建构都与现实生活中普通人对人际关系的理解和把握相关联。常人转换了自己的常识心理学的解说,就会直接改变由常识心理学界定的人际关系。因此,在常识心理学中有关于处理人际关系的大量的解说和解释,这就使得人与人之间不仅结成了社会的关系,而且结成了心理的关系;不仅有着社会的互动,而且有着心理的互动。

第四节 自我理解的社会延伸

人的自我理解或常人的常识形态的心理学中关于自身心理行为的理

① 杨宜音.关系化还是类别化:中国人"我们"概念形成的社会心理机制探讨[J].中国社会科学,2008(4):148-159.

解，存在着重要的社会延伸。或者，在人的自我理解的基础上，存在着人所共有的理解、共同的建构、共生的历程，这一切的实现都以常识形态的心理学为基础。

一、共有的理解

共有的理解是指超越了个人的自我理解的社会化的理解，故也可称为社会理解。从个人的自我理解到社会的共有理解是自我理解的社会延伸的重要体现。

有研究指出，社会理解以理解目标为基本参照系统，可分为三种类型：知识型社会理解、价值型社会理解和实践型社会理解。这分别对应着人的三种自我理解的形式："人已经是什么""人应该是什么""人可能是什么"。以阐释"人可能是什么"为指向的实践型社会理解，则是其中最高类型的社会理解，也是社会理解观发展的当代形态。

知识型社会理解是以社会历史为认识对象的认知活动，是以对象性思维方式为其主要特征，借助科学认知活动建立起来的一切认识手段和方法工具。这里既有借鉴、移植自然科学的认识手段和方法工具，又有在各门具体人文社会科学研究活动中独创的认识手段和方法工具，从而促使理解者在观念上接近社会历史客体的本来面目。社会历史现象或事件的事实性、既成性方面成为这种社会理解关注的主要内容。

价值型社会理解与此不同，更注重目的本身的合理性，在强调目的高于工具、手段的主题中，突出社会理解的价值含蕴，即通过社会理解和解释阐释社会历史现象与人的内在需要的价值联系和实际效应。社会理解的价值取向比知识取向更接近人的真实的社会生活或存在真理，因而亦有其理性根据和理性作用。因为社会理解的价值取向确认了一切社会历史现象都是与人或人的存在有关联的现象，所以对社会的理解与解释必须揭示出社会与人的价值的联系和其中的意义含蕴。社会是人的社会，人是社会中的人。人只能在社会历史实践中生成和发展，社会历史实践是人这种存在物最基本的生存方式。在社会生活中，最明显的关联是社会与人的价值关联。因而，社会理解的价值取向是任何真正以意义阐释和把握为指向的社会理解不可能也不应该回避的维度。

实践型社会理解则是在社会理解中去实现人的自我理解。如果以"人已经是什么"为指向，就容易陷入客观主义或绝对主义；如果以"人应该是什么"为指向，又容易陷入主观主义或先验主义。因而，这些不同的理解都表现出了理性意义上的不完备性和缺陷。只有以"人可能是什么"为指向的社会理解才真正超越了这种不完备性和缺陷，并把两者内蕴的合理因素批判性地吸纳于自身之中。实践规范型社会理解正是这种以"人可能是什么"为指向的社会理解。[①]

在人的社会生活中可能存在两种情形：一是社会生活、社会文化、社会传统、社会价值等决定和构成了社会成员的共有的社会理解；二是社会个体、心理体验、社会互动、社会交换等决定和改变了社会整体的社会理解。这两种情形也就大大延伸了人的关于心理行为的社会理解。在人的共有的理解中，就包括关于人的心理行为的共有的理解。

二、共同的建构

社会互动是共同的建构确立的基础。有研究探讨了互动在认知建构中的定位。该研究认为，认知在互动的过程中会不断趋同与一致，又不断分化与超越。互动使各种不同表征的认知系统相互作用、联结、建构成具有差异的统一体。在社会的互动过程中，互动个体的认知状态经历了初始建构者、孤独建构者和社会建构者三个不同阶段。

社会建构主义研究的重点是个体必须通过对话、协商、互动来建构知识的意义。社会互动的实现是有条件的。互动的条件至少应包括在差异的前提下建构共同的话语结构基础，寻找共同的利益点，陶养社会成员的心智等。语境是一种社会共同体中的重要元素，语境是通过社会互动形成的。互动对话不仅可以产生认知趋同效应，在许多情况下还通过互动产生了更多的认知差异，认知差异对社会的发展具有更积极的意义。

语境是社会交往中带有倾向性的公共话语环境，也就是在特定的社会历史条件下形成的特定时空范围内的话语规则。语境具有社会成员集体达成或默认的共有边界，所有人都不能逾越这一边界，所有人都会不约而同地

---

① 郑文先.简论社会理解的类型[J].华中师范大学学报(哲学社会科学版),1997(4)：41-46.

遵守那些特定的话语的规则,否则会被认为是出格、有毛病。语境是社会成员在长期共同的社会生活中通过互动逐步形成的,语境形成之后具有一定的稳定性,想超越语境的人是没有话语权的,社会成员要想突破语境进行对话,必须付出极大的勇气和作出必要的牺牲。语境可以在一个团体中形成,也可以在整个社会中形成。

初始建构者在同化知识时不断与外界环境互动,但这种互动是原始的、简单的、单向的,甚至是经常中断的,可以把个体之间在这个阶段的互动称为“弱互动阶段”。初始建构者将知识初步同化之后,就开始了激进的建构主义者所说的内部或内源的主动建构阶段。在主动建构阶段,个体对同化的知识进行加工整理,也就是将零散的、不规则的、不系统的知识建构成或归入不同的认知结构片段、单元或系统中。孤独建构者并非不与外界互动,而是更多地独立进行着信息获得,并自我甄别、加工、消化这些外部信息,同时更多地进行自我内部的思辨、反省、批判、否定。经历了孤独建构者的阶段,就进入了社会建构者阶段。大多数个体在完成独立思考后将会渴望交流,以寻求社会同一群体的评价和交流。这些评价和交流又会在社会同行和个体的思考中,激发出更多的智慧的火花,形成更广泛和更复杂的认知建构。社会建构者阶段进行的互动是真正意义上的互动,通过社会与个体之间的协商与对话,一些思想、理论、规律、规则等被社会公认,成为所说的“知识”。大多数在社会协商、互动中形成的“知识”成为相对稳定、较为系统、能反映真实存在、能指导人的思维与行为的被公认的“真理”,但也有一些“知识”可能是谬误。还有一些思想、理论、规律、规则等在社会协商与对话中没有被社会接受,这些未被社会接受的“知识”或是消失了,或是在一个狭小的范围内艰难而顽强地传承下去,直至能够被社会承认。个体在这一阶段反复经历了社会的对话与协商,不管最终成功与否,社会的评价、思想、观念等对在其孤独建构者阶段建构的认知结构体系产生了较深刻的影响。社会的作用是强大的,个体在社会互动中可能会完善自己,也可能会否定自己;可能会坚持自己,也可能会放弃自己。①

---

① 焦秋生,徐志梅.互动在认知建构中的定位[J].山东师范大学学报(人文社会科学版),2009(6):121-125.

共同的建构在心理行为方面的体现就是群体心理和社会行为的形成和改变，以及群体心理和群体心理生活的构成和发展。这种共同的建构也可以称为同构。同构形成的是共有的心理资源、心理文化、心理生活、心理环境、心理成长。共同的建构是超越了个体的群体心理和社会心理的共同的生成过程，生成的是共有的心理生活，是共同的心理整体。共生的关系就是在共同建构的基础上形成的。

三、共生的历程

人最直接的存在方式或心理存在方式是个体化的，但是，人又可以按照心理扩展的方式容纳他人和世界。因此，人的心理或心理成长的另一个根本性质是共生性。在传统心理学的研究中，个体被看作是独立的和自足的存在。其实，心理成长也是包容性的和共生性的。共生性就是人的心理成长的另一个根本性质。

人类个体生活创造的汇集就构成了历史。历史既是过去的累积，也是未来的走向。人并不是生活在片段的、零碎的、偶然的延伸之中，而是生活在连续的、完整的、必然的进程之中。人的心理成长是历史的存在，人就融于自己创造的历史之中；人的心理成长也是现实的存在，人就生活在现实的体验之中；人的心理成长还是未来的存在，人就生活在未来目标的导引之中。人的心理成长实际上也就是人的心理历史、心理现实和心理未来。人建构了自己的心理，实际上也就是建构了人自己的心理历史、心理现实和心理未来。人的心理成长的累积也就是人的心理传统；人的心理成长的体验也就是人的心理现实；人的心理成长的规划也就是人的心理未来。

其实，人无论是构建自己的现实生活，还是构建自己的心理生活，都要涉及一对非常重要的概念——虚构和实构，既存在生活的虚构和生活的实构，也存在心理生活的虚构和心理生活的实构。对于人的现实生活或心理生活来说，个体可以虚构出自己的现实生活，也可以虚构出自己的心理生活。那么，所谓的虚构就是指人可以虚设、虚造、虚拟、幻想和幻化出自己的生活，这种生活没有现实的可能性、可行性。实构的生活和实构的心理生活则完全不同，这也是人构想和规划出来的生活，但却是人可以实现的生活或心理生活。每个社会个体都有自己对生活的想象和规划、对心理生活的设想和设计。当然,所谓虚构的生活或虚构的心理生活也是真实的生活,是对于生活个体来说实际存在的生活,这是个体生活的重要组成部分。有人就生活在虚构和虚幻之中,从而实际脱离了自己的生活现实。所以,心理创造是实构的活动,是把构想延伸至真实的活动。

共生的核心含义不仅是指共同生存或共同依赖的生存,而且是指共同发展或共同促进的发展。其实,生态学的含义不仅包含生物学意义,而且包含文化学、社会学和心理学的意义。当然,生态学的含义在一开始的时候更多的是生物学意义上的理解,只是随着生态学的进步和发展,其意义才开始扩展到其他学科领域,才开始进入人类生活的各个方面。正因为有了生态学,才使科学的研究和思考开始有了更宽广的疆域。

生态学的方法论可以是对环境、社会、人类、生活、心理、行为等的共生性的考察、认识和理解。这否定的是分离的、片面的、孤立的认识和理解,强调的是系统的、动态的、发展的认识和理解。生态学的方法论是指以共生的观点、手段和技术来考察、探讨、干预现实的生活世界、生活过程和生活内容。因此,生态学的方法论既可以是解说的方式和方法,也可以是考察的方式和方法,还可以是干预的方式和方法。

人的心理生活有其生态学的背景,并不是任意妄为的建构。人的心理生活与人的生存环境是一个共生的过程。共生主义认为的发展并不是单一的、孤立的过程,共生的过程不仅是环境决定或塑造了人的心理生活,而且是心理理解或创造了人的环境存在。任何单一的理解都会带来对环境、对心理的片面理解。环境并不是完全独立于人的存在,同样,人也不可能是独立于环境的存在。人与环境应该协同发展,有了环境,才有依附于环境的人的心理行为;同样,有了人的心理行为,才有归属于人的生活环境。

生态学的思考方式抛弃了传统上分离的、孤立的、隔绝的思考,建立了当代联结的、共生的、和谐的思考。这种思考方式不仅带来了对事物理解上的变化,而且扩展了研究者的眼界和胸怀。

正是在生态学的视角下,对人的心理生活的理解才可能是建构性的、生成性的、创造性的、发展性的。更进一步,所谓心理生活也就不仅仅是被动的感知、消极的承受、孤立的进程、单一的发展,而且还是主动的建构、积极的体验、共同的进步、协同的发展。这就是人的心理生活的最基本性质,也是理解人的心理生活的最重要视角,更是建构人的心理生活的最核心内涵。

第五节 常识心理学的建构性

人的心理或心理生活是人自己创造或建构的,或者说是生成性的。正是在这样的过程中,常识形态的心理学参与了人的心理的建构和生成的过程。这一建构论的观点可以落实或体现为个体的建构性、群体的建构性和社会的建构性。

一、建构论的观点

建构论或社会建构论是对反映论或再现认识论的否定和超越,这强调的是心灵与世界之间的创造性生成关系。有研究对话语与心灵的社会建构进行了考察,认为在心理学知识的起源问题上一直存在着外成观(exogenic perspective)与内成观(endogenic perspective)之争。外成观认为,外部世界在人的认识产生过程中起着主导作用;内成观则与之相反,认为内在的心理活动在知识产生过程中起着主导作用。

经验主义取向的心理学家往往视知识为心理表征。在他们看来,知识源于实在世界,人们有可能获得关于这个世界的有客观根据的知识。然而,适当的知识完全能够映射或镜像般地反映实在世界的事实状态。主流心理学的当代理论基本上是经验主义或外成观哲学的副产品。

实在是多种多样的,其中日常生活的实在最为突出,它以主体间世界的形式呈现给"我"。这种主体间性将生活实在与"我"觉知的其他实在截然区分开。日常生活的实在已经被客观化,语言为"我"提供了必要的客观化和类型化的过程。在交谈中被语言客观化的事物会成为个人觉知的对象。主观实在的意义则是个人持续用相同的语言将自己经验的一切客观化的结果。

在建构论的视域中,社会科学中的话语转向已集中于语言对人们的思想和经验的组织力。语言成了文化认识论砝码的承载体和创造者。言说和书写的方式会影响人们的概念的外延,无论人们对世界或自身作出何种述说,都能在各种关系中找到其缘由。正是从关系中,从人们与他人、与其身边世界进行协调时运用语言的方式中,语言获得了自己的意义力量。

关系的过程之所以在后现代心理学体系中有一席之地,是因为每一种话语都是在语言使用者的共同体中发展起来的,并又以不同的方式建构了被人们当成独一无二的存在的客体。由此可以得出这样的结论:正是通过种种关系和话语,人们的各种世界被建构了出来;正是通过种种关系和话语,人们建构了自认为是有道理的、美好的、有价值的和值得为之的那一切。

语境、社会—语言的约定俗成以及社会交换的模式构成了意义的唯一决定因素。根据建构主义心理学的理论,语言主要发挥着社会行动的功能,并构造了一种或多种的传统。因为现实并不对人们的语言作任何内在的要求,语词在人类关系范围内的使用中获得自身的意义。因此,心理学家应当放弃将环境中的个人行为当成研究对象,转而研究在不同语境中普遍存在的语言实践。以此方式理解的心灵或人格与传统观点间的区别在于:心灵或人格被认为具有动态性,从本质上说是深深植根于历史的、政治的、文化的、社会的和人际的语境之中。因此,心灵是不可以孤立地加以界定的。①

建构论的观点为心理学研究提供了重要的研究基础和研究思路,这可以导致关于人的心理行为的理解产生四个重要的转变:一是从实体论到互动论的转变,即心理学研究从寻找心理实体转向追寻互动过程;二是从预成论到建构论的转换,即心理学研究从确定已发生的心理行为转向探寻建构的历程;三是从本质论到生成论的转换,即心理学研究从揭示心理行为的先在的本质转向推动创造人的心理生活;四是从原子论到整体论的转换,即心理学研究从孤立地分解心理行为的基本单元转向把握心理行为的整体性质。

建构论的主张可以涉及个体、群体和社会三个不同的层面,这也就把建构论的主张分层次推进到与人的心理行为的存在相关联的不同的生成平台。与这三个层面相关联的就是个体的建构性、群体的建构性和社会的建构性。

---

① 邵迎生.话语与心灵的社会建构——对当下话语社会建构论演进的初步考量[J].南京大学学报(哲学·人文科学·社会科学版),2006(4):136-143.

二、个体的建构性

在社会心理学的研究中,个人建构理论曾经是非常流行的社会心理学学说。个人建构理论对个体的建构性进行了阐释。美国的社会心理学家和人格心理学家凯利是个人建构理论的创建者。该理论强调的个体的建构性,在社会心理学和人格心理学的学科领域都曾经产生十分重要的影响。个人建构理论的要义在于如下三方面。

一是常人都是科学家。凯利在一开始构建其理论时就标新立异,他并没有采用传统心理学解释人的行为的动机概念,而是采用了独一无二的关于人性的新假设。他认为人并不为环境或无意识所操纵,并提出"人是科学家"这一假设。他最关心的是人们形成和检验自己关于世界的假设,以及形成新的关于世界为何如此的概念与观点的方法和途径。他指出,所有的人都像科学家一样,都试图通过减少不确定性来澄清自己的人生。人们在一生中总在预期和控制发生在他们生活中的各种事件。

二是个人建构选择论。凯利认为,人们是通过各种各样的模式或样板来观察世界的,人们创造了这些半透明的模板,然后试图用它们来顺应构成世界的现实。凯利称这些模板为建构,意思是人们用来解释世界、分析世人的方式,一个建构就是一种关于某一事件的解释或表现。个人建构是个人解析或说明经验、赋予经验以意义或预言经验的工具。他认为每个人都有自己独特的个人建构,也不会有两个人通过同一种方式来形成自己的建构。他还认为人们能不断地把关于经验的复杂信息纳入个人的建构之中,若能够较好地预期和控制事件的建构就可以加以存留或保持,反之,则须予以修正或废弃。因为观察世界、分析世界的方法是多种多样的,没有人非得成为现实环境或过去历史的束手就擒的牺牲品,凯利称之为建构选择论。

三是个人建构的特征。凯利认为,各种建构在三个重要维度上存在差异。首先是适用值域。每一个建构都有其适用范围,在解析此类事件时,这一建构是适用的,但在解析彼类事件时,这一建构可能就没有用处了。其次是适用焦点。凯利认为,每一种建构都有其适用的焦点,亦即在某一建构的适用值域内能够发挥最佳预期作用的点。最后是渗透程度。渗透程度是指一个给定的建构能够用来分析和解释新事件的程度,如果一个建构能够容纳新的观念或事物,则说明渗透性强。一个建构越开放,其渗透性就越强。

一个具有较强渗透性的建构能够用以解析许多新事物,并因此拓宽该建构的适用值域。

凯利在《个人建构心理学》一书中勾画了一个关于人格的高度综合的理论体系。他提出一条通贯其理论的主律或基本假定,并阐发了 11 条副律来论证这一假定。其主律或基本假定是,在心理学的意义上,个人的心理建构是个人对周围世界的觉知、解释和预期。11 条副律或定理、推论则包括建构定理、个性定理、组织定理、两分定理、选择定理、值域定理、经验定理、调整定理、片断定理、共同定理、社会定理。[①]

这种个人的心理建构就表明和预示了,人实际上可以通过自己的认知或心理的过程和活动,来把握和生成自己的现实或社会的生活和变化。当然,人是个体化的存在,但人也是群体化的存在。人不仅有个体的建构性,人还可以有群体的建构性。凯利的个人建构理论在社会心理学领域产生了重要影响。

三、群体的建构性

个体的心理融合在其融入社会的过程中至关重要。社会融合的心理建构通常涉及两个方面:一是个体对群体或社会的认同,二是群体或社会对个体的接纳。因此,社会融合的心理建构主要围绕认同和接纳展开。社会认同理论和社会接纳理论分别从两个不同的角度,对社会融合的心理建构进行了阐述,而自我认同或自我接纳成为社会认同理论和社会接纳理论的基础,因为自我认同或自我接纳不仅影响个体对社会的认同,而且影响个体对他人的接纳。

社会融合的心理建构起源于个体的自我认同。个体通过自我认同的建构来明确自我身份,识别"我群"的同一性和"他群"的差异性,这是个体融入"我群"的心理建构,也为个体融入"他群"提供心理基础。从这个意义上讲,自我认同不仅是个体对自我身份的心理建构过程,也是个体处理自我与群体、自我与社会的重要心理过程,反映了个体与社会的关系。"镜中我"的思想认为,人的自我是在与他人交往的过程中,由社会互动形成的"镜中我",

---

① Kelly, G. A. *The Psychology of Personal Constructs*. London: Routledge, 1991: 32-73.

是一种社会性产物。对认同的研究也就是对自我身份的研究，也就是对"我群"的同一性和"他群"的差异性的研究，根本上是对自我与社会、自我与集体的关系的研究。自我认同假定了反思性知觉的存在，但自我认同并不是被给定的，而是个体动作系统的连续性的结果，是在个体的反思活动中必须被惯例性地创造和维系的某种东西。

社会认同要解决"我们是谁"的问题，它围绕个体与群体的关系展开，中心问题是个体如何主动、积极地融入群体，以及整个社会应该如何维护团结和形成凝聚力。首先，社会认同理论区分了个体认同和社会认同这两个概念。前者是指个人的认同作用，或是通常说明个体具体特点的自我描述，是个人特有的自我参照；后者是指社会的认同作用，或是由一个社会类别全体成员得出的自我描述。其次，社会认同理论强调了个体在社会认同中的能动作用。再次，社会认同理论强调个体对群体的社会认同是一个心理过程，其基本观点是，社会认同是由社会分类、社会比较和积极区分原则建立的。最后，社会认同理论强调弱势群体的社会认同策略。社会认同理论对群体间的地位关系进行了研究，其中特别研究了群体中低地位群体成员的自我激励策略。在现实生活中，弱势群体会通过群体关系来维持和提高社会认同，通常会采用社会流动、社会竞争和社会创造三种策略。对策略的选择依赖于他们对自己群体与其他群体的关系的知觉。在不同的群体关系下，个体会存在社会流动和社会变革两种信仰体系。

社会接纳也称心理接纳，又可称为容纳、接受或认可，包含自我接纳、同伴接纳、人际接纳和社会接纳等。人际接纳和社会接纳的研究大多是从自我接纳的研究开始的。当然，自我接纳毕竟属于接纳的特殊情况，接纳更多指个体与个体之间以及个体与群体之间的心理互动。因此，同伴接纳、人际接纳和社会接纳一直是接纳理论的重点所在。因为，人们通过同伴接纳、人际接纳和社会接纳，更能发现人际交往或接触过程的心理体验，认识接纳的社会性本质。①

群体的建构性表明人的群体构成是一个心理的整体。人的社会群体不仅仅是不同个体的简单集合或聚合，而是通过人际互动、整体建构、心理互

① 黄匡时.社会融合的心理建构理论研究[J].社会心理科学,2008(6)：14-19,28.

动、心理建构,形成了完整的或一体的群体心理。群体的互动关系导致群体的心理关联,形成了群体的行为关联。群体的建构性也就使得群体是把个体心理加入或整合为群体心理,群体心理也就具有了完整的特性和构成。群体的建构性使得群体的整体心理的构成远远大于个体心理的简单相加,也就是群体心理的建构形成的是具有新性质的整体的心理。

四、社会的建构性

社会的建构性是指人与人之间的建构性的生成关系。按照社会的建构性强调的对社会建构的理解,在人的社会生活之中,在人的社会存在之内,在人的社会活动之下,并没有什么预定的结果或预成的存在,一切都是通过社会互动的过程生成的或建构的。社会建构主义的主张和观点就是强调社会生成或社会构成,社会建构主义心理学的主张和观点就是强调心理的社会生成或社会构成。

有研究对后现代社会建构主义心理学进行了考察,认为后现代社会建构主义心理学作为后现代心理学的一种理论形态,与其他多种理论形态一起,共同构成了后现代心理学庞杂的思想和理论体系。它承继了社会学特别是知识社会学中的社会建构论思想。后现代社会建构主义心理学有两大流派,一大流派是"激进的"社会建构主义心理学,它关注语言的自我实现与行为取向功能,认为文本之外不存在任何东西;当讨论现实时,人们只是在谈论通过语言建构起来的东西而已。"激进的"社会建构主义心理学家不仅是彻底的相对主义者,而且试图为心理学配备政治的锋刃。另一大流派被称为"温和的"社会建构主义心理学。它在"语言(社会)到底能够建构什么"这一问题上是有所保留的,并不认为一切都是社会的建构。同时,它也不认为真理的标准可以或应该取消,而是认为一切的"真"都取决于"游戏规则"。根据研究侧重点的不同,"温和的"社会建构主义心理学又区分为三个分支:第一个分支主要关注自我如何像故事或叙事一样地被建构;第二个分支重点关注人与人之间动态的建构过程;第三个分支主张语言提供了人们理解自己和世界的方式,强调话语的建构力,着重向人们揭示"科学""知识""自我"等概念如何被话语建构。

后现代社会建构主义心理学对现代心理学的批判是多层面的和全方位

的,这包括如下三个非常重要的方面,涉及心理学中的本质主义、经验主义和普遍主义等理论。第一,对本质主义的批判。社会建构主义心理学认为,心理世界与外部世界、主观存在与客观存在、心理主体与心理客体等之间都具有相互的构成性,彼此双方及相互关系都构成其自身的一部分。后现代社会建构主义倡导的"对话精神"和"生态观",都是这种反本质主义的"关系意识"和"构成意识"的体现。第二,对经验主义的批判。后现代的社会建构主义心理学认为,心理学家都生长于特定的文化背景下,必然通过话语获得一种解释和观察事实的参考性框架,即获得一种心理的"前结构"。对事物的认识并非直接取决于观察的事实,而是取决于心理学家此前获得的某种"前结构",取决于特定"话语"的性质,没有独立于"话语"之外的事实。事实不是观察到的,而是一种话语的建构。第三,对普遍主义的批判。社会建构主义坚决反对普遍主义,认为虽然某些规律具有相对较大范围的解释性,但无论如何都不是永恒的,而是具有历史局限性和文化依赖性。

社会建构主义心理学正是以其对"世界""人类""知识"等的本质及其相互关系的重构,为人们提供了一种全新的后现代心理学的思想基础和理论框架。这表现在以下一系列重要的研究转换之中。一是逻辑起点的转换:超越内成论与外源论的二元对立。在对经验主义、理性主义双重否定之后,将心理研究的视点由个体内部的心理结构、心理过程转向外部的"话语""互动",是社会建构主义心理学超越内成论与外源论二元对立的重要途径。二是研究视点的转换:以对心理学现代叙事的批判为基础,后现代社会建构主义心理学认为,正是"话语"建构了人的思想和行为。进而,在"话语"之外,"互动"是后现代社会建构主义心理学关注的另一个焦点。社会建构主义心理学认为,人格、态度、情绪等心理现象并非存在于人的内部,而是存在于人与人之间,是社会文化的产物,是社会建构的结果。社会建构就体现在互动过程中,是通过互动过程实现的。三是基本观点的转换:从本质主义的人格观转向关系主义的人格观。社会建构主义心理学主张,人格并不是存在于个体内部的自足性的实体,而是对人与"特定"的互动对象之间的关系的反映,这取决于个体在"特定"的情境中持有的"社会身份"。四是核心主张的转换:强调知识作为社会共同体的建构的性质。现代心理学相信知识是以直接的和非情境的方式反映着现实,后现代社会建构主义心理学否定并抛弃了知识的反映观,强调知识的社会历史特殊性以及知识是社会共同体的建构的性质。五是研究方法的转换：倡导多元文化方法论与话语分析的方法。社会建构主义倡导的多元文化方法论实现了研究者与研究对象之间关系的重构,两者之间形成的是相互平等、共同参与的互动关系新格局,在其中体现着社会建构论的"关系意识"和"对话意识"。①

社会的建构性意味着,人的心理、人的人格、人的生活是在人与人的互动过程中生成或建构的。要理解或解说人的心理、人的人格、人的生活,就要通过人的社会互动、社会创造、社会建构来进行。那么,心理生活、心理人格、心理行为的性质就不是在个体之内可以得到说明的,而是必须在人与人之间才能够得到说明；就不是在预成的本质之上可以得到说明的,而是必须在生成的本质之上才能够得到说明。因此,社会互动、社会交换、社会对话、社会创造等就会被重视,就会成为主题,从而广泛流行、迅速传播。

不存在脱离了社会互动或社会建构的独立自存的心理实体,这强调了人与人之间社会性建构的生成性关系。互动心理学的思路、关系心理学的研究、对话心理学的探索破除了心理行为的先定本性,给出了生成性的和创建性的历程。社会的建构性就体现在社会建构主义的思路之中,也给出了关于人类社会和人类心理的生成性的理解。

常识形态的心理学的个体化的存在、群体化的存在和社会化的存在,就使得它能够提供三个层面的心理行为的解说和建构。更进一步,常识形态的心理学就是个人的、群体的和社会的建构的依据。

---

① 杨莉萍,叶浩生. 后现代社会建构主义心理学初探[J]. 湖北大学学报(哲学社会科学版),2003
(5)：99 - 103.

第七章 常识心理学的构成

与科学心理学的存在和构成一样,常识心理学也拥有自己独特的术语、理论、方法、技术和工具。所有这些方面都具有特定的性质。在社会性常识的意义上理解常识心理学的基本概念、核心理论、日常方法和生活技术是非常重要的。

第一节 常识心理学的术语

常识心理学中的术语是指常识形态的心理学拥有的日常化的心理学概念,这是在常识中体现出来的关于人的心理行为的概念。这首先体现为日常语言中的语词,即涉及和有关人的心理行为或描述、说明人的心理行为的日常语词。在日常语言中有大量与人的心理行为有关的词汇,它们可以表达特定的心理行为,或者可以具有相应的有关心理行为的含义,从而可以将其理解为常识心理学的概念。

如何理解和解释中国本土文化传统中的心理学内容,以及这些心理学内容中出现和运用的心理学术语或概念,这是中国当代心理学发展应该面对的重大问题。解释中国本土传统心理学提供的术语或概念,涉及分类、考察、解析、评价等诸多问题,从而各自具有不同的标准或尺度。目前,可以从中国本土文化典籍以及古代学者的学说中,分拣出大量描述人的心理行为的术语或概念。问题是怎样对这些传统心理学的术语进行分类,这实际上是一个非常重要又非常困难的工作。仅仅罗列出涉及人的心理行为的特定术语并没有太大意义,关键问题是怎样对这些术语进行考察。考察可以采用不同学科的尺度,解析可以采用不同时代的尺度,评价则可以采用不同视角的尺度。分析和解释大量传统心理学的术语是一项非常重要的工作。如何评价中国本土传统心理学的术语,这包含不同的视角。①

一是在西方心理学框架下的理解。中国在发展自己的心理科学的过程中,一直引进和模仿西方的科学心理学。可以说,中国的现代科学心理学是外来的、传入的。尽管有一些学者曾经试图去发掘和提炼中国历史上和文化传统中的心理学思想,但是他们持有的框架、衡量的标准、评价的尺度、提取的内容等,仍然是西方科学心理学提供的。实际上,研究者是按照西方科学心理学的筛子去筛选中国本土文化传统。按照西方心理学的框架来考察,中国本土文化中的心理学语词没有任何学术价值,也很难认为这些语词就属于心理学概念,从而也就不具有明确的心理学概念的含义。

二是从中国本土文化出发的理解。如果放弃西方科学心理学的框架,而是从中国本土文化出发去理解,或者重新去确立一个更合理、更适用的参考系,那就可以得出完全不同的研究方式和研究结论。其实,中国的文化传统中也有独特的心理学建树,也是系统的心理学,而不仅仅是一些零碎的、片段的心理学思想。中国本土文化传统中的心理学传统也包含系列化的心理学概念和心理学理念,这些也都体现在中国本土的常识形态的心理学中。中国本土常识心理学的概念同样具有本土文化的特定含义,也体现着本土文化的系统化的价值和意义。

三是由破碎片断和语录摘引引发的理解。由于研究者在抽取和摘引中国古代思想家的思想的过程中,完全以西方科学文化意义上的心理学作为标准,因而其结果就是收获了一些破碎的片段和摘引的语录。这等于打碎了一个完整的东西,然后又把其中一些碎片按照不同的方式重新进行组织。这种破碎片段和语录摘引只能使人以为,中国本土传统心理学是中国古代思想家以非常肤浅的形式或非常幼稚的话语所表达出的某种前科学形态的猜想。按照西方科学心理学的标准,这些萌芽形态的"心理学思想"只具有历史遗迹的意义,并没有现代科学的价值,这仅仅表明中国文化历史中有过

① 葛鲁嘉. 中国本土传统心理学术语的新解释与新用途[J]. 山东师范大学学报(人文社会科学版),2004(3):3-8.

某些关于人的心理行为的猜想。因此，必须摒弃这种由破碎片断和语录摘引引发的对中国本土传统心理学的理解。

四是完整、系统、深入、全面的理解。如果以完整、系统、深入、全面的视角去理解中国文化传统中的心理学思想，就可以看到一种非常独特的心理学。尽管这种心理学不是西方意义上的科学心理学，但也是一种系统的心理学探索。中国古代思想家提供的心理学可以称之为心性学说。如果进一步延伸，这种心性学说就是一种独特的心性心理学，是中国文化对心理学事业的独特贡献。心性心理学是中国本土重要的心理学思想传统，也是中国本土系统化的心理学探索。它包含了非常丰富的心理学概念，这些概念并不是零散的，而是系统的，是从统一的文化根基上生发出来的。

五是限于传统和解释传统的理解。从认为中国本土文化中没有自己的心理学传统，到认为其中包含自己的独特心理学传统，这是一个根本性的进步和变化。但是，当心理学研究去挖掘、梳理和阐释中国本土的传统心理学时，却常常是限于传统和解释传统，也就是仅仅回到传统和遵循传统，这反而成了一种倒退。承认中国本土文化传统中有自己独特的心理学，不是要放弃现代科学心理学，不是要证明现代科学心理学的学术贡献在中国文化历史中早已达成，而是要立足传统，借用本土传统的心理学资源。任何发展都需要资源，心理学的发展也是如此。文化及文化传统就是一种非常有益的学术资源。因此，在中国本土文化的心理学传统中挖掘或提取重要的心理学概念，就不能仅仅限于传统和解释传统。

六是立足发展和力求创新的理解。虽然中国本土文化中的心理学传统可以称为心性心理学，但这仅仅是传统意义上的古老的心理学。中国心理学在21世纪的发展并不是要回到原有的老路上去，而是要在汲取中国本土文化资源的基础上创新。有了创新，就可以根据中国本土的常识形态的心理学中的心理学概念，去生发出新的心理学概念，去进行新的心理学探索。

第二节 常识心理学的理论

把人们关于心理的知识称为理论，是因为常人的心理知识是由相互联系的一系列心理因果关系组成的知识体系。可以根据这个知识体系对人的心理行为进行解释和预测，而这个知识体系就像科学理论一样，有其发生、发展的过程。但是，人的心理理论并不是一个科学的理论，而是一个非正式的日常理论，是一个框架性的或更基本的理论，所以常常将其称为常识心理学或朴素心理理论。

拥有心理理论，可以帮助个体解释人们已经做的以及将要做的，例如人们需要什么、相信什么、希望什么，等等。拥有发展良好的心理理论，就能使人更好地操作和控制日常的社会环境，较准确地预测他人及自己的认知与情感状态，协调相互间的关系。

有关心理理论存在着不同的理论和观点。理论论的核心论点是，儿童对心理的认识或理解与理论相像，具有一般科学理论的基本特征。根据模拟论的说明，人类能够使用他们自己的心理资源来"模拟"他人的心理和行为。该理论认为，儿童可以利用其关于自己的心理状态的认识，通过模拟（将自己置身于他人位置）获得对心理状态及其与行为间因果联系的认识。模块论认为，儿童先天存在的模块化机制在神经生理上达到成熟时，便获得对心理状态的认识。影响儿童心理理论发展的是神经成熟，而不是来自理论的修正，经验只不过在身体成熟期间对心理理论起着某种触发作用。

心理理论的主要研究内容包括以下四点。一是有关儿童错误信念的认识发展的研究。有关儿童心理理论的大多数研究集中在儿童对他人信念以及信念与行为之间关系的认识发展方面。二是有关儿童心理理论中其他心理状态的研究。研究认为，成熟的心理理论应该考察儿童对心理的各个方面的认识——知觉、注意、愿望、情绪、意图、信念、表征、假装和思维。三是心理理论主要研究方向的发展。心理理论自产生以来，其早期研究主要集中于3—5岁儿童的错误信念理解、外表—真实认识和视觉观点采择能力发展等方面。后来又发展了其他方面的研究，例如研究了除错误信念外的其他心理状态的发展，提出解释心理理论发展的一系列学说，研究了促进发展的条件和采取干预后产生的行为后果，而且把研究对象从3—5岁扩展到婴儿期和学龄期，还研究了心理理论发展的个别差异，等等。四是心理理论两成分的认知模型。从主体信息加工的角度来看，心理理论包括社会知觉成分与社会认知成分。

　　心理理论的拓展研究包括：儿童的心理理论与成人的心理理论的关系；有关特殊儿童的研究；家庭因素与儿童心理理论的发展；心理理论的跨文化研究。研究发现，生活在不同文化环境里的人，其心理理论的发展有相同之处，亦有不同方面。[①]

　　儿童心理理论的发展就是理论形成的过程。在目前的研究中，理论论被认为与模拟论、模块论一起构成最富竞争力的三大理论之一。理论论的主张有强理论论和弱理论论。

　　所谓弱理论论并非在严格意义上使用"理论"一词，该词不过是指儿童有关常识心理学的知识。但是，需要注意的是，这是以坚持常识心理学无论如何都是一种"理论"为前提的。正是在这个意义上，可以把常识心理学当作"朴素的"理论。说儿童有理论，这并不是说儿童是在使用一种非常科学的心理理论，就像认知科学家使用的理论那样。但是，仍然可以认为，在这种不严格的意义上可以给予儿童的理解以"理论"的地位。一种理论必然是一种适合三个标准的"概念框架"。第一个标准是，一种充分发育的心理理论在最低程度上必须包含"信念""愿望""意图""情绪"的构造物。第二个标准是，要成为一种理论，这一理论框架必须从一组相互联系的概念中被构造出来。例如，为了解释儿童的某一行动，就需要理解信念、愿望和意图怎样相互联系以产生从事那一行动的特定意图。第三个标准是，必须有使用这些相互关联的概念的因果解释图式。对于一种心理理论来说，这种图式涉及根据某种规则来结合心理状态的构造物，以便预测和解释行动。用非常简单的术语来说，该图式预测人们在其信念和愿望的影响下最终形成行动的意图，这些信念和愿望与人们随后的行动在因果上是相关联的。

　　所谓强理论论认为，科学家就是大儿童。研究认为，具体说明认知发展与科学之间的相似性，不仅有助于人们理解认知发展，而且有助于人们理解科学本身。这不是说儿童是小科学家，而是说科学家是大儿童。科学家和儿童都利用同样特别有力的和非常灵活的一套认知装置，这能使他们发展关于其周围世界的真正的新知识。从理论的结构特性看，理论是彼此关联的抽象实体和法则系统；从理论的功能特性看，理论允许人们对新证据进行"预测"，帮助

① 陈友庆."心理理论"的研究概述[J].江苏教育学院学报(社会科学版),2005(5)：31－38.

人们"解释"证据,并能使人们说明证据;从理论的动力特性看,理论是一种理解向另一理解过渡中涉及的富有特征的居间过程。

目前发展心理学中有两条研究思路是有助于理论论的。第一条研究思路是关于儿童朴素理论的研究,心理学研究者考察了人们对客体的日常分类。第二条研究思路是对常识心理学重新燃起的兴趣,这就预示了这样的可能性:人们对心理的日常理解与科学的专业理论是类似的。因此,儿童对心理的早期理解可以有用地解释为一种理论,其理解的变化也就可以被当成是理论的变化。在当今对儿童心理理论发展的各种理论解释中,与模拟论和模块论这两大颇具竞争力的理论相比较而言,理论论是最全面和系统的理论,尽管还不能说这已经是成熟的理论。理论论要成为一种成熟的理论,就必须解决如下几个非常迫切的理论问题。一是与科学类比的合理性问题。二是理论是关于什么的理论,换言之,理论的所指或内容问题。对于这一点,目前理论论持有者的意见分歧很大。三是心理理论的发展机制问题。理论论立场在多大程度上解释了儿童心理理论的发展?这就涉及发展机制问题。应该说,这是理论论目前最大的理论盲点。①

显然,常识形态的心理学也有自己的理论,这种理论已经超出科学家理解的科学理论意义上的理论。这种理论也包含特定的理论原则、理论架构、理论预设、理论建构。问题在于,这种日常理论很容易受到轻视或忽视。常识形态的心理学具有的理论要么不被当成理论,要么被当成没有任何价值的理论。

第三节   常识心理学的方法

常识形态的心理学拥有自己特定的考察和解说人的心理行为的方法。当然,这种方法可以体现在各种不同的心理学探索活动之中,这包括植根于不同的心理学资源的心理学探索。不同的心理学探索拥有不同的探索方

---

① 熊哲宏. 儿童"心理理论"发展的"理论论"(the theory-theory)述评[J]. 心理科学,2001(3):333,334-337.

法,常识心理学的探索同样如此。

一、日常经验法

有研究从人格心理学研究方法的角度考察了日常经验法。日常经验法(everyday experience method)是通过研究在日常生活中不断产生的事件经验,去研究人的思想、情感和行为进程的一种方法。日常经验可以分为样例的经验、重建的经验和发展的经验,这是从不同角度去观察同样的现象和过程。

样例的经验(exemplary experience)是指在具体的、限定的或特殊的环境下观察到的行为,包括在实验室实验控制条件下观察到的行为,在观察研究中出现的与运动情景、工作情景和起居情景有本质相关的、具有一致性和经常性的行为。样例的含义主要有两种:一是可以推荐和值得模仿的行为;二是在某种情景下作为样例的典型性行为。

重建的经验(reconstructed experience)是指研究者寻求从被试自己的视角描述现象,如他们从过去、现在或假设的角度去审视自己。这通常要求被试在问卷或访谈中去评价、总结或描述自己在特定情景下的经验。这种重建的经验可以是一种特定的研究视角,能够提供人们是如何理解自己的生活和活动的信息。

发展的经验(ongoing experience)是指研究者关注对日常经验进行的直接的、即时的和连续的报告。这类研究设计主要考察特定的过程、常规的流程、自愿的活动等。通过适当的分析,预测在某些具体的环境中目标行为是否会发生,以考察上述现象的自然程序和普遍程度。这类研究一般是对不断发展的、通常在日常生活中普遍存在的时刻和事件感兴趣,将具体背景中自发的各种感情、思想和活动联系在一起。这类研究取向认为,日常生活事件有其自身的结构和节奏,经验有时是易变的、转瞬即逝的,有时是稳定的、连续的;有些是生动的、激发人的,有些是无味的、无逻辑的。其核心假设为,经验是重要的,仔细考察能有助于洞察人类的行为。[①]

[①] 陈红,陈瑞.日常经验法:一种人格心理学研究方法[J].西南师范大学学报(人文社会科学版),2006(2):8-12.

　　有研究从研究方法的角度考察了日常经验法。日常经验法是一种通过研究日常生活中各种事件发生时人们的瞬时感受，从而在自发、自然的情景中对人的心理现象及过程进行探索的方法。作为一种研究社会过程的范式，日常经验法的研究对象是日常生活中各种事件发生的"当下"人们的主观感受。日常经验法的背后隐藏了这样一个假设，即日常生活事件并非琐碎的、芜杂的、无足轻重的，正相反，这些事件有着独特的结构和节奏。对其进行深入细致的研究，能够帮助洞察人类的行为。日常经验法针对的是人们当下的心理体验，试图通过获得关于个人日常生活中某些特定事件或特定时刻的详细描述，来提取有关思维、情绪、行为的持久性、周期性、不断变化和时间结构等方面的信息，并确定上述因素之间的情境性和倾向性。

　　根据获取数据的不同框架，可以将日常经验法的取样方法分为间隔追随记录、信号追随记录和事件追随记录。间隔追随记录也叫时间追随记录，参与者在有规律的、预先设定好的时间间隔内报告他们的经验感受，使用的时间间隔往往具有一定的逻辑意义或理论意义；信号追随记录是最常用的经验取样方法，要求参与者将接收到信号那一刻的瞬时行为记录下来，信号由专门的仪器发送，可以是随机的，也可以是固定频率的，或者是两者的混合；事件追随记录则要求参与者无论何时何地，只要发生了满足预设定义的事件就要记录下来。日常经验数据的分析可以采用的方法有三种，即聚类及分解分析、个体内回归分析和多层模型分析。

　　标准的日常经验研究通常包括个体内和个体间两个分析水平，这涵盖了三个不同的问题。一是从个体内（微观）角度考察变量在个体内部的嵌套情况，分析个人经验随时间的变化过程。二是从个体间（宏观）角度就个体间差异、个体间效应的交互作用和相关假设进行分析、解释，并建立变量随时间变化的模型。三是分析个体内与个体间水平的交互作用，从而探究个体反应偏差的系统性变动对个体间因素的意义和影响。

　　目前，日常经验法已被广泛应用于人种学、社会学、心理学、教育学、管理学等领域的研究中。在心理学研究中，可以运用日常经验法，对动机、情感、应激、自我、心理健康、人格理论、精神分析、组织行为、团体之间关系、社会交往过程等方面的问题进行深入细致的考察和研究。这极大地推动了相关理论及实践的发展。①

常人的日常经验可以提升为常识心理学的方法,也可以进而提升为人文社会科学的方法。这种方法是通过日常经验来理解和控制人的心理行为。

二、宗教的方法

常识形态的心理学根源于不同的心理学传统,其中包括宗教的心理学传统。宗教形态的心理学开发的心理学方法也会流传到常识形态的心理学之中。宗教体系和宗教传统中的宗教心理学,是宗教家按照宗教的方式和宗教的教义对人的心理行为的说明、解释和干预。这是宗教历史的文化学创造,也是宗教形态的心理学传统;这是宗教提供的心理学资源,是宗教涉及的心理学内容,也是宗教开发的心理学方式。其最终形成的是宗教形态的宗教心理学,或者也可以称之为信仰的宗教心理学。

宗教心理学是体现在不同的宗教流派或宗派思想中的心理学探索。世界三大宗教——基督教、佛教和伊斯兰教,都有自己的宗教教义、宗教思想,也都有自己的宗教心理和心理阐释。问题在于,怎么能够从宗教的心理学资源中挖掘和提取有价值的心理学内容。

有研究曾经探讨和考察了佛教的禅、禅定和禅悟,揭示和解释了佛教中有关人的心理的内容和方式。② 有研究认为,从宗教心理的角度来看,禅的修持操作主要是"禅思""禅念""禅观"等活动。"禅思"就是修禅沉思,这是排除思想、理论、概念,以使精神凝聚的一种冥想;"禅念"就是抛弃世俗的烦恼、欲望、念虑;"禅观"就是坐禅以修行种种观法,如观照真理,又如观佛的相好、功德,观心的本质、现象,等等。

禅修的过程中,最重要的就是"开悟""悟入",两者是悟的不同形态。"开悟"是依智慧理解佛教真理而得真知,也称为"解悟";"悟入"则是由实践而得以体证真理,主体不是在时空与范畴的形式概念下起作用,而是以智慧完全渗透入真理之中,与客体冥合为一,也称为"证悟"。"证悟"和"解悟"不

① 李文静,郑全全.日常经验研究:一种独具特色的研究方法[J].心理科学进展,2008(1):169-174.
② 方立天.禅·禅定·禅悟[J].中国文化研究,1999(3):1-3.

同,这不是对佛典义理的主观理解,不是对宇宙和人生的客观认识,不是认识论意义上的知解,而是对于宇宙和人生的根本领会和心灵体悟,是生命个体的特殊体验。"证悟"是对宇宙和人生的整体性与终极性的把握,是人生觉醒的心灵状态,是众生转化生命的有力方式。

研究表明,中国禅宗还大力开辟禅悟的途径和创造禅悟的方法。禅宗历史悠久,派别众多,开创的途径和方法繁复多样、五花八门。概括起来主要有以下三个方面。一是禅宗的根本宗旨是明心见性,禅悟的各种途径与方法归根到底都是为了见性。二是性与理、性与道相通,悟理得道也就是见性。理、道与事相对,若能理事圆融、事事合道,也就可见性成佛了。三是禅悟是生命的体验和精神的境界,具有难以言传和非理性的性质。与此相应,参禅是充分调动语言文字、动作行为、形象表象的功能,突出语言文字的相对性、动作行为的示意性、形象表象的象征性,以形成丰富多彩的禅悟方法。这又构成了禅悟方法论的一大特色。有研究指出,悟的境界是追求对人生、宇宙的价值、意义的深刻把握,也即对人生、宇宙的本体的整体融通,对生命真谛的体认。这种终极追求的实现就是解脱,而解脱也就是自由。禅宗追求的自由是人心的自由,或者是自由的心态。这种自由不是主体意志的自由,而是意境的自由,表现为以完整的心、空无的心、无分别的心去观照和对待一切,不为外在的一切事物所羁绊、所奴役,不为一切差别所束缚、所迷惑。

可以说,蕴含在宗教传统之中的或由宗教提供的宗教形态的心理学,存在和拥有十分丰富的心理学的学术资源、十分巨大的心理学的学术意义和十分重要的心理学的学术价值。大量的宗教形态的心理学中的内容也会进入到常识形态的心理学之中。当然,这并不是在贬低和忽视科学形态的心理学,而是在为科学心理学寻找和挖掘重要的学术资源。宗教形态的心理学开发了许多有独特价值的心理学考察和研究的方法,它们也以各种方式进入常识形态的心理学中,成为常识形态的心理学的方法。宗教形态的心理学给出了关于人的心理的大量概念,这主要体现在如下三个方面。

首先,宗教形态的心理学以宗教的方式给出了关于信仰、信念、价值定位、价值追求等人的心理的意向性方面的解释和阐释,这正是实证科学的心理学在自己的历史发展中有所回避、放弃、否定的方面。其次,在宗教形态的心理学中,宗教家或宗教学者还把人的一些独特的心理行为放在一个重要的位置上,给予了十分特殊的关注,进行了宗教方式的探索。可以说,这些独特的心理行为很少存在于人的宗教生活以外的其他活动领域中,或者在人的宗教生活以外的日常生活中很少出现。但是,这些独特的心理行为却在人的宗教信仰中占有十分重要的地位。这实际上就包括宗教活动中的那种奇异体验、茅塞顿开、出神入化、心悦诚服、顿然开悟、宁静平和、幸福安详、超拔解脱、极乐体验等。这也包括宗教信仰者得到的与美好、高尚、圣洁、完善、永恒等有关的心理体验,以及对事物本质、存在价值、高峰体验、终极意义、神圣使命、神人相合等的心理体悟。① 这体现在西方和东方的不同传统中,②也体现在不同的心理体验的过程和活动中。③ 对于这些独特的心理行为的考察,对于这些涉及内在体验和精神追求的解说,正是实证的科学心理学研究中长期遗留的和缺少考察的研究空白,也正是必须去面对的研究难题。尽管宗教中的心理学并不是以科学的方式去说明和解释上述那些独特的心理行为,但它却以宗教的方式体现了这些心理行为的现实存在和宗教意义。最后,宗教形态的心理学还给出了各种各样、十分独特的力求实现和达成目标的方式、手段、途径、步骤、程序等。世界三大宗教都提供了净化人的心灵、提升人的精神境界、引导人心向善的方式和方法。

三、非科学的方法

有研究指出,非科学心理学是后现代主义心理学思潮中的一个重要派别,有着与主流心理学同样长久的思想渊源。非科学心理学是人文主义心理学传统的继续,它是在人文主义的旗帜下,向传统的实证方法提出挑战,主张探索各种可能的心理学研究方法。非科学心理学的主要观点体现在如下四个方面。

一是反对二元主义的认识论。非科学的心理学家主张建立和发展非二元主义的实践。他们认为,在科学认识论中,主观与客观、主体与客体、精神

---

① 林方.心灵的困惑与自救[M].沈阳:辽宁人民出版社,1989:148-152.
② 莫阿卡西.荣格心理学与西藏佛教[M].江亦丽,等,译.北京:商务印书馆,1994:116-119.
③ 瓦西留克.体验心理学[M].黄明,等,译.北京:中国人民大学出版社,1989:123.

与物质的区分是一种非常简单的二分法,这种通过对立两极进行建构的思想已经不符合当今信息化的社会中知识最富生命力的形态。

二是反对实验的方法,提倡辩证的方法。科学心理学把实验研究作为主要方法,给人们展现的是对人类生活进行了系统改变之后的画面。人们通过共同活动去学习、思考、解决问题,而实验的方法排除了人类社会生活中的关键特征,所以科学心理学缺失生态学意义上的效度。非科学心理学认为,人类的心理进程是以社会、文化、历史的结构为基础的,主张以辩证法作为研究范式去考察人的心理,在现实的总体性联系中去探讨心理现象,注重对活动、变化、发展、矛盾和危机的分析,去揭示发展着的个体与变化着的环境之间的相互影响。

三是强调人的社会性先于个体性。纵观人类的生活,社会性都是先于个体性的。婴儿从一降生就开始与他人互动,婴儿的牙牙学语就是在模仿他人、表演他人。这最终会把社会互动内化为个体内在的心理活动,进而使个体开始拥有了社会自我的意识。普通人就是从社会互动这面镜子中看到了自己,才开始有了"我"的概念和"我"的情感。

四是提出表演理论。在心理学家对科学心理学的批评声中,表演理论逐渐成为主导性意见。表演理论的主要观点是,表演就是创造性地模仿他人。该理论认为,人与动物的区别之一就是人对于自己想成为什么样的人有能力进行选择。这种对行为方式的选择就是一种创造性的表演,人们从这种表演中得到发展。表演与普通的行为是不同的。行为是个人在社会生活中那些无数重复性的情境中根据社会赋予的角色,如性别、年龄、种族、阶级等去行动。行为是社会制度强加给人们的,对每个人的要求或多或少是相同的;表演却是创造性的。在表演中人们可以表达自己在历史与社会中的独特性。①

非科学的方法既广泛存在于日常生活中,也在学术研究中有所体现。这种方法既是生活的方法,也是理解的方法,还是探索的方法,在日常生活、常识心理和心理科学中,都成为重要的存在。

---

① 郝琦,乐国安."非科学的心理学"对社会心理学方法论的启示[J].自然辩证法通讯,1999(6):14-19.

四、质化研究法

有研究探讨了质化研究与常识心理学的关系。质化研究不只为进行常识心理学领域的研究提供了方法，还使常人像专家一样从事科学心理学的研究成为可能。一方面，常人稍加训练就可以直接进行质化研究。质化研究的研究设计、资料收集、资料分析、呈现结论等，都更强调经验的作用，都更重视理解的释义。另一方面，常人运用质化研究还具有专家无法获得的某些优势。当常人去从事质化研究的时候，其身份一般是研究的"局内人"。所谓"局内人"，指的是与研究对象同属于一个文化群体的人，他们享有共同的或类似的价值观念、生活习惯和行为方式。首先，作为"局内人"的常人研究者一般只研究与自己的生活实践密切关联的常识心理学问题，他与研究对象之间通常共有比较类似的生活经历，有时甚至自己就是被研究的对象，对事物往往有比较一致的视角和看法，容易与被研究者产生情感上的共鸣。因此，常人进行质化研究是"文化主位的""经验接近的"，常人可以比较透彻地理解研究对象的思维习惯、行为意义和情感表达，对常用的本土概念的意义有更加深刻的领会。其次，常人不同于作为"局外人"的专家研究者，后者的研究时间是有限的，不太可能在一个情境中长久地生活下去。但是，常人并不存在这样的问题，他们生于斯和长于斯，如果没有特殊的变动，他们有可能永远生活在自己的研究情境中，对于一些需要长期投入时间与精力的研究来说，这更是一个难得的优点。再次，常人一般不会专门从事研究工作，他们还有其他工作和谋生手段，进行质化研究只是其业余爱好。因此，他们可以用大量的时间，凭自己的兴趣，详细地收集资料、分析资料。最后，常人本身成为被研究对象中的一员，往往就会选择常人最关注的问题进行研究，得出的结论可能有更高的情境相关性，更易于指导常人的生活实践。[①]

常识心理学的方法也会被人视为非科学的方法，但是这些方法却可以在常人的生活中发挥特定的、重要的功能。普通人也可以如同科学心理学家那样，通过日常的方法来了解自己和他人的心理行为。尽管未必符合科学的规范或原则，但是这些方法可以在日常生活中得到运用，具有原生态的特点。

---

① 叶浩生.科学心理学、常识心理学与质化研究[J].南京师大学报(社会科学版),2008(4)：85-91.

第四节　常识心理学的技术

　　常人在日常生活中会创造和运用日常的技术工具、技术手段,来影响和干预自己或他人的心理行为。这也就是常识心理学实际提供的日常技术和日常方式,这在不同层面影响了普通人的日常生活。

一、中国古代的心理测验

　　有研究对中国古代的心理测验及其特色与价值进行了考察。[①] 该研究认为,中国古代心理测验以知人观为理论依据,源远流长,内容丰富。中国古代也有个别差异的理论,但是对于心理测验来说,这是知人这一大背景下的一个微观理论。因此,中国古代的心理测验就建立在知人观的基本理论之上。在中国古代思想家看来,知人的目的主要有两个:一是为了统治的需要;二是为了教育的需要。这就不能仅仅限于简单的身体运动、感知觉、反应时和动作速度等的测量,而是必须探究人复杂的内心世界,包括人的各种才能和品性的综合评定。正因为如此,中国古代思想家深知知人之难。他们发现人的心理比自然现象要复杂得多、深奥得多。人为什么如此难知呢?中国古代思想家认为主要有三方面的原因:人的心理与行为的表里相乖;人的心理与行为的似是而非;人的心理与行为的变化无常。人的心理难知又可知是中国古代心理测验的基本理论依据。正因为人的心理难知又可知,所以中国古代思想家常常把知人看成最高的智慧。西方人将自己的智慧多用于知物,而中国人每每将智慧用于知人,这正是中西方文化的差异所在。

　　中国古代的心理测验可以概括为两大类:一类可以称为单一情境的测验,这类测验有文字的亦有非文字的,有个体进行的也有团体进行的,如教育测验、分心测验、单项特殊能力测验、智力与创造力测验(包括连环测验、形板测验、迷津测验)。这类测验与现代西方心理测验的思想基本一致,只

[①]　燕良轼. 中国古代心理测验及其特色与价值[J]. 心理科学,1999(2):132-135.

是在系统化和数量化方面未能达到现代心理测验的水平。这种情境单一、时空单一的测验可称为小时空心理测验。另一类则可称为多种情境或变化情境的综合测验。这样的测验在单一情境或实验室中是无法完成的，必须在生活实际的多种情境中才能完成，有时甚至需要长时间的追踪研究，可以把这种心理测验称为大时空心理测验。这种测验对于把握被试复杂的内心世界和对被试进行全面考察具有十分重要的意义。然而，这种大时空的心理测验在现代心理测验中并没有被给予充分关注。庄子的"九征"法就突出体现了大时空心理测验的特点：首先，这些测验与考察都是在实际生活中完成的；其次，测验者会有意去设计和利用九种情境，"远使之""近使之""烦使之""卒然问焉""急与之期""委之以财""告之以危""醉之以酒""杂之以处"，从而诱导出被试的九种品质——"忠""敬""能""知""信""仁""节""则""色"。

中国古代心理测验的特色与价值包括以下四个方面。一是置测验于生活实际中。中国古代没有，也不可能有实验室测验，其实验室便是实际生活。无论是单一情境（小时空）的心理测验，还是多种情境（大时空）的心理测验，都是在实际生活中进行的。特别是多种情境的心理测验，与实际生活的关系要更加密切。二是文化与超文化测验并存。一般说来，前者多用于测量一些单一的心理与行为，而后者多用于测量人复杂的、综合的心理素质，甚至探测人内心的隐密。三是测验与选拔、训练、教学、娱乐相结合。四是精于定性，疏于定量。①

中国古代的心理测验所立足的基础有生活的基础、文化的基础、思想的基础和哲学的基础，其实质是寻求对人的了解、理解、把握和掌握。

二、民间的心理治疗方法

常识心理学的技术有宽广的来源和丰富的展现，并被普通人用来改变或改善自己的生活品质和心理行为。显然，在日常生活中，普通人也会拥有各种干预自己生活的方法、手段、技术。

有研究考察和探讨了民间的心理治疗方法。民间的心理治疗方法都是

① 燕良轼.中国古代心理测验及其特色与价值[J].心理科学,1999(2)：132-135.

以经验的、朴素的、民族的、传统的方式来解决心理问题和治疗心理疾病的方法。这些方法与迷信、宗教,特别是与原始宗教,有很深厚的根源关系,以致相互之间瓜葛不清。民间的心理治疗或多或少都有上述特点,根据治疗者在治疗时实施的方法和基本的过程可分为以下几种。

一是民俗式的心理治疗。民俗认为,数字、仪式、符号与人的生活活动的好坏或成败有关,这就可以在人们"宁可信其有,不可信其无"的心理之下进行治疗。在治疗时会避开禁忌,回避一些有凶相的数字、符号、仪式或动作,而采用一些有吉相的数字、符号、仪式或动作。这种治疗方法对于因民俗信念导致的产生心因性反应的神经症患者等是适用的和有效的。

二是巫术式的心理治疗。巫术基于原始人的信念,认为各种自然现象都是一种有意志的力量,并将这些自然现象人格化,认为自然现象与人们的生活、劳动、疾病、祸福等有关。民间治疗者借助人们的这种心理进行治疗。巫术式的心理治疗方法有祈祷术、招魂术、草标术、符咒术、驱邪术、赶鬼术等,这些方法是为了使求治者的心理得到平衡和安慰,是针对反常行为进行的治疗。

三是宗教式的心理治疗。宗教是一种思想意识体系,也是信仰崇拜的活动。除了思想认识和社会意识外,宗教仍以庸俗而朦胧的原始形式存在于民间百姓的思想中,集中体现在宿命论和"轮回转世"思想上,因此"前世作孽"和"天命如此"被认为是疾病、祸福的根源。民间的心理治疗往往以原始宗教的方法来处理问题,常用下阴术(借问前世因果)、招魂术(将出窍的灵魂招回)、借魂术(将前世的恶果换给别人)、换魂术(将现世的灵魂换给别人)等来安抚和指导求治者,使求治者获得心理的满足。

四是卜术式的心理治疗。卜术是通过各种征兆来预见事件、判定事物、预测将来、先知祸福的活动。它属于预测术,以满足人们的自我了解、自我预测和自我控制的需要为目的。例如,对人的身体健康的预测有现代预防医学的雏形和职能。这包含卦术、命术、签术、占星术等,寄身于周易八卦、奇门遁甲、命理学等理论体系中,均以古代阴阳五行生克的基本哲学思想为核心,在国内外掀起一股热潮。①

---

① 石如平,何庆浩.民间心理治疗方法及其探讨[J].中国社会医学,1992(6):32-34.

这些存在于日常民俗中的心理治疗技术同样是非常有效的日常技术，也会在常识形态的心理学中得到体现，并且被日常生活中的普通人掌握和接受。普通人会在自己的生活中运用这些技术，接受这类技术的应用，享用这些技术的功效。

当然，常识心理学的技术应用需要有对常识心理学相应技术手段的掌握。因此，可以在普通人中区分出常识心理学技术的熟练运用者与陌生无知者。无论是民俗技术的发明和创造，还是民俗技术的应用和运用，都是在普通人的日常生活中进行和完成的。同样，无论是心理技术的发明和创造，还是心理技术的应用和运用，也都是在普通人的日常心理生活中进行和完成的。

第五节　常识心理学的工具

常识心理学也会有在人的日常生活中的运用，这种运用也要涉及具体的心理工具，心理工具又与相应的使用步骤或实施程序相匹配。日常使用的心理工具是多样化的，也常常在现实生活中具有特殊功用。

一、心理学应用的两个水平

任何心理学的应用都要涉及两个不同的水平——专家的水平和常人的水平。专家掌握的是科学，而常人掌握的是常识。专家与常人的关系涉及科学与常识的关系。专家的水平决定了应用的性质和程度，常人的水平决定了应用的结果和成效。专家的水平取决于两个方面：一方面是职业道德，另一方面是专业水平。因为心理学的应用会干预常人的日常生活，会影响常人生活的性质和内容，所以应用心理学的专家必须遵守自己的职业道德，这样才能够保证其心理学的应用会给常人的生活带来益处。心理学的生活应用能达到的结果与专家的专业水平直接有关。心理学专家的专业水平越高，心理学应用的效果才有可能越好。常人的水平也取决于两个方面：一方面是常人的生活经验的积累，另一方面是从科学到日常的转化。普通人的生活经验的多寡对于其生活水平和质量的提升至关重要，具

有丰富的生活经验必然会提升常人应对生活的能力。心理学的生活应
用针对的就是日常生活中的普通人。任何涉及人的科学应用都必须考
虑到,人不同于其他自然物,人具有自觉性、主动性和创造性。所以,常
人并不是可以任意由专家改变的。心理学的应用必须考虑从科学到日
常的转化。

从科学到日常的转化主要涉及三个方面。一是从科学语言到日常语言
的转化。心理科学使用的是科学的语言,或者是规范化的心理学术语。这
样的术语都有十分严格的定义,都有确切的内涵和外延,而普通人的日常语
言是含混的、多义的。但是,心理学的应用常常是要由常人掌握了心理学的
知识才得以进行,这就必须使科学语言能够转化为日常语言。二是从科学
方法到日常方法的转化。心理科学是使用科学的方法来了解人的心理行
为,科学的方法都是规范的方法。但是,常人在日常生活中则是通过日常的
方法来了解自己和他人的心理行为,这就涉及怎样使科学的方法转化为日
常的方法的问题。三是从科学技术到日常技术的转化。心理科学是使用科
学的技术手段来干预人的心理行为,科学的技术手段都有严格的限定,而普
通人在日常生活中都是通过日常的技术来达到自己的目的。这就有从科学
技术到日常技术的转化问题。①

当然,工具的发明、制造、使用都取决于特定的人员、水平、领域、目的和
方式。专家和常人就有重要分别,科学和日常就产生重要转换。

二、传统中医的心理治疗技术

有研究系统考察了传统中医在心理疾病治疗方面的临床技术,并将其
归类为八种技术方法——顺志从欲疗法、精神内守疗法、认知引导疗法、情
志相胜疗法、心理暗示疗法、音乐声韵疗法、气功导引疗法、中药针灸疗法。
每一种具体的技术方法都涉及治疗原理、治疗方法和注意事项等三个具体
方面。应该说,尽管对这些不同技术方法的归类并未完全按照日常生活中
的尺度,但是也把日常生活中的心理常识汇总在其中。

---

① 葛鲁嘉.浅论心理学技术研究的八个核心问题[J].内蒙古师范大学学报(哲学社会科学版),
  2005(4):34-38.

一是顺志从欲疗法。这是通过满足人的意愿、感情和生理需要来达到消除心理障碍的方法。如何才能使当事人顺志从欲呢？李渔在《闲情偶寄》一书中记述，"医无定格"，"救得命活，即是良医，医得病痊，便称良药"。其一，"凡人一生，必有偏嗜偏好之一物"，"癖之所在，性命与通，剧病得此，皆称良药"，故"本性酷好之物，可以当药"。其二，"人无贵贱穷通，皆有激切所需之物。如穷人所需者财，富人所需者官"，故"其人急需之物，可以当药"。其三，"人心私爱，必有所钟"，故"一心钟爱之人，可以当药"。其四，"欲得未得之物，是人皆有"，故"一生未见之物，可以当药"。其五，"凡人有生平向往，未经谋面者，如其惠然肯来，以此当药，其为效也更捷"，故"平时契慕之人，可以当药"。其六，"素常乐为之事，可以当药"。其七，"人有偏好，即有偏恶。偏好者致之，既可已疾"，故"生平痛恶之物与切齿之人，忽而去之，亦可当药"。①顺志从欲当然是有条件的。其一，要看是否合情合理，是否符合人的正常需要；其二，要看是否现实可行；其三，要看是否适度、适量，对于那些胡思乱想、放纵无稽、痴心妄想的欲念应予以合适的劝说和引导。

二是精神内守疗法。中医认为，心为五脏六腑之主，心动则五脏六腑皆摇，这肯定了心理因素对机体各脏器生理状况和过程的重要影响。正如《黄帝内经·素问·痹论篇第四十三》中所言："静则神藏，躁则消亡。"②做到"精神内守"的要点是：其一，要顺应季节变化的自然规律，起居有常，建立一种有规律的生活节奏，不能只求开心尽欲，沉溺于酗酒、好色或贪睡；其二，要通过减少接触那些可能引起内心不安和骚动的外界刺激来保持内心的平静，即要"志闲而少欲"，去除各种私心杂念，不为情思所累，不为官爵厚禄所惑，不与人争强好胜；其三，人生活在社会中不可能没有情志变化，关键是要保持中庸，即喜、怒、哀、悲皆勿太过，尤其在大病施治后更应"净神不乱思"。精神内守的关键是"虚心"，心要无所牵挂，不为财物、名利、荣辱、情感等所累，让人的心性回复到婴儿般的质朴状况，这并不是叫人不劳作，专事闲居静养，那是不现实的，也是无益的。精神内守是一种精神的状况或意识的指向，不必太讲究实现的外表形式。

① 本段中引文皆引自：李渔.闲情偶寄[M].沈勇，译注.北京：中国社会出版社，2005：124-134.
② 人民卫生出版社.黄帝内经素问[M].北京：人民卫生出版社，1963：242.

　　三是认知引导疗法。人的行为受感知、思维、想象等认知因素支配,所以要改变当事人的不良行为,就必须先使其认知发生改变。治疗时要遵循以下五点:要注意开导当事人的语言和为当事人保密;要指出不良行为的危害,引起当事人对行为与疾病的关系的重视;要指出只要矫正行为,调节情志,注意节欲,治疗及时,措施得当,是可以完全恢复健康的,以增强当事人康复的信心;告诉当事人应如何调养、如何节欲,帮助制定治疗、康复的具体措施;让当事人表达和释放内心的苦闷与压抑,消除其内心的消极情绪。①

　　四是情志相胜疗法。根据中医五行相生相克的理论,人的各种情志之间具有相互滋生和相互制约的动态关系。例如,《黄帝内经·素问·阴阳应象大论》记载:"怒伤肝,悲胜怒";"喜伤心,恐胜喜";"思伤脾,怒胜思";"忧伤肺,喜胜忧";"恐伤肾,思胜恐"。② 这就是因某种情绪过甚而致发病之时,可以用另一种"相胜"的情志来"转移""制约"或"平衡",从而使过度泛滥的情绪得到调和。要认真区分究竟是何种情志引起发病和现在主要表现为哪一类情志状况,才能制定相应的以情相胜的治疗对策。情志相胜法的核心在于用一种情绪转移、制约和平衡另一种病理性的情绪,因此具体应用时不必机械地固守古典的五行模式。

　　五是心理暗示疗法。这是采用语言或某种刺激物,以含蓄、间接的方式对病人的心理状况施加影响,诱导病人接受某种信念,重建自信心或改变其情绪和行为,使其情绪和行为以特定的方式反应。心理暗示疗法尤为适合因疑心、误解、猜测、幻觉导致的心理障碍和与文化因素相关的精神疾病,因此必须搞清楚"因什么而病",应取得病人的充分信任,理解病人的感受与想法,然后再根据病人的具体情况设计与选择合适的暗示程序与方法。心理暗示治法的效果与病人对医生的信任程度成正相关。因此,心理暗示疗法必须建立在病人对医生深信不疑的基础上。

　　六是音乐声韵疗法。宫、商、角、徵、羽五个音阶和以其为主谱写的调式或乐曲,不仅具有不同的物理声学特征,而且可以引发人不同的心理感受。根据五行学说,既然人的脏器在不同季节具有不同的生理状况,而音乐又起

---

① 邱鸿钟.中国传统的心理治疗理论与方法(一)[J].国际医药卫生导报,1999(4):45-46.
② 人民卫生出版社.黄帝内经素问[M].北京:人民卫生出版社,1963:35-46.

源于对自然意境的模仿与再现,那么在脏器与乐音之间就存在一定的相生相克关系。"天韵五行乐"是根据同声相应的原理谱写的一组用于调节心身的乐曲,具有特定的功效与适用症。音乐治疗的效果或听到音乐后体验到的生理与心理反应,主要取决于欣赏者把自己融入作品意境和乐思之中的程度,而不取决于欣赏者的文学和音乐水平的高低。①

七是气功导引疗法。它又称导引术、吐纳术、坐禅等。气功实质上就是采用调身、调息、调心等方法调节心理,使精神内守以修身养性、祛除疾病、延年益寿的一种健身方法。气功导引疗法流派众多,方法和形式各异,但原理相同,大体都有调身、调息、调心三个要领。调身就是让身体各关节和肌群放松。调息就是调整呼吸,使呼吸深、慢、细、均。息调则心定,心定则息调。调心就是以心行气,以意领气,达到静心、定志、宁神。调身是形式,调息则是手段,调心才是根本,三者相辅相成,相互制约,缺一不可。经验表明,要获得气功导引疗法的治疗效果,需要一个较长的训练过程,不能急于求成。练习时要排除杂念,意守丹田,意念既不能分散,也不能固着、凝滞于一处。

八是中药针灸疗法。《黄帝内经·素问·调经论篇第六十二》记载,"百病之生,皆有虚实"。② 人的情志不仅与心脑有关,而且与气血津液、五脏六腑的虚实功能状况相关,所以能涤荡五脏六腑的中药和疏通经脉气血的针灸,都能成为治疗精神疾患和心理障碍的有效手段。"高者抑之,下者举之;有余者损之,不足者补之。"③"佐以所利,和以所宜,必安其主客,适其寒温,同者逆之,异者从之。"④这既是中药针灸治疗的原则,也同样是心理治疗的原则。运用中药治疗精神疾病应注意病情的轻重缓急,急则治其标,缓则治其本。⑤

这些不同的方式和方法就包含常识形态的心理学的各种实用的心理工具和实施程序。任何心理学的实用工具的发明和运用,都要依据特定的心理学理解和解说,其中就包括常识形态的心理学。常识心理学的工具是多样化的、功能性的,是针对各种生活情境的,也是适用于各类人群的。

① 邱鸿钟.中国传统的心理治疗理论与方法(二)[J].国际医药卫生导报,1999(5):45-46.
② 人民卫生出版社.黄帝内经素问[M].北京:人民卫生出版社,1963:334.
③ 王弼,楼宇烈.老子道德经注校译[M].北京:中华书局,2008:186.
④ 人民卫生出版社.黄帝内经素问[M].北京:人民卫生出版社,1963:527.
⑤ 邱鸿钟.中国传统的心理治疗理论与方法(三)[J].国际医药卫生导报,1999(8):44-46.

第八章　常识心理学的功能

　　常识心理学的功能涉及常识心理学在个体的日常生活中和在社会的公共生活中起到的作用。常识心理学在常人的日常生活中具有重要功能。普通人在自己的日常生活中是根据自己的经验常识来解释生活事件、安排日常活动的。如果没有心理常识,那么自己和他人的所有心理行为就都难以理解,也都无法应对。常识心理学在社会的日常生活中也同样具有重要功能。常识心理学是社会正常秩序的黏合剂和润滑剂,社会的日常生活就是在常识心理学的约束下形成了日常的互动和日常的理解。

第一节　常识心理学的基本价值

　　在科学心理学的学科发展历史中,科学心理学家总是力求与心理常识或常识心理划清界限。按照心理学的科学性质或学科性质,常识或常识心理学是没有价值或没有学术价值的知识形态,是不存在其有效功能或没有生活价值的知识形态。如果按照现实的功能、生活的功能,按照心理学具有的应用价值、人性的价值来进行衡量或评判,常识就是具有价值或学术价值的知识形态,就是存在其有效功能或生活价值的知识形态。

　　因此,如何理解常识心理学的功能,就在于改变心理学的现行的衡量自身的标准或尺度。如果按照生活效果的衡量尺度,常识形态的心理学是在普通人的生活中起重要作用的心理学知识形态。对于常识形态的心理学来说,其日常的理论、方法和技术在普通人的生活中发挥着重要功能。这种日常生活的意义和价值对于社会生活中的普通人来说,是非常重要和不可或缺的。

　　常识形态的心理学具有的最为重要的存在价值就在于,普通人的日常生活、日常心理生活的创造和改变,是通过常识形态的心理学提供的建构、生成、创造的功能来完成的。严格说来,常识形态的心理学不是为了说明生活而存在,而是为了构成生活和支撑生活而存在。这就预示了心理学研究的一个重要的顺序问题,并对现代科学心理学的发展具有重要的、启示性的意义和价值。可以说,常人在日常生活中主要是在寻求延续自己的日常生活,解决自己日常生活中的问题,改变自己日常生活的现状。

　　在心理学的研究和演变中,心理学的理论研究、方法研究和技术研究的顺序曾经有过不同的变化。首先是理论—方法—技术的顺序。在这个顺序中,理论占首要的位置或支配性地位。理论的范式、框架、假设、主张、观点等成为心理学研究的核心内容。其次是方法—理论—技术的顺序。在这个顺序中,方法占首要的位置或支配性地位。方法的性质、构成、设计、运用、评判等成为心理学研究的核心内容。在这样的两个不同甚至对立的心理学研究类别的研究顺序中,技术都处在最末端的位置上。显然,技术被认为具有附属的性质,具有从属的地位。这在心理学的当代发展中是应该被颠覆的认识。

　　心理学研究应有的顺序是技术—理论—方法,即技术优先。技术优先重视的是心理学研究中的价值定位、需求拉动、问题中心、效益为本。价值定位是指在心理学的研究中,研究者和研究者的研究都应该拥有非常明确的价值取向。原有的实证主义心理学的研究是主张价值中立或价值无涉的,研究者必须在研究中持有客观的立场。但是,技术优先则必然要具有价值取向。需求拉动是指心理学的研究是由人的现实生活的需要拉动的。越是发达的社会,越是高质量的生活,就越重视人的心理生活及其质量。满足人的需求是心理学研究的根本目的。问题中心是指心理学的研究必须以确定问题、研究问题、解决问题作为自己的核心。效益为本则是指心理学的研究也必须考虑自己的投入和产出,即怎样以最少的投入获得最大的收益。在技术—理论—方法的顺序中,技术是由理论支撑的,理论是由方法支撑的。因此,所谓的技术优先也并不是脱离了理论和方法的单纯的技术研究。①

---

① 葛鲁嘉.心理学研究划分的类别与优先的顺序[J].吉林师范大学学报(人文社会科学版),2005(5):15-19.

在人的心理生活中，非常重要的一点是人可以自主引导、自主创造、自主生成自己的心理生活。当然，这种自主的引导可以按照不同的方式进行，也可以达成完全不同的结果。其实，心理学本身就应该以自己的方式为现实生活中具体的人所掌握，每个具体的人都能通过心理学把握自己的实际生活。

当然，人可以失去对自己的生活或心理生活的自主引导，从而成为生活中的被动依附者，成为心理上的盲目依附者。这可以使人成为生活中的承受者，人的生活或心理生活就会成为随波逐流的被动过程。其中最糟糕的是，人放弃了对于自己而言最重要的创造性和创生性。自己创造的生活或心理生活，无论得到什么样的结果和评价，都会是有价值、有意义的生活。

可以在常识心理学的价值中分离出学术和生活两个基本功能。对于常识心理学来说，其学术意义或学术价值一直是被忽视的。正是因为常识心理学具有意向性推论的性质，所以科学心理学的研究者认为它毫无价值。但是，常识心理学也具有心理生活解说、心理构成阐释、心理行为干预的性质，因而在更宽广的意义上，科学心理学能够在常识心理学中得到许多资源。常识心理学也具有生活功能，其生活意义或生活价值是不容忽视或轻视的。

有研究曾经从社会学角度系统考察了普通人在日常生活中运用的日常生活方法学。日常生活方法学是研究日常生活中人们如何创造、构造、认识、理解社会秩序和社会情景的一种社会学思想、理论和方法。它由英文中的"ethnomethodology"一词翻译而来，其译名多种多样，包括民族或种族方法论、民族或种族研究法、本土方法学、民俗方法论、人种学方法论、日常生活方法论，等等。对日常生活方法论的界定包含三种含义：一是认为日常生活方法学研究日常生活中社会成员认识、理解、创造、解释社会结构和社会秩序的方法；二是认为日常生活方法学研究日常社会生活的秩序；三是认为日常生活方法学研究社会成员与他们创造的社会结构、社会秩序之间的关系。

日常生活方法学在方法论上的基本观点主要体现在两个方面：一是体现在对社会行动和社会秩序的分析中；二是体现在指导如何进行社会研究的一般原则上。从对社会行动和社会秩序的分析看，日常生活方法学在方法论上的基本观点表现在以下三个方面。首先，关于社会成员或行动者主体，日常生活方法学反对主流社会学（主要指结构功能主义）把人视为被动地接受规范和采取行动的个体的决定论观点，主张把人看成社会秩序、社会规范的积极创造者。其次，关于社会或行动客体，日常生活方法学反对主流社会学把现实世界与社会成员的主观认识和解释相分离的看法，主张把两者联系起来。最后，关于社会成员与社会或行动主体与客体的关系的看法，则与前两种看法是一致的。日常生活方法学首先肯定了社会现实是与社会成员的认识、解释相关联的，进而提出社会生活本质上是相互强化式的，认为社会成员并不真正知道社会、社会秩序是怎样的，他们必须去假定社会、社会秩序是怎样的，并根据这种假定理解、认识和描述社会和社会秩序，从而构成了他们可知的、可见的、可理解的和可说明的世界。这一点就说明了社会成员或社会行动者都是主动的、积极的。在如何研究社会的一般原则上，日常生活方法学提出了三点主张：一是按日常生活的本来面目反映日常生活；二是在具体的环境中研究社会成员活动的意义和构造社会秩序的方法，认为社会成员活动的意义和构造社会秩序的方法都是索引式的，即都来自具体情景；三是把社会互动或对话方式等社会现象当成过程来研究，在过程中去把握社会现象或社会心理的意义。

日常生活方法学的方法论、方法和理论是融为一体的，这表现为三者紧密联系、相辅相成，构成了日常生活方法学的整体。日常生活方法学认为，在社会行动中，社会成员是主动性的、创造性的，是根据他们定义和构造的社会秩序和社会情景而行动的。这些定义和构造是在具体的环境中进行的，离开具体的环境就不能理解社会成员对日常生活的定义和构造。这种理论观点贯穿到方法论中，就是按生活的本来面目了解和认识生活，在具体的环境和过程中研究社会成员活动的意义和构造社会秩序的方法。①

显然，常识形态的心理学会在普通人的社会生活中扮演非常重要的角色。尽管这种特定的生活功能常常是隐含的、不明确的、潜移默化的、日久天长的，但是普通人无法在日常生活中摆脱这种影响，常人的生活必须依赖于常识形态的心理学的这种特定功能。进而，常人才能够在日常社会生活

---

① 江山河. 日常生活方法学引论[J]. 社会学研究,1988(1)：101-112.

中了解、把握或掌控自己和他人的心理行为。

第二节　对心理行为本身的理解

常识形态的心理学所提供的对人的心理行为的理解和解说,既包括了普通人对自己心理行为的理解和解说,也包括普通人对他人心理行为的理解和解说。这就是常识心理学对心理行为本身的理解,不仅决定了常人与自我的关系,而且也决定了常人与他人的关系。

一、对自身心理行为的理解

常识心理学的构成可以包含两个层次。一是个体的层次。尽管个体是从社会常识中获取心理常识的,但是个体有自己的生活经历和生活经验。因此,个体对心理常识的理解是个体化的。在人的自我意识的基础上,人会对自己的心理存在或心理行为有自己的了解和理解,有自己的把握和控制。人类个体可以通过常识形态的心理学来实现对自己的心理行为的了解和把握、理解和控制。二是社会的层次。心理常识通过社会个体之间的互动和交流,会逐渐地形成社会群体或社会大众能够共同理解的含义,这就是所谓"常识"的含义。社会共有的或民众共有的常识形态的心理学会成为社会个体与他人相通的心理学的理解。常识形态的心理学就会成为社会普遍流行的心理学解说。

在人的日常生活中,人的自我理解和自我解说是人的自我存在和自我发展的最根本性质。正是因为人的自我理解,人可以依据不同的原则、理论、知识等,来把握自己的心理与行为,来引导自我的建构与发展。

常人在日常生活中非常重要的任务就是了解和理解自己,包括了解和理解自己的心理行为。正是因为人有自我意识、自我控制,每个社会个体才都面临着自我认识和自我约束的问题。

当然,这并不是说,人有对自己的心理行为的控制,就必然能理解自己的心理行为。人对待自己的心理行为就如同对待他人的心理行为一样,也需要有自我的了解、认知、认识或理解。只有在此基础上,才能够有对自己的心理行为的合理支配和控制。因此,普通人在心理上会拥有自己的认知框架、认知尺度,他们或采纳自己的认知标准,或依赖自己的认知解说。

美国的心理学家马库斯认为,自我应该被视为一种认知结构或认知图式,并提出了自我图式的概念。自我图式既包括个体和周围他人对个体行为的反复分类和随后评价而形成的一般表征,也包括对与个体有关的特定事件和情境的认知表征。自我图式一旦建立就会起到选择机制的作用,影响与自我有关的信息的输入和输出,决定了个体是否关注和如何建构信息、信息的重要性程度如何,以及随后对信息的处理。当个体积累了某种类型的重复经验之后,其自我图式就会逐渐拦阻不一致的或矛盾的信息。

后来,马库斯扩展了其研究范围,考察了自我图式在理解他人的思想、情感、行为中的作用,也就是考察了自我图式在社会认知中的功能。研究表明,自我图式能够影响个体整个的知觉过程,包括对他人行为的知觉、组织、记忆、推论和评价。在人际知觉中,人们往往会把自我作为认知参照点,根据自我图式来对他人的行为作出判断,这也是心理偏见、态度同化、自我中心等许多心理现象产生的原因。①

自我图式实际上也就是常人关于自我的常识心理学的基本理解和认知建构,这构成了一个关于自己的心理行为的基本理解和核心解说。因此,自我图式就是一个特定的常识性自我心理理论建构。按照社会心理学的研究,普通人对于自我的了解和理解也类同于普通人对于他人的心理行为的了解和理解。这也就表明,普通人会将自己的心理行为外化为认知和掌控的对象,然后进行旁观式的观察和了解,主动进行调节和控制。

二、对他人心理行为的理解

在社会生活中,普通人要对他人的心理行为进行描述、解说、推论、预测。普通人具有的常识形态的心理学就包含着关于他人的心理行为的理解,因此可以成为普通人理解他人的心理行为的基本依据。这使得社会个体的社会理解和社会交换有了心理行为的基础。更进一步,这甚至也使得

---

① 郭本禹,修巧艳. 马库斯的自我社会认知论[J]. 西南大学学报(人文社会科学版),2007(1): 17-21.

社会个体对于他人的心理行为的理解和把握有了一种心理学的或常识心理学的基础。社会生活中的他人都是具体的他人，都是与当事人有特定社会关联的他人。理解他人的心理行为就是与他人进行社会互动的基本依据和基本条件。常人的常识心理学也属于一种社会心理，是社会个体和社会群体表现或表达出的特定的心理构成或心理活动。

有研究指出，人们在日常生活中经常需要推测他人的心理状态，以预测或解释他人的行为。在这一推测过程中，个体需要具备心理理论，即个体关于记忆、信念、愿望、意图等心理状态如何指导自我和他人行为的一套知识系统。个体在观点采择的过程中，会以自己的观点作为起点进行锚定，再将自我向他人方向进行调整，克服自我中心，并作出最终判断。因此，从加工过程的角度分析，成人推测他人心理状态很可能是一个先自我中心锚定、再调整校正的过程，即先以自己的心理状态为基础进行锚定，随后克服和校正自我中心，并正确推测他人的心理状态。研究表明，该锚定过程具有自我中心化性质。完成起始状态设定后，由于意识到自我和他人心理的差异，个体开始调整，逐渐地从以自我为中心转向表征他人心理状态，从而作出正确的判断。概括起来，先是自我中心的阶段，再是克服自我中心的调整阶段。心理理论的推理过程可以划分为更具体的四个过程：模拟自我的心理状态；表征他人与客体的二元关系；当模拟自我和他人表征不一致时抑制模拟自我；对以上各个过程进行整合、协调。[①]

有研究对社会认知进行了考察，把社会认知看成是建构和谐社会的社会心理基础。关于社会认知的研究包括以下方面。一是关于社会印象的研究。在现实生活中，人们往往根据性别、年龄、种族、地域、职业等群体类别特征对他人进行知觉和判断，使个体与所属群体的特征保持一致，从而忽视了个体的具体特征，出现类别知觉偏差现象，这也就是通常所说的刻板印象。二是关于社会态度的研究。社会态度能够影响个体对客观对象的选择判断、反应模式，也会影响社会个体的行动效率。当然，社会态度的结构并非一成不变的，而是会随着社会态度的整合程度、分化程度和复杂程度等的

---

① 陈雨露，苏彦捷. 先"自我中心"再"调整"：成人推理他人心理状态的加工过程[J]. 心理科学，
2011(1)：131-136.

变化而变化。但是,这种变化只是大小、强弱程度的变化,并不会影响对社会态度结构的总体研究,而且探明社会态度的结构不仅有利于揭示社会态度本身的心理过程与特征,而且有利于解释、说明和预测人类的社会行动。三是关于社会偏见的研究。认知心理学的研究表明,由于人类在推理能力上存在着局限,因而在不同程度上都会存在某种认知偏见,并因认知偏见的存在而对决策造成负面影响。社会认知理论在研究偏见的过程中,初步形成了关于偏见内涵的稳定解释机制,认为那些通常缺乏理性基础或充分证据的观念簇即"刻板印象",构成了偏见的认知内容或认知根源。四是关于社会歧视的研究。社会歧视与社会态度、社会偏见等有密切的联系,有时人们甚至在同等意义上使用这些术语。实际上,任何社会行为背后都有其社会态度作为支撑,作为一种社会行为的社会歧视,本质上是对社会偏见这种社会态度的反映,社会偏见和社会态度是社会歧视的社会心理根源。社会偏见只是一种存在于人脑中的、主观的、不表现于外的否定性社会态度,而社会歧视已成为一种实际存在的、外显的社会行为。社会歧视主要是针对弱势群体的社会行为,因而其表现形式也是多种多样的,如身份歧视、职业歧视、文化歧视、语言歧视、教育歧视、残障歧视、疾病歧视、性别歧视、人格歧视,等等。①

　　普通人在自己的现实生活中,总是要与他人形成特定的社会互动,并结成各种不同的关系。在人与人的关系中,常人总是要去理解或解说他人的心理行为。正是在社会个体关于他人的心理行为的理解和解说的基础上,才会有人际关系的存在和变化。那么,常人关于他人的心理行为的理解就成为非常重要的人际关系的前提。

第三节　对人类心理行为的理解

　　常识心理学不仅涉及关于个体自我和社会他人的心理行为的理解和解

---

① 贾林祥. 社会认知: 和谐社会构建的社会心理基础[J]. 徐州师范大学学报(哲学社会科学版),
　　2010(3): 137-142.

说,而且涉及关于人类种族或人类整体的心理行为的理解和解说。这关联的既是人性的心理层面,也是人性的心理学。因此,常识心理学也就是对人性的一种独特的理解和把握。

一、人性化还是去人性化

有研究指出,西方心理学中存在着人性化还是去人性化的两难选择。人的多重性决定了人性问题的复杂性,因此导致西方心理学对人性问题的不同对待和处理,也因此会有主流与非主流、学院派与非学院派之分。把人当人看,并赋予人内在的思想、情感与个性,这是一个人性化(humanization)的过程;把人当物看,或将物模拟为人,剥夺人之为人的特性,这是一个去人性化(dehumanization)的过程,或是一个物性化的过程。在西方心理学的发展中,人性化与去人性化构成了两种对立的态度和取向,这是为心理学谋求不同的出路,追求的是不同的目标。

首先是人性化的心理学。在西方心理学的发展中,人本主义心理学和后现代心理学被看成是人性化的心理学。人本主义以人的本性、潜能、价值和经验作为研究主题,因为人性从根本上讲具有追求生命意义的冲动和创造美好生活的潜力。从马斯洛的自我实现的人到罗杰斯的机能完善的人,从罗洛·梅的存在分析论到弗兰克尔的意义治疗学,人性化得到了最充分和最广泛的体现。时至今日,人性化心理学的代表是颇具影响的后现代心理学。与秉持实证论、决定论、经验论和机械论的现代(主流)心理学相比,后现代心理学是反基础主义、反本质主义、反个体主义和反科学主义的。

其次是去人性化的心理学。受自然科学的影响,西方心理学从一开始就将自己的目标定位于实证科学,甚至不惜以牺牲人之为人的核心成分(人性)为代价。去人性化的心理学最突出的代表当数行为主义,这个把人类当硕鼠、把大人当小孩的心理学流派,试图将心理科学改造成一门地道的自然科学:从形式到内容、从方法到手段、从主题到对象,无不严格遵循自然科学的标准。认知心理学消解了人性中的核心成分——人格。姑且不论认知心理学意图何在,至少它在增进人们对人性的理解方面不能算是成功的。

不难看出,西方心理学人性化与去人性化的分歧,使该学科陷入了一种二律背反的两难境地:如果心理学是科学的,那就必须是去人性化的;如果心理学是人性化的,那就不可能是科学的。不能指望某种心理学能够穷尽人性的方方面面,但可以期望心理学在揭示关于人类自身真理问题的同时,能够做到"完整地阐述成为一个人意味着什么",并最终有助于增进人类的福祉。①

心理学是人性的科学,还是物性的科学? 对此问题的回答决定了心理学探索的定位和走向。将人的心理非人化,给心理学带来了许许多多的弊端。尊重人的本性、人化人的心理、强调人的创造性、造福人的生活,应是心理学的根本目标。

二、如何理解人性的本质

如果按照人的存在本性来理解人的人性,就可以把人性理解为自然的本性、社会的本性、文化的本性、自主的本性、完整的本性。一是自然人假设。自然人假设认为人具有自然的本性。人就是自然的组成部分,是具有自然本性的存在,人的心理行为是受自然本能支配的。二是社会人假设。社会人假设认为人具有社会的本性。人就是社会的存在方式,是具有社会本性的存在,人的心理行为是受社会存在制约的。三是文化人假设。文化人假设认为人具有文化的本性。人就是文化的基本属性,是具有文化属性的现实存在,人的心理行为是受文化条件决定的。四是自主人假设。自主人假设认为人具有自主的本性。人就是自我的主动创造,是自主决定命运的存在,人的心理行为是受自主创造决定的。人有自己的潜能,人能够通过自己的努力来实现自己的潜能。五是完整人假设。完整人假设认为人具有完整的本性。人是完整的和系统的存在,是多元化的和多样化的存在。完整人同时具备了上述的自然的本性、社会的本性、文化的本性、自主的本性。那么,人可以在单一的方面发展自己,也可以全面地发展自己。

如果按照人的道德本性来理解人的本性,就可以把人理解为善的本性、恶的本性、不善不恶的本性、可善可恶的本性。人性本善的理解是认为人生来就具有善性,人的本心就是善的,人的恶是因为后天善性被压抑了。人性

---

① 陈少华. 人性化还是去人性化——西方心理学的两难选择[J]. 西北师大学报(社会科学版),2006(5):48-52.

本恶的理解则认为人生来就具有恶性,人的本心就是恶的,人的善是因为后天恶性被抑制了。人性不善不恶的理解是认为人性生来并没有善性和恶性,人就是白板,是可善、可恶的;善与恶就在于后天的引导。人性善,关键就是怎么张扬自己的本性或本心;人性恶,关键就是怎么压抑自己的本性或本心;人性不善不恶或可善可恶,关键就是怎么引导人的本性。按照人的道德本性来划分人的不同的本性就可以得出人与自然、人与自己、人与他人、人与社会、人与文化、人与创造等的不同关系,就可以对人的心理行为有完全不同的理解和解说。

三、人性观的后现代转向

有研究考察了人性观的后现代转向及其对心理学研究范式产生的冲击。这包括科学主义的心理学、人本主义的心理学、折中主义的心理学、后现代主义的心理学。

首先是科学主义的外源决定论。科学主义心理学经历了由内容心理学、结构主义到行为主义、发生认识论和认知心理学的演变历程。这代表着西方心理学主流研究的发展,并一直居于统治地位。出于对自然主义方法论的推崇,该研究阵营主张将人类心理视为外源变量刺激的结果,信守人性的外源决定论。

其次是人文主义的内源决定论。外源决定论从一开始便受到来自人文主义内源决定论阵营的激烈批判。早在冯特时代,布伦塔诺就以非实证的内部知觉对心理现象进行了更广泛的分析和研究,开创了人文主义内源决定论与科学主义外源决定论抗衡的先河。此后的精神分析学派、格式塔学派、人本主义心理学和超个人心理学则继承和发展了这种研究路线。人文主义心理学主张人性源于人类自身既有的某种规定性,外源变量不是行为的原因,而是对内在人性的激活,亦即人性具有超验性或先验性。

再次是折中主义的交互决定论。外源决定论和内源决定论的激烈冲突激发了现代主义心理学阵营中折中主义人性观的出现,该人性观以 20 世纪中期形成的个人建构论和社会学习论为代表,可以称这种人性观为交互决定论。交互决定论不单纯强调外源决定论或内源决定论中的一方从而忽视另一方,它主张人既是决定的又是被决定的,既是驱策的又是被驱策的,既受生理、遗传的影响又受社会、文化的影响,既注重行为获得又重视心理、意识和认知的影响和决定作用。总之,人性是建构的,是交互决定的。

最后是后现代主义的建构决定论。后现代主义心理学主张人性是社会的建构,是关系的存在,是文化的产物,是历史的传统。关于人性是社会的建构,后现代主义心理学认为,并不存在某种先在的、被决定的,同时又反过来决定着人的心理和行为的人性,所谓人性,不过是社会的、话语的建构。人性仅仅是心理学家的幻象,是特定研究群体在互动历程中达成的共识,是社会的建构。同彻底否认人性存在的激进的后现代主义的人性观不同,逐渐成为主流的温和的后现代主义者并不否认人性的存在,主张人性是话语的建构。关于人性是关系的存在,从个体的角度看,话语是一种先于个人的"先在",是一整套意义、隐喻、表征或陈述系统;从发生学角度看,话语则是特定共同体中社会关系和社会存在的呈现,是同一文化中的"游戏者"共同参与建构的产物。承认了人性是社会的建构、话语的建构,也就是承认了人性是关系的存在。①

常人除了关注自己的心理行为的解说,也会关注自己归属的人类的心理行为的解说。关于人类的心理根基、心理品性、心理成长,常人都有自己的理解和把握。

时代决定了人性观,不同的时代有不同的关于人性的理解和偏重。后现代的人性观更开放和更多元。

第四节　对心理行为本身的干预

常识心理学不仅提供了对心理行为的理解,而且提供了对心理行为的干预。这取决于人的心理的独特本性。而且,在不同的文化传统或社会生活中,这种干预也都具有独特的方式和手段。

---

① 况志华.人性观的后现代转向对心理学研究范式的冲击[J].南京理工大学学报(社会科学版),2006(4):77-82.

一、人的心理的自觉性与自主性

在传统的心理学应用中,常常把心理学的应用对象看成是可以被动地任意干预的,是被心理学的技术手段实际改变的。但是,人的心理的最重要的性质就是人具有主动性和自主性。人的心理是可以自我理解、自我改变的。因此,心理学可以存在两种完全不同的应用途径,并且有不同的前提假设、不同的实施方式,产生不同的现实结果、不同的心理改变。

首先是人的心理的自觉性。人的心理具有的一个重要特征就是觉,例如觉知、觉察、觉悟、觉解,等等。所谓觉,就是自主的把握、自主的决定、自主的活动、自主的创造。觉带来的是人的价值取向和价值定位,是人的意义寻求和意义创造,是人的生活品质的追求和生活品位的提高。

其次是人的心理的自主性。自主的存在就决定了人可以通过对自己的心理行为的主动干预,来引导和改变自己的心理行为。人是自己的心理行为的主人,人可以成为自己的心理行为的主动控制者,人可以按照自己的方式、预想、目标、想法、意图等,构建自己的心理生活,决定自己的行为方式。

人的生活、心理、行为、历史在很大程度上都是自己决定、建构、引导、创造的。人是主动的创造者或建构者。对于自主引导来说,最重要的是价值定向。什么是重要的,什么是不重要的;什么是有价值的,什么是没有价值的;什么是值得追求的,什么是不值得追求的,这就是人的心理生活的价值定向过程。人的心理生活就是通过自主的价值定向,通过自己的价值赋予,通过自我的价值导引,从而建构或生成的。自主的引导中最基本的一点是目标的确定。人的心理行为是目标导向的,人可以自主决定自己的行动目标。还有非常重要的一点是决策活动,即活动的目标、程序、步骤、方式、手段、结果等的制订过程。同样重要的还包括行动的执行,自主引导最终就落实在行动上。人的活动要产生变化的结果,那么,最重要的变化结果就是环境的改变和心理的改变,当然也可以是两者的共同改变,这就是环境与心理的共生历程,是共同演变和共同发展。①

人的心理行为的自主性和自觉性决定了普通人可以对自己的心理行为

---

① 葛鲁嘉. 心理学技术应用的途径与方式[J]. 科学技术与辩证法,2008(5):66-70.

进行自主的干预,这可以是普通人通过常识形态的心理学对自己的心理行为进行解说、影响和引导。

二、中国人心理困扰的应对方式

有研究考察了中国人心理困扰的应对方式及其社会文化根源。人的一生会遇到各种各样的心理困扰,为此要采取各种方法来加以应对。应对方式大体上可以分为进行自我调节和寻求他人帮助。中国人心理困扰的应对方式有:先进行自我调节,后寻求外界帮助;在寻求外界帮助时,先求助于自己人,后求助于外人;在求助于外人时,先求助于医疗帮助或民俗的、本土的心理方法,后求助于现代心理咨询与治疗或精神科治疗。社会文化因素也对心理困扰应对方式的选择有一定影响。①

中国传统文化强调慎独、自省,使人们易形成仅仅依靠个人的自我调节来化解内心矛盾的习惯。包括自省在内的个人自我调节固然有时能使人达到内心平衡和良好适应,但其效果往往与心理问题的性质、个人的自我调节能力等有重要关联。

造成中国人遇到心理困扰求助外界帮助时先求助于自己人,后求助于外人的社会文化原因是:中国人特别强调自己人与外人之别,所谓内外有别、亲疏分明。在中国人的日常生活里,与自己人的关系大大不同于与外人的关系。家人关系中又可依对象的不同进而分为亲疏不等的关系,熟人关系与生人关系亦然。这种人际或社会关系网以自我为参考点向外圈圈扩散,越向外关系越疏远,类似于同心波纹。在这种文化环境里,人们遇到心理困扰时不习惯向外人或陌生人敞开心扉,包括心理辅导与心理治疗专业人员,多采取诸如向自己的家人、朋友、同事、同学倾诉的方式。个人因心理困扰而去寻求帮助,往往要以损耗自尊为代价,即承认自己的无能或自己是弱者,同时还要准备承受因求助被拒绝而带来的自尊损伤,所以求助前多数人会感到窘迫。许多对华裔和中国人的研究都显示,耻感是妨碍中国人心理求助的重要因素。

---

① 李强,高文珺.中国人心理困扰的应对方式及其社会文化根源[J].理论与现代化,2007(5):108－114.

这导致或造成的结果是,中国人在遇到心理困扰而求助于专业帮助时,先是寻求医疗帮助或求助于民俗的、本土的心理帮助,然后才求助于现代心理咨询与治疗或精神科治疗。首先,民俗的、本土的心理帮助方法本身具有一定的心理辅导功能和一般性治疗功效:能对问题的发生提供某种"说明";使求助者短暂脱离现实情况,提供"退避""休假"或"重整"的机会;使求助者暂时摆脱社会约束,吐露自我要求;为求助者提供处理问题的应付办法;为处于困难中的求助者提供希望;为求助者提供安全感,让求助者感到有可依靠的权威者;帮助求助者获得家人的支持及营造支持性环境。其次,相当多的人本来已经有某种情绪问题或心理障碍,但没有以心理症状表现出来,而转换为各种躯体症状,进而寻求医疗上的帮助。再次,中国人有根深蒂固的养生保健观念。现今仍有许多人,甚至包括受过较高水平教育的人,其心理保健意识很淡漠。最后,中国传统文化对非本土化的西方心理咨询与治疗方法的排斥,使得很多人遇到心理困扰时不愿求助于源于西方的所谓正规的心理咨询与治疗。国内一些心理卫生工作者在进行心理咨询与治疗时,没有充分考虑到社会文化因素,尤其是来访者的文化背景的影响,而是完全照搬西方心理咨询与治疗的技术和方法,使得心理咨询与治疗的疗效不高,对来访者或患者的吸引力较低。

普通人对自己的心理行为的干预,可以是从普通人自己掌握的常识形态的心理学出发,来理解、调整和改变自己的心理行为,其理解、把握、定向和调控的水平和程度,取决于其掌握的常识形态的心理学的丰富程度和灵活程度。对自己的心理行为的觉知程度,决定着人的自我调控的程度,普通人自我调控的水平参差不齐。恰当的或适宜的自我调控水平也与其形成和掌握的常识形态的心理学的丰富或成熟的程度有重要关联。

三、对他人心理行为施加的干预

心理学可以采用两种方式对人的生活、心理生活加以影响,即干预和引导。干预是以研究者为主导的过程,引导则是以生活者为主导的过程。干预是使生活者按照研究者的预测和方法而发生改变,引导则是使生活者按照自己的意愿和方式朝研究者制定的目标变化。自心理学成为独立的科学门类之后,就一直主张、倡导、实施对人的心理行为的干预,这继承了传统自然科学对待自然对象的方式。但是，人的心理有与其他自然物完全不同的特性，心理学只能通过引导来唤起人的心理自觉，从而通过人的自我意识、自我觉知、自我意志、自我控制来改变人的心理生活的品质。

有研究考察了技术符号及其对社会心理互动的影响。符号互动理论提出了一种研究方法，即从社会秩序必需的交流的观点出发来论述经验。这一方法特别关注个体内部经验在整个过程中如何产生，对于仅仅发生在个体心理生活中的变化，必须通过其与环境的关系来说明。在具体操作层面，符号互动理论把属于个体经验的内容归于一种共同的语言、一个共同的世界。在现代社会，各种技术手段的广泛应用大大丰富了个体之间的共同世界。

在现代社会中，除了语言，技术也为人与人之间的交流和社会心理互动提供了机制。首先，技术像语言一样，以符号的形式为媒介，实现了互动主体自我与互动客体他人之间的互动，并由互动产生了相应的社会组织和社会制度。其次，现代技术不仅具有语言符号的基本功能——交流，而且赋予了这一基本功能新的特点。这主要表现在：第一，现代技术已经为语言符号在时间和空间上无限拓展创造了多种形式，打破了之前语言必须当时、当地交流的局限性。第二，技术手段的应用使得主体与客体之间刺激与反应的过程变得更加便捷、敏锐，改变了生活的节奏，并对社会秩序进行了调整，这使个体内部的经验更加复杂多样，同时也令个体更难以快速、准确地把握事物。技术符号日益扩大着人与人之间的交流和社会心理互动的平台，并且具备无限的潜力，扩展着人与人之间互动的渠道。技术符号丰富了主体与客体之间信息及情感的交流，无限扩大了适合社会心理互动的空间。技术符号拟定了许多独特而别致的互动情境。①

常人可以采取多种方式对他人的心理行为进行干预，如可以传递日常生活的理念、日常生活的方式、日常生活的目标、日常生活的手段等，这些都是日常生活中最普通的影响或干预的方法。普通人在日常生活中最重要的人际互动首先是传递生活的理念，这些生活理念提供了关于社会生活的理解,包括关于社会心理生活的理解;其次是普通人之间的生活方式的交换,特定的或优越的生活方式会极大地影响普通人的日常生活,普通人会将自己的生活方式通过常识传递给其他人;再次是普通人的生活目标的相互影响,常人会通过自己的生活目标来影响他人的生活目标,进而影响或改变他人的心理生活;最后是普通人之间的生活手段的传递,各种具体的生活手段会解决具体的生活问题。

在社会心理学的研究领域中,人与人之间的心理行为是相互影响的,社会生活中的普通人会按照特定的方式或方法,对他人的心理行为施加影响和进行干预。常识形态的心理学会成为这种日常影响和生活干预的基本平台和重要途径。在日常社会交往活动中,心理互动或行为互动是受到普通人的常识形态的心理学的制约和影响的。常识意义上的理论、方法、技术、概念、手段、工具,都成为理解、解说、传递、影响、干预他人的心理行为的重要依据。影响和改变他人的心理行为是日常交往活动的重要目的。常人因而成为常识意义上的心理学家,这类心理学家拥有和掌握的常识形态的心理学的水平,就决定着普通人影响和干预他人心理行为的水平。

普通人正是通过干预和改变他人的心理行为而为自己的生活和心理营造特定的或适合的社会生活环境和社会心理环境。普通人也正是通过干预和改变他人的心理行为,从而达成或实现自己的生活目标或心理目标。同时,常识形态的心理学也会在这种不断的干预活动之中得到丰富和充实。

在人的社会生活与心理生活中,对他人心理行为的把握、预测和干预是非常重要的生活内容和生活方式,这成为社会共同生活中特有的心理行为的存在和演变的途径。

第五节　对人类心理行为的干预

人类心理的一个非常重要的特性就是生成性或创造性,当然,这也是有前提的,它主要体现在自主性和建构性两个重要方面。自主性决定了人的心理并不是由环境被动决定和塑造的,而是能够自主决定和自主发展的;建构性决定了人的心理并不是先在的和预成的,而是能够自主生成和自主构筑的。人的生活世界是人建构出来的,同样,人的心理生活也是人建构出来的。自主心理创造决定了人的心理生活的生成的性质,这就是创造的生成。人的心理的创造性生成可以体现在心理生活的改变和生活世界的改变上。对于人来说,无论是心理生活的改变还是生活世界的改变,都是一枚硬币的两面。

其实,本来就没有什么一成不变的东西,也没有什么神灵创造的东西。一切都是生成的过程,都是心理生成的过程,都是心理创造的过程,都是共同生成的过程。人的生活或人的心理的核心就是创造。人创造了世界,也创造了自己。人创造了生活世界,也创造了心理生活。人的心理生活就是创造性、构建性的生活。当然,人的创造性的生活可以体现为物质生活的丰富,也可以体现为心理生活的丰满。其实,物质生活的丰富最终可以落实为心理生活的丰满。①

不同的心理学传统有不同的应用技术。心理学的应用技术主要包括两大类。这两大类心理学应用技术是根据心理学技术手段的有形性与无形性,或者是根据心理学技术工具的存在属性进行划分的。这也就是把心理学的应用技术划分为硬技术和软技术。这种划分是将心理技术的存在、构成、运用、评判都按照有形性和无形性进行了界定。

硬技术是指通过实际的或有形的技术工具和技术手段实施的对人的心理行为的改变。那么,心理学的现实应用就是技术工具和技术手段的发明和创造。在科学心理学的发展过程中,大量的心理学技术工具的发明有效地促进了心理学的社会应用。有效的和适用的心理学技术工具和技术手段是实现心理学的现实应用的基本的硬件基础。在目前,心理学的硬技术还存在重要的缺失和不足。尽管支撑心理学硬技术的工具和手段都有了长足的进步,但相较于其他非常成熟的学科,心理学的硬技术还存在明显的不足。

软技术是指通过意念、观念、理念、心理支持、心理劝导、心理支撑等特定的方式和方法实施的对人的内在心理的改变和引导。这也可以称为体证与体验的方式和方法。体证和体验都是值得心理学研究重视的内容。体验

---

① 葛鲁嘉.心理学视野中人的心理生活的建构与拓展[J].社会科学战线,2008(1)：40－44.

是人构建自己的心理生活的重要的方式和手段;体证则是通过体验的过程而达成的对实际的心理行为的创造和实现的历程,是对特定的创造和改变的证实和验证。心理学应用的软技术与常识形态的心理学有非常密切的关联。正是常识形态的心理学赋予了常人非常丰富的心理学软技术手段。

体验和体证具有重要的特点,这体现为一系列相关方面的统一。正是因为这些方面的统一,才会使得心理学的研究可以寻求和奠定新的基础,才会使得心理学的应用可以依据和立足于新的根基。归结起来,主要为三个方面的统一:心理学的理论与方法的统一;心理学的理论与技术的统一;心理学的方法与技术的统一。

体验是理论与方法的统一。体验建立在特定理论的基础上,是由特定理论提供的关于心理的性质和活动的解说。同时,这种特定的理论又是一种特定的改变或转换心灵活动的方法。那么,理论与方法就是统一的。人在心理中对理论的掌握实际上就是心理对自身的改变。心理学理论的功能也就在于能够被人掌握之后,实际上改变人的心理活动的内容和方式。

体验也是理论与技术的统一。技术活动是发明、创造和使用工具的活动。对于心理学来说,人的心理生活是观念的活动,理论观念就变成了一种塑造的技术。体验就建立在理论的基础之上,这样的理论就不是纯粹的认知的产物。心理学的理论包含着认知、情感和意向等诸多方面,包含着对心理的形成、改变和发展的影响力。

体验还是方法与技术的统一。体验本身是一种验证的活动,是验证的方法。通过体验,可以验证理论的性质和功能。同时,体验又是一种技术,这种技术是一种软技术。通过特定的体验方式,可以内在地改变人的心理活动的性质、内容、方式和结果。这就决定了体验实际上也是体证的活动,可以证明理论的性质和功能。体验也是心理活动的基本方式,可以构建、改变和生成人的心理生活。①

因此,真正的生活或心理的干预不仅是科学心理学按照自己的知识、方法和手段,对现实生活中的人的心理行为的塑造和引领,而且可以是常识心理学在普通人的日常生活中对人的心理行为的塑造和引领。常人的常识心

① 葛鲁嘉.心理学技术应用的途径与方式[J].科学技术与辩证法,2008(5):66-70.

理学通过对常人的心理生活的渗透,从而将自己体现出来的生活方式和生活目标融入普通人的日常生活中,同时也将自己理解的心理生活和心理追求引入普通人的心理生活之中。显然,常识形态的心理学也在参与创造普通人的心理生活,也在建构普通人的心理环境,也在引领普通人的心理成长。

对于人类心理行为的干预可以通过社会媒体或社会传播来进行,这在现代信息社会中已经成为可能。常识形态的心理学传统传递给他人或影响他人的途径和方式,是面对面的日常语言交流或沟通。但是,在信息化社会中,普通人也可以远距离或大范围地对人类整体产生影响,这种影响已经成为现实。

相对于人类整体而言,人类个体的现实影响力正在不断增强。人类个体对于人类整体的心理行为的影响和干预,伴随着信息化社会、后现代社会的发展而逐渐增大和不断扩展。在社会生活、心理行为等层面,人类个体正在快速提升自己的现实影响力。人类个体更有可能去引领人类心理行为的潮流和走向,也更有可能去改变人类心理行为的存在和表达。了解和把握普通人的常识形态的心理学,改变和改进人的常识形态的心理学,都会提供给人类个体和社会整体一种更好的关于人类心理行为的理解和改进。

在全球化浪潮中,在网络化信息传播中,任何一个局部的、微小的、个体的、单一的变化,都有可能放大、扩张、蔓延至更大的范围,持续影响更长的时间。这就使得常人对人类心理行为的影响和干预成为可能。社会个体可以通过信息的传播和扩展,将原本属于自己的个人化的生活经验、心理体验、见识等,转换为社会共有的通行理解、社会共识、公共行为。很显然,这种广泛传播的过程和施加影响的过程都会不断地丰富普通人的常识形态的心理学。

第九章　常识心理学的关系

　　常识心理学是一种文化的构成、哲学的基础、科学的基础和日常的知识。它阐述了常识心理学与文化、哲学、科学、知识的关系。这一系列关系直接决定了常识形态的心理学的存在方式和存在价值。探讨这一系列关系，是理解和界定常识心理学非常重要的任务。

第一节　常识心理学与文化的关系

　　文化的存在、文化的传统、文化的现实、文化的历史，这些都是常识心理学所依赖和依附的，也都是常识心理学所进入和存身的。通过文化的存在和文化的传统来理解常识形态的心理学，或者反过来，通过常识形态的心理学来理解文化，无论是对于理解常识心理学，还是对于理解社会文化学，都是双向受益的过程。

一、常识心理学与文化的存在

　　常识形态的心理学是人类创造的产物或人类文化的产物，在文化的源流中能够看到关于人类心理行为的独特的理解和解说，其中最普遍的、最重要的就是常识形态的心理学。常识心理学实际上就是文化的构成内容，并以文化的方式存在着，作为文化的传统发展着。每一个文化圈都有自己的心理文化。心理文化就是本土的心理学传统与本土的心理生活的统一体。中国的文化圈也不例外，也存在着特有的本土心理文化。这种独特的心理文化既有自己土生土长的心理学传统，也有自己独具风貌的心理生活。本土的心理学传统就是本土文化中传续的关于人类心理行为的解说,是对本土的心理生活的设定、把握和构筑。本土的心理生活是本土的心理学传统的根基和展示。两者之间是相互匹配的,是一体化的。中国本土的心理学传统包括哲学心理学和常识心理学,这是将哲学心理学和常识心理学归为一类,并将其与心理生活相对应。但是,与其说常识心理学属于心理学,还不如说它属于心理生活。常识心理学实际上就隐含于或隐身于日常心理生活之中。

社会个体的心理生活与其掌握的常识心理学是融为一体的,心理生活是人的内心最直接体验到的现实。通常实证心理学家所说的心理现象,是观察者的感官捕捉到的或者旁观到的。心理生活则不同,它是生活者直接体验到的和主动构筑的。人的心理的基本特性是能够反观和解释自身,这决定着人的心理生活的样态和样式。人对自身的心理生活有什么样的把握和理解,就会有什么样的生成和构筑。本土的常识心理学有其直接的文化渊源,其植根的文化使之显现出独特的文化色彩、文化蕴含和文化价值。社会个体的心理生活都处于本土文化的背景之中,或者本土的文化传统会以不同的途径和方式影响或制约着特定的心理生活。本土的常识心理学就是一种特殊的途径和方式。个体在社会化的过程中,接受和掌握隐含于社会文化中的常识心理学,转而以此来解说和构筑自己的心理生活。中国本土的哲学心理学提供了对人的心理生活的明确的理论阐释和修养方式,这代表了文化传统的内在精神。常识心理学从中演化而来,但与之有所不同。以文化习俗的方式呈现出来的常识心理学有时也被称为民俗心理学。很显然,常识心理学是个体的心理生活与社会的文化传统的中介,并使两者以特殊的方式联结在一起。

从对常识心理学的研究中也可以理解其中介的作用。例如,社会心理学领域内的一些学者,就把常识心理学看作社会心理的重要构成来加以考察。美国社会心理学家海德便将常识心理学定义为社会认知,并将其纳入社会心理学的研究范围。哲学和心理学领域内的一些学者则把常识心理学看作特殊形态的心理学。西方主流心理学从行为主义转向认知心理学之后,心理学家便必须面对常识心理学对人的内在心理的解释,并将其纳入理论心理学的研究范围。心理人类学的考察则一方面把常识心理学看作人的自我的构成和运作,另一方面将其看作承继了文化传统的心理学。① 例如,在思考文化与人格之间的关系问题上,马库斯认为文化与人格是相互建构的,即文化的实践与意义、文化中每个成员的心理过程和结构是相互建构的。不存在脱离文化的人格,也不存在脱离个体的文化。②

可以说,在根本不同的和体现差异的文化历史传统之中,就存在着完全相异的、十分独特的常识形态的心理学,这实际上是因为常识形态的心理学本来就植根在不同的文化基础之上。特定文化传统中关于人的心理行为的解说和阐释,可以在普通人关于人的心理行为的日常理解和解说之中流传。例如,在中国的文化传统中就有解说人的心理行为的哲学的解释和常识的解说,不过两者可以是相通的。在文化传播或侵入的过程中,也会伴随着常识形态的心理学的流传和进入。在文化全球化和文化本土化的潮流中,常识形态的心理学也会流传出去或凸显出来。此外,文化本身就能够成为常识,就能够以常识的方式被普通人获取、拥有。同样,常识也可以成为文化的构成内容,能够以文化的方式存在和传播。常识形态的心理学可以在文化的源流中取得重要的资源。文化、文化的传统、文化的历史、文化的传承、文化的内容,都为常识形态的心理学提供了一系列重要的文化资源。文化还为常识形态的心理学提供了意义的资源,常识形态的心理学能够具有和提供的常识的心理含义就是在文化中获得和拥有的。无论是"心灵""心理""心意",还是"心情""心思""心念"等,其在常识中的含义与在文化中的含义都可以是相通的。

常识形态的心理学本身就是文化的存在、文化的传统、文化的流传,在不同的文化传统中会诞生和流传不同的常识形态的心理学。文化为人的心理行为提供的传统、解说和价值,会跟随常识形态的心理学进入普通人的日常生活和心理生活。

在文化的产物之中就含有常识形态的心理学。因此,物质文化的有形的存在中,就凝结了常识形态的心理学的大量的心理理念、心理意义、心理

① 葛鲁嘉.新心性心理学宣言——中国本土心理学原创性理论建构[M].北京:人民出版社,2008:172-173.
② 郭本禹,修巧艳.马库斯的自我社会认知论[J].西南大学学报(人文社会科学版),2007(1):17-21.

价值,等等。例如,在普通人建造的房屋中,在各种不同的人造景观中,在常人使用的各种生活器具里,在各种不同的人造社会物品中,就内含着许许多多的常识形态的心理学的心理理念、心理主张、心理解说、行为方式、行为意义、行为价值。

二、常识心理学与传统的关系

常识心理学并不是生活中片段的或零散的经验或知识形式。任何常识心理学都隐身在特定的传统之中,也都在特定的传统之中延续。应该说,正是传统给了常识心理学生活根基、历史根基、文化根基、社会根基、思想根基。因此,常识形态的心理学就具有自己的生活传统、历史传统、文化传统、社会传统、思想传统,各种不同的传统就决定了常识形态的心理学的源流。

常识心理学提供了有关日常心理生活的一套观念,这成为社会文化习俗的重要构成部分。任何生活在该社会文化习俗中的人都会在习得、掌握和运用日常语言时,习得、掌握和运用常识心理学的那一套观念。科学心理学家也不例外,他们在从事科学研究之前,实际上就已经拥有了常识心理学的观念,这必然会不同程度地渗透到他们后来的科学心理学的研究之中。因此,常识心理学就可以定义为是关系到心理现象和体现在日常语言中的概念网络。个体在社会化的过程中获得了这些概念,这些概念先于人们的生活观察和理论解释。成为一个人就意味着成为社会的一员,而这又意味着其活动要受到大量的制约。所有的社会成员都是如此。对于可接受的觉知方式、行动方式、言语方式、思维方式和评价方式,也都有严格的限定。进而,这些共有的制约就形成了一个高度组织化的系统,这个系统给予社会成员一组知觉、行动、言语、思想或价值的标准,其他的要么必须服从,要么必须排除。因此,一个人的社会化历程就涉及掌握一种隐含的心理学,这是个体无法回避和超越的。在特定的社会文化当中存在特定的常识心理学,常人思考心理生活的出发点就会有很大的差异。应该说,常识心理学根源于本土的社会文化历史,特别是本土传统心理学中的哲学心理学。

由于中国的哲学心理学传统不仅是思想观念体系,而且是生存的方式和生活的道路,所以这种传统广泛渗透于社会生活之中,成为文化的习俗。从而,中国本土的常识心理学或民俗心理学常常就是从哲学心理学中直接演化而来的。当然,不能否认这种演化也带来了庸俗化和迷信化。例如,中国本土民俗中的天命观就来自"天人合一"的哲学思想。由天命观引申而来的"缘分""报应"等说法,也就很自然地影响了中国人的人际关系。正因为中国本土的常识心理学或民俗心理学常常根源于哲学心理学传统,那么更集中、更深入地探讨中国本土的哲学心理学就是一项十分重要且必要的任务。这方面的研究对于完整了解中国人的心理生活,明确揭示中国本土的民俗心理学,详尽说明西方实证的科学心理学的理论难题及其在中国本土化的实际可能,广泛探索心理学未来发展的新道路等,都具有非同寻常的意义。①

可以对传统进行不同的分类。不同的传统中都存在常识心理学,并有其独特的体现和表达。因此,有什么样的传统,就有什么样的常识心理学。

一是生活的传统。在所谓的传统之中生活的传统是最基本的内容。日常生活有自己的延续的方式,其中就内含或包括常识形态的心理学。常识形态的心理学就是以日常生活的方式延续着,就依附于人的日常生活,并通过日常生活的演变而演变。

二是历史的传统。历史是人的时间延续的历程,是人的存在和生活的积淀,是人的心理和行为的积累。人的生活的传统正是因为有了历史的传统而有了厚度和深度。人的存在、生活、心理等,都是从过去到未来的延续过程。伴随着人的生活的历史传统就包括常识形态的心理学,它也是一种非常独特的历史传统。人类的生活史、社会史、文化史和心灵史,都内含常识形态的心理学的发展和演变。

三是文化的传统。文化的传统就是人类文化创造所形成的产物的延续、传承、流变,也就是一种文化传承的精神或民族延续的精神。文化有自己独特的存在方式、演变形态、传承过程。文化的传统可以决定着人们的思维方式,支配着人们的行为习俗,制约着人们的情感抒发,左右着人们的审美趣味,规定着人们的价值取向,体现着人们的终极关怀,决定着人们的灵魂归宿。常识形态的心理学也属于人类文化创造的组成部分,也具有文化的性质,也体现为文化的存在。因此,常识形态的心理学也就成为文化传统

① 葛鲁嘉.本土传统心理学的两种存在水平[J].长白学刊,1995(1):30-34.

的组成成分。

四是社会的传统。社会是人的存在形态、组织形式和生活方式。社会生活中就内含人的心理生活，常识形态的心理学也就成为人类社会的传统。社会制度、社会形态、社会生活和社会发展都会以传统的方式决定和容纳人类的活动、思想和心理。社会常识形态的心理学可以决定人们的社会生活样式，规定人们的社会思想方式，限制人们的社会行为方式。

五是思想的传统。人类具有的思想创造可以有自己的源头和延续过程，这就是思想的历史或思想的传统。人类可以通过思想来把握世界、理解生活、构造现实、延续传统。常识形态的心理学就是存在于常人思想中的关于人的心理行为的理解和解说，这可以汇集为人类关于自己的心理行为的心理学思想。这种思想传统会在思想的交流与传播的过程中，不断地影响人关于世界、社会、人类、心理的理解和看法。这些思想会不断演变和传承下去，成为一种特定的思想传统。

上述不同的传统就成为常识形态的心理学的栖身之所，也成为常识形态的心理学的功用所在。在各种传统的资源中去挖掘常识形态的心理学的存在，在各种传统的影响中去把握常识形态的心理学的功用，就成为研究者应该关注的课题。

第二节　常识心理学与哲学的关系

常识形态的心理学与哲学有着非常独特的关系。哲学提供了常识心理学存在和演变的思想理论的依据和根基，常识心理学提供了哲学思辨和理解的生活经验的根源和基础。应该说，在实证的科学心理学抛弃了常识形态的心理学之后，哲学的探索却赋予了常识心理学非常特殊的地位。

一、常识与哲学的比较研究

有哲学家探讨过哲学与常识的关系，主张为了深入阐述哲学是对常识的超越，就需要对哲学与常识进行具体比较。这主要包括如下一些非常重要的方面。

首先是常识的经验性与哲学的超验性。常识来源于经验，适用于经验，但却不能超越经验。对经验的依附性是常识的本质特性。与此相反，虽然哲学的最终来源也是人类实践活动中积累起来的经验，并且在最终的意义上也要经由人类实践的检验而适用于经验，但哲学的本质特性之一却是其超验性。常识的经验性与哲学的超验性决定了哲学不是常识的延伸或变形，而是对常识的超越。哲学和科学是人类理论思维的两种基本方式。在原始人那里，就是以某种幻化的方式去把握世界，自然现象总是按照人的经验来加以设想，而人的经验又是按照宇宙的事件来加以设想，因而总是以种种臆想的原因来"解释"人类的经验及其经验的对象。人类的理论思维方式的形成是以系统化的概念体系去描述和解释经验世界为标志的。这种用以描述和解释世界的系统化的概念体系，表述的已不是既定的、直观的经验事实，而是用以解释经验事实的关于"本质""共性""规律""必然"的认识，即一种关于"普遍必然性"的知识。这种知识是关于超越经验对象并用以解释经验对象的知识，因而是一种源于经验但又超越经验的知识。

其次是常识的表象性与哲学的概念性。在常识的思维中，概念是围绕着表象旋转、以表象为转移、为表象服务的。然而，在哲学的思维中，概念与表象的关系则颠倒了过来，即表象是围绕着概念旋转、以概念为转移、为概念服务的。这表明常识的存在与对象直接关联，是关于对象的表象化的表达；哲学的存在则与概念直接关联，是关于对象的概念化的表达。常识更生活化；哲学更学理化。

再次是常识的有限性与哲学的无限性。依附于经验的常识总是面向有限的经验，并以有限的表象思维去看待经验无法达到的无限，因而无法达到超验的无限性。与此相反，超越经验的哲学理性总是面向无限的超验的存在，并以超验的无限性去看待有限的经验，因而在有限与无限的对立统一中形成哲学智慧。在人的经验常识中，无法实现超越经验的对有限与无限的辩证理解。因此，从经验常识中衍生出来的神话和宗教，总是把无限的存在设想为某种与"此岸世界"相对的"彼岸世界"的存在，把人的具有有限性的存在设想为"前世"与"来世"的具有无限性的存在。这表明，如果人的认识仅仅局限于经验常识，而又不能以超验的哲学作为必要的补充和升华，那么就会以神话的或宗教的方式来填补"无限性"的空缺。在人类的发展史上，通俗文化与神秘文化总是相互补充、相互支撑的。

最后是常识的非批判性与哲学的批判性。常识不具备自我批判、自我反思和自我超越的能力，哲学则具有以上能力。"人总是倾向于把他生活的小圈子看成是世界的中心，并且把他的特殊的个人生活作为宇宙的标准。但是，人必须放弃这种虚幻的托词，放弃这种小心眼儿的、乡下佬式的思考方式和判断方式。"①人需要诉诸科学的思考方式和判断方式。

常识与哲学有着较为复杂的关系，两者互为依托、彼此共生。常识不会因为哲学而"失常"，哲学也不会因为常识而"失理"。

二、心灵的语言发生学研究

有研究从心理发生学的角度考察了心灵观念。对于心灵的语言发生学研究就是要说明心理语言要表达的"原旨原意"和基本观念是什么，这些观念有没有自己要表征的对象。这种研究可以从两方面来进行：一是考察现实生活中的个体，从逻辑上揭示其心理语言和心灵观念的发生过程；二是考察心理语言和心灵观念，从知识考古学上揭示其种系发生过程。分析哲学在前一方面做了大量开创性的工作。所谓语言的古生物学研究就是通过对语言起源和发展的研究，揭示出与这种语言有关的、一同起源和发展的社会制度、风俗习惯和思想观念。把这种方式运用于对心灵哲学的研究，就会认为要澄清意识的本质，不必到生物的进化过程中去探索意识的起源，而应该研究意识在语言演变发展过程中的起源。既然意识是语言创造的，那么在生物的进化过程中去探寻意识的起源就会是徒劳无益的。因此，只能是在语言的起源和发展的过程中去探寻意识的起源和本质。

隐喻创造意识、心灵的过程共有四个阶段：第一个阶段即客观的阶段。在这一阶段，有关的语词指称单纯的外在事物或属性。第二个阶段即内在的阶段。在这一阶段，这些词开始指称躯体内的过程，尤其是某些内在的感觉。第三个阶段即主观的阶段。在这一阶段，这些词开始指称所说的心理过程。这种指称有一个从假设的、引起行为的内在刺激到被隐喻的行为发生于其中的内在空间的转化过程，这一过程也就是隐喻创造有意识心灵观

①　孙正聿.哲学通论[M].沈阳：辽宁人民出版社,1998：51－82.

念的过程。第四个阶段即综合的阶段。在这一阶段,各种实体综合统一为一个能内省的有意识自我。这一过程其实也是一个拟人化、拟物化的过程,即根据人、物的活动方式来设想、类推、比喻有意识的自我。

从总体上看,心理语言是经由两种途径形成的。第一种心理语言的形成途径是,表示实体的心理语言,如"灵魂""心灵"或"精神实体",都是借助推论而从相应的物理语言转化而来。第二种心理语言的形成途径是借助隐喻的强大生成功能。随着人类实践活动的发展、日常生活的丰富,随着心理活动和心理创造的增加,内在世界要传达的内容日益丰富,因此心理语言的命名活动便会更多地发生。如果要完成命名活动,由于没有直接可观察的对象呈现出来,唯一能参照的只有已知的人的肉体和外部世界,因此唯一能帮助命名的方法就是隐喻。

创造心理词汇的人想表达的是真实的过程、事件,但是由于认识并不到位,在想象、推理的帮助下便形成了错误的"含义"。这便使所造的词语吐露了真实的信息,即有其所指,但对这个对象进行了错误的构想,形成了错误的地形学、运动论、动力说,以致把内在心理世界设想为了外在世界的类似物。心理的王国就成了一种容器,观念、思想、情感像物品一样按上下左右的方式摆放其中,按先后顺序出出进进。同时,心理活动就会像搅拌机一样,感觉的材料从外面进来,心灵便在自己的房子里对这些材料进行加工,最后也会产生加工的结果,如想法、决定等。

因而,人们应该采取重构的态度。一方面,有条件地保留有表现力的心理语言,因为这些心理语言的真实运用毕竟能够说明人的心理内部有真实的活动、过程、事件发生,如果现在就加以抛弃,人们的表达和交往就将会寸步难行;另一方面,既然心理语言是基于隐喻产生的,毕竟这是一种非科学的认识、命名活动的产物,创造的是一幅错误的心灵结构图景,因此,未来心灵哲学的任务就应该是重构心理语言的语义学,重构心理世界的本体论、结构论、地形学、运动论和动力说。①

常识心理学是当代哲学中的一个重要主题。关于常识心理学的哲学探索总是想要澄清常识心理学的地位、性质、内涵、特性、价值,等等,这给了关

---

① 殷筱,高新民.心灵观念的语言发生学研究[J].福建论坛(人文社会科学版),2006(7):52-57.

于常识心理学的一种思想反思。这种哲学反思无疑可以清理关于常识心理学的种种理解和认识,并将反思的结果呈现给涉及常识心理学的不同学科,其中就包括心理学。

第三节　常识心理学与科学的关系

常识心理学与科学有着非常独特的关系。常识心理学曾经受到科学的轻视和排斥,也得到科学的关注和默认。科学家通常认为科学会导致常识心理学的消失,但实际上这并没有应验。相反,无论是常识还是常识心理学,都给科学提供了更多可以借鉴的内容。

一、常识心理学与科学学科的关系

常识心理学与科学的关系体现在与不同的科学学科的关系之中。一系列特定的科学学科会在不同的层面或独特的侧面涉及常识心理学。例如,生物学、生理学、脑科学、教育学、社会学、文化学、信息学等,都与常识心理学存在特定的关系或不同的关联。科学是生活经验的延展和深化。人从一开始就具有了认知的活动,生活经验是这种认知活动的最初形式。这种人人都具有、人人都依赖而又千差万别的经验,就构成了一系列非系统化的、各种各样的印象、感受、看法和知识。构成智慧之基础的不是训练或教育,而是丰富的生活阅历,也是多样的生活经验。因此,无论科学知识的意义如何之大,科学知识的存在、发展及发挥作用都无疑依赖于大量的日常经验。科学是对生活经验的推进,这可以从以下三个方面得到说明。

首先,人们根深蒂固的概念是具有高度概括性的概念,这些概念构成了人们思想的基本框架。这些概念在思想中构筑了人们的经验世界。不论人们愿意与否,不论人们是否有意识地试图整理这些概念,这些概念都多多少少以系统的方式相互联系着。而且,这样的概念系统构成了共同的框架,在这个框架中,人们才能相互理解和自我理解。所以,这种概念框架是人们理性地整理知识的方式。科学家仍然受生活常识、普通教育和日常语言的影响,而且一点不比普通人少。其次,人们的许多知识都是实际的"知道怎么办"的知识。这种知识是一种文化共同体的财富,是每个人在日常生活的一般基本活动方面应当懂得的事理。在使一般工作和社会生活成为可能,在划清行动上的随意性和危险性的界限方面,这种知识的作用是极其重要的。因而,这种知识就成为理所当然的和非批判地加以接受的常识。这是民间的学问和生活的知识,是世代积累的各种不同经验的精华,它使共同经验中的事物之间建立了某种依存性的联系。科学知识就是在这些常识性知识的基础之上发展起来的。最后,科学史证明,科学就是在日常经验材料的基础上产生和发展起来的。科学并不是脱离或摆脱了日常生活的另一个完全不同的纯净世界中的思想和工具的建构。

常识就是科学能够成长起来的土壤,但并不属于科学,因为常识不是有意识的反思批判的对象。常识具有的特点是其非批判性,科学与常识之间最重要的区别就在于科学具有自觉的和审慎的批判性:科学借助符号化手段使经验进一步概念化,使之成为反思批判的对象。科学是一种从概念上把握实在的努力,因而科学是对常识的改造。尽管如此,科学仍然植根于生活经验的沃土。在科学的知识体系中,除了理论层次和元理论层次外还有经验层次。经验层次与通常称之为"常识"的交流与思考方式处于同一个水平上。①

有研究在计算机科学的基础上讨论了心理常识的表示、获取和分析。该研究不但考察了心理常识,并且对常识概念的特点进行了界定。该研究指出,常识研究和心理学研究的交叉成为目前一个活跃的领域,出现了很多成果和观点,也出现了很多争论和对立。心理常识是一种与人的心理相关的常识知识。围绕心理常识开展研究,涉及与人类心理相关的常识概念的表示、获取和分析的方法。心理常识的概念是指与人的心理相关的常识的概念。研究通过常识概念和科学概念之间的区别,总结了心理常识概念的特点,这主要表现在以下四个方面。

一是模糊性和可变性。常识概念常常缺乏精确的定义,而且会随着情境的变化而发生变动,这表现在三个方面。首先是概念的外延不清。实例与常识概念的隶属关系往往不确定,不是严格属于或不属于,而是含混的,

---

① 陈建涛. 关于生活经验的认识论思考[J]. 天津社会科学,1994(4):46-50.

根据语境如人物、时间和场合等的不同而不同。其次是概念的内涵不清,常识概念的属性取值往往不是精确值,而是模糊值,且对属性取值的理解会因人而不同。最后是概念的运用不清,常识概念在使用时也具有模糊性,人们很少去追究如何精确使用常识概念,也很少用科学手段验证其特征,而是在"求同存异"的"共识"中去使用常识概念。

二是规律性和偶然性。常识概念是由在人类的社会生活、在长期的生产活动和在具体的生活实践中积累起来的词汇形成的。所以,常识概念的构词有认知规律在其中起作用,并符合特定的构词法。常识概念的构词也有历史的偶然性,即特定的生活习惯也在起作用。

三是共有性和常在性。科学概念往往来自有边界的科学领域,其边界性表现为可有效判定概念是否属于该领域的讨论范围。常识概念涉及生活的各个方面,因此如何限定常识概念的边界,如何获取和组织这些"散乱"的常识概念,如何把握常识概念的共有性和常在性,是常识概念获取的非常关键的问题。

四是情境性和私有性。常识概念可以伴随不同的社会情境而有所变化,也可以伴随不同的社会个体而有所变化,这就是所谓的情境性和私有性。很显然,不同的情境、不同的语境、不同的个体对应着不同的常识概念。①

常识心理学本身并不是科学,但是,常识形态的心理学是特定形态的生活的存在,是特定形态的文化的存在,这就使之完全有可能或者被纳入科学的研究范围,或者被科学研究的特定分支学科当成自己的研究对象或研究内容。更进一步,这会使科学研究的结果或者会使科学知识反过来进入常识之中,从而使得常识形态的心理学向科学常识的方向转换。

在常识与科学的对立和对战中,如果从日常生活的方面去理解,常识形态的心理学就占据优越的地位,就成为胜利者;如果从科学知识的方面去理解,科学形态的心理学就占据优越的地位,就成为胜利者。在人的日常心理生活中,心理常识会容纳科学形态的心理学的研究结果或知识内容,也就是可以将其常识化。在人的科学研究的活动中,心理知识则会容纳常识形态

---

① 田雯,等.心理常识概念的表示、获取和分析[J].计算机科学,2004(6):5-12,43.

的心理学的基本结果或常识内容,也就是将其科学化。

二、常识心理学与常识的关系

常识形态的心理学与常识存在着天然的、重要的关联。有研究从后现代的视角出发对常识进行了分析,认为常识即日常意识,是人们在日常生活与交往中获取的群体意识、社会心理和公共经验的总称。常识世界无比辽阔,几乎包括所有人类共同的、流行的或习惯的社会心理和社会意识。常识的范围极广,可以从公众的文化心理、生活习惯、民风民俗、生活经验等,一直扩展到科学、艺术、哲学常理和日常语言。

在后现代哲学视野中,多元化的精神世界是没有等级和高低分野的。在消解大写的哲学和科学,宣布哲学、科学的“作者之死”之后,后现代哲学特别强调长期以来被逻各斯中心主义贬为最低级的社会意识的常识的精神权威。从后现代哲学角度检视常识,常识就是多元的精神场所,是社会意义结构与大众意识控制及反控制的交锋领域,是众声喧哗的状态,是“大写的人”被淹没的海洋。多元性、无中心化和反意义控制成为后现代哲学常识观的主要指征。

常识可以具有社会整合的机制,这体现为社会的多极主体之间的交往关系体系。这也就是说,常识在普通人的日常生活中成为人际交往、人际沟通、人际互动的重要的社会平台。这种交往关系体系可以体现为日常生活交往和日常意识交往。

日常生活交往对于常识的基础性作用及其主要功能在于形成常识社会结构。日常生活交往表现为三个方面:首先,日常生活交往将散漫、偶然的个人整合为具有完整、有机性质的日常社会生活结构。其次,日常生活交往规定着个体或特定利益群体在社会结构中的地位和角色,发挥一定的功能,成为系统的构件或要素。最后,日常生活交往的发展将推动常识社会结构的演化发展。

日常意识交往是常识思维整合的基本机制。日常意识交往分为生活心态的交往、生活经验的交往和生活知识的交往三个层次。首先,生活心态的交往是借助语言的和符号的媒介,将个体心理转化、整合为一个稳定的共同心理结构和文化心态圈,一个由意义和价值主导的精神共同体,即“主—

客一主"多极主体交往结构。这将拒斥与公众心理结构格格不入的个体心理、思想情感、价值观念、生活习俗，通过传播、传导、模仿、认同和泛化，使之变成大众日常心态。其次，生活经验的交往则将个体经验融会贯通、抽象升华为公众经验，这是一次惊险的跳跃。因为个体经验与公众经验存在较大差异，这种差异正是经验交往、整合的结果。最后，生活知识的交往会产生占据统治地位的意识形态。

常识的变革可以采取三种不同的方式：一是整体范式的变革，二是多元分解的变革，三是分层解构的变革。整体范式的变革是常识变革的基本方式。在知识社会，大众传播的迅速扩展和多元文化的频繁撞击使得常识领域经常处于波动的状态。新的、具有强大冲击力的常识一次性覆盖了旧常识，出现新的常识规范，进而出现新的精神交往共同体。多元分解的变革是一种具有"空间"视野的后现代否定观。这消解了整体，主张常识向若干"小体系"转变，呈现多元格局。分层解构的变革是一种宽容的、内部渐进式的变革模式，该模型包括分层解构原理和相应的功能补偿原理。分层解构就是将系统的某一部分结构或功能加以改进，但又不影响系统整体功能的发挥。直到这样的改变具有临界点性质时，或者是涉及内核时，整个系统就会突然发生崩溃或突变，从而导致和完成整个常识系统的变革。在这一过程中，每解构一个层次都用新的层次替代，并在功能上与系统保持暂时的和谐，这即为功能的补偿。

常识本身的变革与新生因素的常识化其实就是同一个过程的两个不同方面。旧常识的淡出与新常识的入主也同样是同一个过程的两个不同方面。常识心理学显然具有常识的性质，并且完全以常识的方式存在。常识心理学具有的包含性或容纳性，也使其可以包含和容纳科学心理学的内容。因此，常识心理学与常识的关系就是双重化的，包含与生活经验常识的关系和与科学普及常识的关系。这就给了常识形态的心理学双重的身份——日常经验的身份与科学知识的身份。

常识心理学在身份上的多重化或多元化，导致对常识心理学的定位、定性、考察、阐释上的复杂化。经验常识与科学常识可以是彼此对立的或对抗的，也可以是彼此交汇的或交融的。这就使得常识心理学与生活经验的心理常识和科学研究的心理常识是内在相通的。

　　首先，经验常识可以转换为科学常识，心理经验常识可以转换为心理科学常识。尽管科学总是排斥常识，心理科学总是排斥心理常识，但是，经验常识会以各种方式进入科学常识中，心理经验常识也会以各种方式进入心理科学常识中。其次，科学常识也可以转换为经验常识，心理科学常识可以转换为心理经验常识。尽管常识总是脱离科学，心理常识总是脱离心理科学，但是，科学常识也会以各种方式进入经验常识中，心理科学常识也会以各种方式进入心理经验常识中。这种心理经验常识与心理科学常识之间的贯通，会使常识心理学的基本性质发生重要的变化。最后，常识心理学与科学心理学之间具有相互转换、彼此联通、相互融合的关系。割裂两者或对立两者，会影响两者各自的发展。

第四节　常识心理学与知识的关系

　　常识心理学与知识的关系涉及常识与知识之间的关系，也涉及心理学常识与心理学知识之间的关系。应该说，常识就是人的日常生活经验层面上的日常知识，知识则是更狭义的科学提供的关于世界、人类、社会、生活的阐释。常识与知识有许多相通的地方。可以把常识视为日常生活知识，也可以把知识的日常存在视为常识，两者有非常密切的关联。

　　单纯从常识与知识的关系来看，常识是可以被提升为知识的，反过来，知识也可以被转换为常识。常识与知识虽然只有一字之差，但两者仍然存在着诸多不同。例如，把常识转换成为知识是需要一系列科学程序的，否则就会使科学知识的存在受到某种威胁，使科学的可靠性和可信性受到影响。同样，把知识转换成为常识也是需要一系列生活程序的，否则就会使生活经验的存在遭到某种贬低。

　　有研究探讨了知识、常识和科学知识之间的关系，主张知识可以区分为日常的知识和科学的知识。日常知识具体包括的内容是多种多样的，其中就有经验常识、生活信念、符号知识、习俗风尚、神话传说、经验概括、日常教诲、直观把握、现实描绘，等等。日常知识是极其稳定的。由于日常知识是对经常发生的众多现象和生活过程的概括，这也就一般地构成了个人对生活和世界的实际态度,包括对价值、目标等的选择。由于日常知识能使个人以这种方式组织自己的日常活动,因此日常知识对于作为自然和社会存在的人来说具有根本性意义。科学知识是认识的最高阶段,它立足于观察和实验、抽象和概括、概念和理论、资料加工和逻辑推理、假设形成和方法检验。经验常识与科学知识也具有重要关联,这种关联有以下三层含义。第一层含义是,科学知识在历史起源上或原初发生上都程度不等地依赖于生活常识,都与经验常识有密切的或特定的关联。第二层含义是,经验常识与科学知识有某些共同或相近之处,都属于特定的知识形态,都是普通人日常生活中的重要支撑,都在人的现实生活中发挥重要作用。第三层含义是,经验常识在科学理论的建构中可以作为科学的预设、方法和公理起作用。因此,经验常识在科学知识的形成过程中起到奠基作用。

第一层含义意味着,科学是始于前科学的常识,改变的不过是常识的强度和专门化的程度。这是从科学的孕育和诞生的角度提出的,是立足于发生学上的论证。每一个研究者一开始的背景知识的一部分就是日常化的知识,而不是专门化的知识。科学知识是用科学方法得到的,并能够用系统的方法检验和丰富。科学知识矫正或拒斥一部分日常知识。科学成果丰富了日常知识:今日的一部分常识就是昨日的科学研究的结果。但是,科学产生的观念和科学实施的方式都是反直觉的和反常识的,即科学观念并不能够仅仅通过对现象的思考而获得,而是经常处在日常经验之外。

第二层含义意味着,常识的确与科学具有交互性或共通性,例如某种程度的客观性或主体间性、必要的合理性、相对的可靠性,以及立足经验、采取应有的自然主义态度,而不是诉诸超自然的神明或魔法的力量,等等。在人的现实生活中,常识和科学都是常人可以依赖的知识。对于普通人来说,经验的常识与科学的知识都给出了关于世界的一种特定的解说或阐释,使得这个世界成为可以理解和能够把握的存在。

第三层含义意味着,常识作为公理早已出现在欧几里得的几何学中,牛顿力学中的相对性原理和绝对时空概念、爱因斯坦相对论中的等效原理等,也都有常识的痕迹或影子。

常识与知识,或者心理常识与心理知识,彼此之间是可以相互转换的。在日常生活中可以相互转换,在科学研究中也同样可以相互转换,这种转换就带来了日常生活的科学化与科学研究的日常化。日常生活的科学化是普通人接受和掌握了科学知识与科学方法；科学研究的日常化则是科学家转换和采纳了日常知识与日常方法。

从日常生活的科学化的角度去理解，常识形态的心理学会受到科学心理学的科学普及的影响，会逐渐地增加科学知识的成分，会使原本的经验的成分逐步地改变为科学的成分。从科学研究的日常化的角度去理解，常识形态的心理学则会以特定的方式影响科学心理学的研究。日常的概念、理论、方法、技术和工具，都会在科学心理学的研究中被借鉴，在科学心理学的应用中被借用。

在个人生活和社会生活中，知识的多样性或多元化会得到鲜明的体现。从原初性的含义去理解，常识形态的心理学是来自普通人的日常生活经验的心理学；从发展性的含义去理解，常识形态的心理学也是来自科学研究和科学普及知识的心理学。

严格说来，常识形态的心理学形成的是关于人的心理行为的经验，科学形态的心理学形成的是关于人的心理行为的知识。但是，由于心理行为的经验与心理行为的知识可以相互转换，这就使常识形态的心理学与科学形态的心理学也可以相互借鉴。心理学会面对经验与知识之间的关系的问题，会面对心理经验与心理知识之间的关系的问题，也会面对常识心理学的经验与科学心理学的知识之间的关系的问题。这是心理学的知识或心理学的常识无法回避的、重要的关系问题。经验与常识可以互相贯通，但问题在于常识与知识是否也可以互相贯通。对于普通人来说，常识完全可以穿透科学的屏障，常识形态的心理学也就完全可以穿透科学形态的心理学的屏障。对于科学家来说，科学也完全可以进入常识的领地，科学形态的心理学也就完全可以进入常识形态的心理学的领地。在这种交叉关系中，常识与科学、常识形态的心理学与科学形态的心理学，都会获得各自需要的重要的科学资源和生活资源。

第十章　常识心理学的命运

在科学心理学家看来,只有现代意义上的科学心理学才是唯一合理的、规范的心理学。这无疑是一种谬误。常识心理学以及其他各种不同形态的心理学,不仅有其独特的历史意义和价值,而且有其重要的现实意义和价值。尽管常识心理学命运多舛,但是仍然有越来越多的学科和学者关注常识心理学。应该将常识心理学当成心理学的资源,从而在理论、方法和技术的层面去吸纳其合理的和有益的内容。

第一节　常识心理学能否被替代

在常识与科学的关系中,通常认为科学会最终取代常识。推演到心理学中,显然就会认为科学心理学会最终取代常识心理学。按此推论,常识心理学就会失去存在的价值。但是,问题在于常识心理学的存在是不言而喻的,是不可替代的。这就如同经验的存在是不可替代的,人的生活经验有独特的来源,是独特的存在。知识、科学知识可以影响人的生活经验,但却不能也不可能替代人的生活经验。

一、常识心理学与科学心理学的关系

常识心理学的命运与科学心理学有着非常密切的关联。这几乎就决定了常识心理学的可能走向。在心理学的研究中,特别是在特定的心理学分支研究中,常识心理学也以各种方式得到学者的关注。关于心理理论的探

讨就给出了对常识和常识心理学的理解。①

有研究强调了心理学的日常性质,认为科学心理学的研究过度张扬了心理学的科学性,导致心理学与现实生活之间的距离越来越远,面对现实问题束手无策。心理学应该是科学性与日常性的有机统一。心理学的日常性就是关注个体的心理生活和常识理解,把心理学理论的支点回归到现实的个体身上。这强调了两层含义:一是心理学研究以真实的问题为重心;二是关注个体的自我心理生活。心理生活的主体性和独特性决定了心理学的研究必须关注个体的心理生活体验。心理学理论不应该漂浮在现实生活之上,而应该把常人的外行理解纳入研究中,注重研究的实效性,这是心理学未来发展的方向。② 在心理学的发展中实际上有把心理学的科学性和心理学的日常性对立起来的倾向,这无疑极大地限制了心理学在社会或现实生活中的功用和地位。心理学对心理生活的融入是科学心理学的发展中最重要、最核心的问题。

有研究指出,科学心理学与常识心理学存在着对立。这种对立表明,常识心理学与科学心理学存在着重要不同。常识心理学与科学心理学之间的对立可以体现在如下四个方面。

第一,掌握知识的主体不同。掌握科学心理学知识的人一般是专家或从事心理学研究与学习的专业人员。专家总是追求从客观角度出发,在研究过程中往往摒弃主观因素,以价值无涉的、"第三者"的立场进行研究。掌握常识心理学知识的主体是不同的、普通的常人。常人会以其独特的视角来审视自己或他人的心理行为,不同的常人会有不同的常识心理学知识,从而表现出鲜明的价值判断与明显的生活目的。

第二,呈现知识的方式不同。科学心理学追求的是可清晰陈述、可传授及得到公认的规律与法则,因此科学心理学的知识是可以通过专门的学习、训练、培养获得的。常识心理学则大部分是人们在日常生活中通过经验积累、潜移默化,以内隐的方式习得的,往往表现为模糊的概念或命题。常识心理学并不明显地表现为某种理论,而是以一种内隐的方式为人们所运用。

---

① 罗杰,卿素兰. 心理理论研究的起源与进展[J]. 湖北大学学报(哲学社会科学版),2005(5):578-582.
② 周宁. 论心理学的日常性[J]. 自然辩证法研究,2001(11):13-17.

第三，获取知识的目标不同。科学心理学追求的知识是普适的、超越时空的、放之四海而皆准的规律与法则，这些知识无论是对专家还是常人、对中国人还是外国人、对今人还是后人，都具有同样的效用。常识心理学追求的则是囿于具体情境的、受社会历史文化因素制约的实践领域的知识。

第四，判断知识的标准不同。科学心理学的研究会尽可能地排除主观的因素，主张通过可观察的和可证实的经验或逻辑进行判断，在自己的理论体系内放置真理的判断标准，追求的主要是合法的"真"。常识心理学则刚好与之相反，人们主要根据实用主义的观点追求在实践过程中有效或合理的知识，如果有效，哪怕不是"真"的知识，也会接受。如果不合乎"善"或"美"的标准，哪怕是"真"的知识，也会在常识心理学体系内受到排斥。①

有研究指出，科学心理学与日常心理学是共在的关系，这包含三层意义：一是存在权利的共在，即无论是科学心理学还是日常心理学，都拥有平等存在的权利，而不是凭借着话语霸权凌驾于对方之上；二是文化价值的共在，既要超越科学心理学长期的文化无涉的价值观，又要超越常识心理学的单一文化价值观，要努力融合常识心理学与科学心理学的长处，这是应对两者之间的二元对立思维的前提，也是解决这种对立思维的关键；三是发展机遇的共在，既要使科学心理学能够从常识心理学中获取传统文化的滋养、借鉴和启示，也要使常识心理学从科学心理学中获取新的技术、方法和程序等，使其发展紧跟时代潮流。这不但要使常识心理学汲取科技理性精神，也要使科学心理学获取足够的文化资源和时代气息。这样看来，共在的理想关系模式既不是对有着优势话语权的科学心理学持批判否定的态度，亦不是对常识心理学大唱赞歌，而是强调两者之间的内在发展机理，使心理学在关注其科学、哲学基础的同时，也将其生活基础重新找寻回来。②

科学心理学的研究和应用都与常识心理学有天然的关联。反过来，常识心理学的演进及其发挥的作用也都与科学心理学有密切的关联。科学心理学对常识心理学的影响可以体现为：改变常识心理学的现实地位，提升常识心理学的科学属性，影响常识心理学的理论、方法和技术，使常识心理学

---

① 叶浩生.科学心理学、常识心理学与质化研究［J］.南京师大学报（社会科学版），2008（4）：85 - 91.
② 孟维杰.常识性：心理学另一种文化品格［J］.现代生物医学进展，2006（10）：145 - 147.

能够进入科学文化的管辖之中。反过来,常识心理学对科学心理学的影响可以体现为:使科学心理学能够面向日常生活,促进科学心理学在日常生活中的渗透,强化科学心理学在日常生活中的影响力,使科学心理学能够进入日常生活中。

科学心理学与常识心理学具有互动关系,科学心理学应该注重常识心理学提供的生活化的根基,常识心理学则应该注重科学心理学提供的科学化的规范。推进这种互动关系的发展就会使科学心理学与常识心理学都能获益。

二、常识心理学与科学心理学的对接

常识心理学对于科学心理学是开放的,或者说,常识心理学能够容纳科学心理学。科学心理学完全可以通过普及化、大众化和常识化,成为普通人日常生活中的心理学常识。对于科学心理学来说,转换为常识或常识心理学是其进入普通人的日常生活的重要途径。通常来说,最重要、最直接的转换方式就是把科学形态的心理学的内容转换到常识形态的心理学之中。当然,在这样的转换过程中,有可能是科学形态的心理学占据了主导地位,替换或改变了常识形态的心理学;也有可能是常识形态的心理学占据了主导地位,替换或改变了科学形态的心理学。如果是前者,那就是常识心理学的科学化;如果是后者,那就是科学心理学的常识化。科学心理学的常识化是存在风险的,即有可能使科学心理学变形或矮化,使科学心理学的科学性受到损害。常识形态的心理学可以容纳科学心理学的理论知识,把科学的知识形态转换为日常的知识形态。这至少包括两个重要环节:一是把科学心理学的专业知识或理论构造融入普通人的经验常识之中;二是把科学心理学的专业术语或学术概念转换为普通人的日常语言。这也就是经验的转换和语言的转换。

经验的转换涉及日常经验与科学知识之间的间距或排斥。知识与经验有独特的关联。显然,经验的生活性的特点使其带有非常明显的个体化、模糊性和随意性的特征。但是,常人的日常生活经验又能够以生活史的形式成为连贯的、系统的经验。科学知识具有规范化、专业化、严谨性、系统性的特征,它很自然地与普通人产生距离,或排斥普通人的日常生活经验。

　　语言的转换涉及日常语言与科学概念之间的隔膜和抵触。熟语与术语有独特的关联。日常语言或生活语言显然缺乏基本的界定。尽管日常语言具有极高的容纳能力，但这也使其缺乏基本的规范。日常语言与科学概念之间的相互转换会为常识形态的心理学和科学形态的心理学带来根本性的改变。

　　主要问题在于，常识心理学与科学心理学有没有可能形成对接，这种对接涉及的是怎样跨越普通人与科学家之间的界限，怎样跨越日常语言与科学语言之间的界限，怎样打通生活与科学之间的间隔，怎样形成生活世界与科学世界的连通。

　　这种对接关系到两个不同的群体、两种不同的语言、两种不同的尺度、两种不同的探讨。两个不同的群体就是普通人或常人的群体与科学家或专家的群体；两种不同的语言就是日常的生活语言与科学的专业语言；两种不同的尺度就是普通人的生活的尺度与科学家的专业的尺度；两种不同的探讨就是日常的生活本身的探讨与科学本身的学术的探讨。

　　要实现对接，就需要去打通、连通和贯通生活与科学这两个不同的世界。生活世界如果与科学世界格格不入，或者科学世界如果与生活世界远远相隔，那么生活与科学或心理生活与心理科学就都会受到限制，都会遭受损失。

　　对于常识形态的心理学来说，接纳科学形态的心理学涉及多样性的问题；对于科学形态的心理学来说，接纳常识形态的心理学涉及多元性的问题。生活的多样性与科学的多元性都是后现代社会的重要主题。正是在后现代社会、后现代文化和后现代思潮的背景下，常识与科学或常识形态的心理学与科学形态的心理学才会实际具有互通和互动的可能。

第二节　常识心理学提供的借鉴

　　常识心理学提供的借鉴涉及常识心理学的存在方式、影响途径、学术贡献和学科启示。这涉及常识心理学与哲学、文学、医学、历史、宗教、社会学的关系。常识心理学能够提供的借鉴可以从这些不同的方面得到考察。

一、常识心理学的启示

常识形态的心理学与许多学科都有密切的关系,对许多学科都有重要影响,对许多研究都有关键启示。常识形态的心理学是一种非常有价值的心理学资源。

1. 常识心理学与哲学

有研究指出,"常识"(common sense)一词在哲学上主要有两种不同的用法。常识的第一个用法着重的是"sense"一词的"感觉""感受"的含义,是指与肉体的视、听、嗅、味、触等五种外部感觉不同的内在感觉。这是人普遍具有的能够将五官感觉区分开来或对五官感觉进行统合,以形成关于对象的整体认识的能力。"常识"的第二个用法着重的是"sense"一词的"理智""智慧"的含义,是指人们行事时通常具有的思考能力、思想见识和理性判断等。相比较而言,第一种用法的影响相对较小,第二种用法则具有一定的哲学意义。这主要表现在以下两个方面:一方面,常识可以作为一种有约束力的信念原则,在与政治、道德、法律等有关的实践哲学中起着规范和准则的作用;另一方面,常识与西方哲学的认识论有密切的联系,即常识表现为一种特定的认识能力和知识形态。不论是上述的哪一方面,常识都可以用判断或命题的形式表示出来。于是,在哲学的意义上,常识可以被定义为:理智正常的人通常具有的、可以用判断或命题来表示的知识或信念。

在哲学的理解中,常识有如下特性:一是普遍性。因为常识是一切理智正常的人都有的,所以常识具有最大的普遍性或共同性。这种普遍性不是理论概括和抽象意义上的,而是人们普遍"同意"意义上的。二是直接性。常识不需要推理或证明,而是"直接"被知道的。如果常识需要通过推理或证明来实现,就会因普通人不具备思辨推理的能力,或因由此引起的争论和分歧,而不能被人们普遍理解和接受。三是明晰性。常识必定是清楚明白的,没有任何疑义和含糊之处,否则常识就不可能被人们直接而普遍地加以接受。因此,常识也往往被说成是自明的。

常人拥有的最基本的常识主要有三类:一是关于外部世界存在的常识;二是关于具有思想和行为的"我"(自我)存在的常识;三是关于与"我"发生交往的、与"我"有同样属性的"他人"(他我)存在的常识。

虽然哲学家一般不否认常识涉及的问题是重要的,但在如何对待常识这一问题上,他们的态度却并不一样。这些态度主要有三种。第一种态度认为,由于常识与人类生活的基本信念相关,而且具有直接性、明晰性和普遍性的特征,所以在哲学中可以将常识看作是可靠的和必要的理论预设,以及赋予常识以哲学基本原则的地位,并在这些原则的基础上建立系统的理论体系。第二种态度则相反,认为常识信念固然是重要的,但这只体现在日常生活的意义上,而不体现在哲学思辨的意义上,因为常识并不能够满足哲学理论化的要求。常识的本性决定了常识排斥一切证据和证明,常识并不具备哲学理论必不可少的严密性、深刻性和系统性。因此,将常识当成理论的预设就是肤浅的、靠不住的。常识只能将哲学引入歧途。第三种态度则居于前两种态度之间。持有这种态度的哲学家认为,常识并不是毫无根据的信念,常识的恰当性可以从常识对人类生活的普适性和共同性中得到某种程度的确证,因此常识具有作为"真"知识的基本特征。虽然常识的通俗化、非哲理化也是不争的事实,但这并不能够成为完全抛弃常识的理由。哲学应当在对常识进行修正、批判和思辨论证的基础上接受常识,并将常识作为哲学的原则。①

有研究认为,常识心理学是当代西方哲学中的"时髦哲学"。常识心理学也译成"民众心理学",它本身并不是一种专门的心理学学科,而是一种心理学哲学或心灵哲学。这种哲学之所以引起当代西方哲学家、心理学家和认知科学家的热烈讨论,主要原因是人们对精神的哲学本质见解不一,甚至针锋相对。常识心理学的拥护者对人们日常具有的心理或精神信念和愿望等,采取一种肯定的实在论立场,即认为信念和愿望等精神现象是人经历的、真实不虚的实在,是一种心理实在或"常识的意向实在",是人类行为的基础或原因,因此不能被取消,也不能被还原。就其明确肯定精神意向等的实在性而言,人们有时也称之为"意向心理学"。相反,一些哲学家和认知科学家在常识心理学的问题上持反实在论立场,即取消论唯物主义,他们反对常识心理学及其对精神实在的肯定立场。这种观点认为,根本就不存在信念、愿望、意图等这类事物,人并不经历这样的过程。这些表达就如同科学史上的"以太""燃素"一样,将随着科学的发展而被

---

① 周晓亮.试论西方哲学中的"常识"概念[J].江苏行政学院学报,2004(3):5-11.

取消。

常识心理学或常识心理学实在论是对人类精神的常识性理解。常识心理学的实在论或意向实在论主张，人们日常对人的心理进行的常识性的描述，总的来说是真实的，因此人总会经历常识心理学的事件、信念、愿望等人们通常归之于人的那些东西。常识心理学的基本观点可以概括如下：一是作为真正拥有内在信念的人，确实拥有信念、愿望、痛苦、希望和恐惧等精神状态；二是人的信念和愿望等命题态度有自主性和因果性，对人的行为有无法否认的控制作用；三是常识心理学与科学本身是一致的。诚然，常识心理学并不能够满足严格的科学标准，常识心理学也没有声称要成为一门科学，但是正如在语言学、经济学、决策理论、人工智能等学科及研究领域中显示出来的一样，常识心理学中也包含一些"思想资源"（conceptual resources），能够促进科学研究纲领的发展。

与常识心理学的实在论相反，否定常识心理学的反实在论（即取消论唯物主义）认为，人的确并不会经历像常识心理学这样的事件或状态。因此，常识心理学是完全错误的，常识心理学的原则和本体论最终将被完善的神经科学所取代。主要原因有三：第一，常识心理学是一种适合人们日常生活需要的"常识理论"，已经存在了数千年。在这么长的历史时期内，常识心理学解释行为的能力并没有提高多少。第二，常识心理学不能很好地与其他成熟的科学理论整合。第三，常识心理学尽管有很长的历史，但只在一些肤浅而狭窄的领域才有些作用，常识心理学并不能解释生活中的大量现象，包括知觉、学习、推理、记忆和精神疾病等。

上述批评遭到了常识心理学实在论捍卫者的逐条反驳。首先，常识心理学在许多世纪以来，的确已经取得了有意义的经验上的进步，而不是停滞不前。其次，尽管常识心理学的概念框架与物理科学特别是物理主义观点很不符合，但这并不意味着常识心理学与整个科学大厦相抵触。不仅自然科学离不开常识心理学，经济学、政治学、社会学和人类学等社会科学和人文科学也沉迷于意向性的语言。意向性推论正是常识心理学的重要标志。最后，针对一些研究者认为重要的精神现象在常识心理学的框架中大部分还完全是神秘的这一观点，反驳的观点认为，来自常识心理学的概念和以其为基础的理论对这些精神现象有很好的说明。

常识心理学的实在论表现出深邃的理论潜力和思想价值。首先,常识心理学明确肯定了精神的实在性和自主性,这是在新的科学和哲学条件下,对精神在自然界和人类社会中的地位和作用的重新确认。其次,常识心理学对精神的意向性和因果性的说明为真实地认识人和人的活动奠定了重要的基础。再次,常识心理学的实在论不仅是人们解释心理行为的重要根据,而且是历史学、伦理学和其他社会科学存在和发展的重要依据。常识心理学是各种社会科学合法性的最好证明。最后,常识心理学的实在论和反实在论的争论其实是两种不同的哲学本体论的争论。①

常识对人类的存在和发展具有重要的生存价值。应当看到,人们的生活世界首先就是以常识为基础的日常生活世界。在日常生活世界中,常识是"极可受尊重"的。人们正是以常识的世界图景、思维方式和价值观念来规范自己在日常生活中的所思所想和所作所为。同时,人类把握世界的其他任何一种基本方式,包括宗教的、艺术的、伦理的、科学的和哲学的方式,都是以人类的共同经验即常识为基础的。离开常识,既不会形成人类把握世界的其他方式,也不会实现这些方式的发展。但是,来源于并依赖于常识的人类把握世界的其他方式却既不是常识的延伸,也不是常识的变形,而是对常识的超越。

这里所说的超越主要是指性质与功能的改变。就哲学与常识的关系而言,主要是指哲学改变了常识的世界图景、思维方式和价值规范,为人类提供了一种哲学的世界图景、思维方式和价值规范。与此相反,这里所说的延伸或变形则否认了性质与功能的改变。就哲学与常识的关系而言,主要是指以常识的观点去看待哲学,从而把哲学的与常识的世界图景、思维方式和价值规范混为一谈,把哲学变成冠以哲学名词的常识。

这种从思维和存在的关系问题出发的思考,是一种超越常识的思考,即是对常识的存在论、认识论和价值论的前提的思考。这种思考使思想与现实处于否定性的关系之中,即把思维和存在的关系当成问题来思考,也就是对思维和存在关系问题的反思。常识的突出特点就在于常识是以单纯的肯

---

① 曾向阳.略论常识心理学对精神实在的肯定及其哲学价值[J].自然辩证法研究,1997(11):
　34-38.

定性的思维方式去看待思维和存在的关系,并不去反思思维和存在之间的关系问题。如果人们用这种非反思的常识去看待超越常识的反思,当然会发现这种反思的超常识性。但是,以常识驳斥反思会使人的思维滞留于常识,把哲学视为常识的延伸或变形。①

严格说来,在哲学研究面前,常识是没有任何地位的,常识中的常识心理学同样是哲学家讨伐的对象。但是,如果哲学不是把常识当成自己的对手,而是把常识当成心理的存在,那么常识或常识形态的心理学就会有自己独特的存在价值。

2. 常识心理学与文学

在文艺研究中,心理学角度的研究具有越来越重要的地位。有许多研究认为,可以从作者和读者两方面切入文艺心理学的阐释主题。但是,从文学活动的角度来看,其中有三个重要方面涉及常识心理学:一是创作者掌握的常识形态的心理学;二是读者具备的常识形态的心理学;三是作品或作品中的人物体现出来的常识形态的心理学。在没有心理学的专业学习或专业训练的前提下,创作者、作品、读者可以在社会通行的常识形态的心理学的基础上达成交流和互动。

对文艺的心理学阐释因此包含三方面内容:一是针对创作者的心理学阐释。问题在于创作者并不能完全自主地控制作品的含义。创作者思考的内容与作品实际表达的内容或者与读者理解的内容,往往是错位的。在这里,创作者颇像一位蹩脚的招灵巫师,引来了神灵却又无法控制他,也无法再将其驱走。二是针对读者的心理学阐释。对文艺的心理学阐释的另一个重点是关于接受心理的探究,对于接受心理的阐释是读者走出迷宫的向导。事实上,读者面对作品就是面对一座迷宫,读者或者不能理解作品而不知所云,或者深有感触却难以说出自己的理性认识。文艺作品并不是作为一种物质的存在而被人评说,其本身是一种精神的存在、一种心理的事实。这一心理事实可以追溯到作者,也可以涉及广大读者,后者更为重要。因为只有读者的认可和接受才能使作品实现自身的价值,又因为读者理解上的歧义才使作品显示出复杂性质和丰富内涵。作品是面向读者、为了读者而存在

① 孙正聿.哲学通论[M].沈阳:辽宁人民出版社,1998:51-82.

的。从读者心理出发,接受美学将重点放在读者的阅读理解中的期待视野、游移视点,以及读者对作品意义的"填空"等问题上。对文艺进行心理学的阐释时,创作心理与读者心理都是其应探究的重要方面。不过,这并不是其全部内容,因为作品中人物的心理也应是心理分析的重要内容,有些文学批评也是这样做的。但是,人们在分析作品中人物的心理时,基本上将其归为作者的心理投射。因此,在基础理论上,创作心理研究已基本包括这一内容。①

文学作品的作者大多并不是心理学专业人士,他们仅仅掌握社会文化和日常生活中流行的常识形态的心理学。他们可以依据常识形态的心理学,在自己的作品中来表达人的(包括作者自己的、作品中人物的、作品中事件的,等等)一系列心理行为,这甚至就包括关于人的心理行为的直接的解说和阐释。这就把文学作品变成了心理学的著述、心理学的解说、心理学的干预,这在古今中外的大量文学作品中可以时常见到。

3. 常识心理学与医学

医学可以有狭义和广义两种界定。广义的医学涉及养生、健身、诊断、疗病等不同层面或侧面。从广义医学的视角出发,中国本土医学中就有非常丰富的养生思想理念、独具特色的心理治疗、深入细致的精神探讨。

有研究指出,中国传统养生心理思想有自己的基本主张或基本理念。首先,中国传统养生心理思想中有一致认可的整体养生模式,即兼顾生理—心理—自然—社会的整体养生模式。中国传统的思想家和医学家多强调"天人合一"和"形神合一"的思想,运用的是整体的思维方式,主张兼顾生理、心理、自然和社会四个方面的因素。这主要体现在三个方面。一是就个体而言,主张形(生理)神(心理)合一,把人看成一个小系统,认为人的生理和心理是相互依赖、相辅相成的,要实现身心兼养。二是就个体与环境(包括自然环境和社会环境)而言,把人与其生存的环境视为一个具有生命力的整体,认为人体内部的活动既与外界天地万物的自然变化一致,又与其生存的社会环境的变迁息息相关,因此主张顺应四时和气功养生等。三是在养

① 张荣翼,等.文艺心理学阐释的两极:创作与接受[J].中南民族大学学报(人文社会科学版),2005(5):139-142.

生中运动和清静的关系上,主张以动养形、以静养神、动静结合,认为两者辩证统一。

其次,尽管中国传统文化中有关养生的文献浩如烟海,但在具体操作层面上,不同时期的各个养生流派和各种养生思想的操作原则及方法在基本精神上是相通的。这主要表现在:在养生心理观念上,多主张形神兼顾的共养观、动静结合的养神观和顺应自然的调神观等;在养生心理原则上,多主张以养神为主、养生与养德相结合、平和适中、以物养性和预防为主等原则;在养生心理方法上,多主张运动养形怡神法、气功养形调神法、节制情欲法、修养道德法、精神陶冶法、清静养神法和顺时调神法等。

概括而言,中国传统养生心理思想的基本理念为:顺时调神、形神兼顾、动静结合、顺应自然、养神为主、平和适中、以物养性、预防为主、以情制情、节制情欲、清静养神、修养道德、精神陶冶。①

有研究对中国人的传统心理与中国特色的心理治疗进行了考察,认为中国道家的处世养生法有以下四条原则。第一条原则是利而不害,为而不争:只做利己、利人、利天下之事,不做危害自己、他人与社会之事;尽力而为,量力而为,不争名夺利,不与人攀比,不妒贤嫉能。这样可以大大改善人际关系,消除"窝里斗"现象。第二条原则是少私寡欲,知足知止:降低利己私心与过高的争权、争名、争利的欲望,制定经过努力可以实现的、服务于社会及个人的奋斗目标,不安排过多任务,对人和对己都不作过高要求,有所不为然后有所为,适可而止,知足常乐。第三条原则是知和处下,以柔胜刚:海纳百川,水容万物,求同存异,百花齐放;不同而和,兼容并蓄;不言自明,不战而胜。第四条原则是清静无为,顺其自然:掌握事物发展的客观规律,预测进程,预测结局,因势利导,达到游刃有余;不倒行逆施,不强迫蛮干,不拔苗助长,不急于求成,在危机面前,作好出现最坏情况的精神准备,努力寻求较好的结局。②

有研究对精神心理学进行了较为全面和细致的界定。第一,精神心理

---

① 彭彦琴,等.中国传统养生心理思想对现代生活的影响研究[J].南通大学学报(教育科学版),2006(1):53-55.
② 杨德森.中国人的传统心理与中国特色的心理治疗[J].湖南医科大学学报(社会科学版),1999(1):2-8.

学不是研究意识的科学。所谓精神是意识与无意识协调活动的集中体现，是以意识（包括无意识）为基础形成的。因此，精神心理学不直接研究意识，意识是意识心理学研究的对象。第二，精神心理学不是研究心灵的科学。从褒义看，心灵就是心理，那就应当是心理学研究的对象；从贬义看，心灵是心灵学研究的对象，与科学的精神心理学没有什么关系。第三，精神心理学不是研究灵性的科学。灵性既然代表灵感水平，属于认知范畴，那就应当由灵感学来研究，而不能成为精神心理学研究的对象。第四，精神心理学不是研究灵魂的科学。尽管人们使用灵魂一词的褒义，如说"作家是人类灵魂的工程师"，但科学家认为虚无缥缈的灵魂是不存在的，它属于宗教学的研究范畴，精神心理学是不会研究灵魂的。第五，精神心理学也不是研究超个人心理的科学。既然精神与超个人心理不是一回事，那么超个人心理就应当是超个人心理学的研究对象，而不能由精神心理学去研究。第六，精神心理学是研究人的心理的最高层次的科学。既然精神是由心理意识发展而来，是心理系统中的最高层次，也同心理意识一样是一种实体，那就应当由精神心理学去研究。当然，由于心理意识是精神的基础，所以精神心理学在研究精神的过程中也就不可避免地要涉及心理意识的问题，要借助于一般心理学与意识心理学。①

在中国的文化传统中，中医具有非常重要的文化贡献。无论是中医的医理还是医术，当其进入常人的理解和常人的生活之后，都包含了大量的常识形态的心理学的内容。这就包括对人的日常心理行为的解说和干预，从而改变人的心理状态、心理表达、行为方式、行为习惯，以缓解病情、使人痊愈。

4. 常识心理学与历史

心理历史学是结合了心理学与历史学研究的心理学的分支学科，可以在心理历史学的研究领域中考察和探索常识心理学与历史的关系。心理历史学在英语中的表述为"psychohistory"，在学术界，该词存在各种译法，一般将其简称为心理史学（psychohistory），也有学者称其为心态史学（history of mentality）。事实上，在广义的心理历史学的范畴下，有心理史学与心态史

---

① 燕国材.论精神心理学与东方文化及其关系[J].探索与争鸣，2008(4)：61-64.

学两个不同的概念,其差异不仅在于心理史学盛行于美国,心态史学勃兴于法国,还在于两者在关注人类的心理因素、精神状态在历史中的作用的同时,在具体的研究内容与方法上有所不同。两者有不同的学术渊源与侧重,是当代西方心理历史学的两个主要流派。

人的性格或心理在历史上究竟有何作用,长久以来始终是历史学家苦苦思索又不得其解的一个问题。直至当代,这个问题才随着一门以人类心理为对象的学科的创立,更准确地说,随着其中的一个分支——精神分析学说的创立而找到了一丝线索。随着弗洛伊德学说的异军突起,运用精神分析学说的理论与方法,对历史人物进行心理分析式的品评,成为历史研究的新热点。但是,直到20世纪50年代,心理史学才真正确立,其奠基人是心理史学的另一个重要代表——美国精神分析学家埃里克森。

正当心理史学在美国开始萌动、崛起之时,在大洋另一边,法国的历史学家在完全独立的情况下也开始了对这个问题的关注。20世纪30年代,法国年鉴学派的第一代大师费弗尔率先开始探索历史与心理学结合的问题,自此以后,一种独特的心理历史学模式——心态史学开始在法国年鉴学派的倡导下逐渐兴起。心态史学是一门研究历史上的人,特别是其中的某一群体或集团的心态结构及其演变过程和趋势的史学分支。该分支的研究对象主要是心态结构的各种表现,即历史上社会群体在社会生活中共有的观念和意识,以及这种观念和意识与当时的社会文化环境之间的关系。

尽管可以将心态史学笼统地归在心理史学或心理历史学之下,但是两者在理论来源、研究对象、传播范围等方面都并不相同。

首先,从两者的理论来源来看,心理史学的理论基石主要是弗洛伊德的精神分析学说,心态史学则植根于有悠久的历史积淀和传统的法国史学,在理论上偏重于集体心理学或社会心理学。其次,从两者的研究对象看,由于精神分析学主要是一种个性心理学,因此传统的心理史学研究以心理传记为主,往往偏重于一些在历史上产生过重要影响和作用的精英人物。年鉴学派的历史学家在一开始就将眼光从个体转向集体,用集体无意识来取代或压倒弗洛伊德所说的个体无意识。最后,从两者的传播范围看,心理史学与心态史学最主要的阵地分别是美国和法国,两者基本上是在相对独立的范围内各自发展起来的，成为现当代西方史坛一种特有的史学景观。

　　整合心理史学与心态史学两个流派、吸纳精神分析学派之外的其他心理学理论，以及进行更广泛的多学科综合研究，成为心理历史学发展的最新趋势。有研究正是在此基础上提出心理历史学的新定义，即对历史的心理研究，也就是要用来自心理学和社会科学的部分思想、方法和结论对过去进行考察。①

　　国内一些学者常将心理史学、心态史学和历史心理学当作同义词使用，这反映了三者密不可分的关系。但是，也有学者从研究的内容、目的、侧重、属性、起源、词汇等方面说明三者有较大区别。心理史学、心态史学和历史心理学在起源、词汇和侧重等方面固然有所不同，但这仅是表层的差异，实质上三者基本等同。三者都源于心理学和历史学的相互交叉渗透，这种跨学科性决定了三者兼具心理学和历史学的双重属性，其研究内容和研究方法必然存在交叉重叠，在实际研究中更无界线之分。

　　早期的心理历史学运用精神分析理论解释历史上的个体和群体的历史行为，后又引入行为主义、认知心理学等心理学理论，但都很少探讨历史心理现象本身及其来源。随着历史学的发展和社会变化，心理史学家日益感到原有解释的缺陷，逐渐由强调内在的心理因素转向强调外在的社会因素。这种由心理因素决定论向外在环境决定论的转变，意味着心理史学已不再局限于从心理学角度解释个人和群体的历史行为了，而是把历史上的个人和群体心理的发生、发展、演变的原因，及其对社会历史进程的影响作为研究对象。这是把历史上的心理现象本身作为研究对象，而不只是把心理学理论作为解释历史现象的一种史学方法。

　　心态史学作为西方史学流派，其目的虽是研究历史，但其实质是研究人类心理，确切地说，是研究历史上的社会心理现象。心态史学研究普通群众的心态状况，其研究内容是大量日常重复出现的现象。心态史学研究的这种日常生活中存在的自发的、无意识的群体心态显然属于社会心理范畴。

---

① 周兵. 心理与心态——论西方心理历史学两大主要流派[J]. 复旦学报（社会科学版），2001(6)：51-55.

历史心理学研究历史上的个体心理和群体心理的发生、发展及其变化规律。虽然心理学家、文化人类学家、社会学家、文学家对历史上的社会态度、人际关系、国民性格进行的探讨,采用的术语、概念和表达方式不同,但研究的都是人类心理现象,所提供的理论和所揭示的规律一定程度上反映了人类心理演变的历程。

具有共同研究对象的心理史学、心态史学和历史心理学,实质上是同一学科的三种不同研究取向。有必要统一三者,建立一门综合性的新学科;有必要用统一称谓把心理史学、心态史学和历史心理学三者整合起来。若将这三者整合,采用历史心理学的名称较为妥当。历史心理学是研究历史上的个体心理和社会心理及其对历史事件、历史进程的影响的边缘学科,其主要研究对象是历史上人类的心理现象,包括个体心理和社会心理两个层面。①

但是,问题在于,这三者的研究和考察都不仅采纳了科学心理学的研究内容,而且在很大程度上也采纳了常识心理学的研究内容。历史学的研究者正是通过自己掌握的常识形态的心理学,去理解历史人物、历史群体、历史事件、历史进程之中的人的心理行为。

5. 常识心理学与宗教

常识心理学与宗教的关系体现在两个方面:一是常识心理学成为宗教学说传播过程中解说人的心灵的重要依据,也就是常识心理学进入了宗教学说;二是宗教学说中关于人的心灵的解说转换为人的日常生活中的心理常识,也就是宗教的心灵学说进入了常识心理学。无论涉及哪一个方面,常识心理学都与宗教有着密切的关联,并对心理学与宗教学都产生了影响。

有研究比较了东方文化中佛教禅宗的心法与西方文化中思想家采纳的东方思想中的冥想观。佛教用禅定来命名静修。禅定中的"禅"是印度梵语"禅那"的转音,其中文意译是"静虑",后来取用了"禅"的原音加上一个意译的"定"字,便成为中国佛学的禅定。佛教对禅定有比较深入细致的研究,并按禅定功夫的深浅将禅定分成四禅八定等若干层次,在浩如烟海的佛教经

---

① 郑剑虹,等.再谈历史心理学[J].重庆大学学报(社会科学版),1996(2):92-96.

典中介绍了各种修持禅定的法门。

禅定是佛学修习的基础。佛教认为,宇宙万有和生命根元就是清静光明、吉祥圆满的,佛学称其为"如来藏识"。一切生命都是如来藏识的现象;个体的生命永远在各种生命现象中轮回。学佛修行的目的就是从周而复始的生命轮转的圈子中走出来,重新回到清静光明、吉祥圆满的本体。由于人的思想意识是主体与客体相互作用的产物,而主体和客体本来就是虚妄不实的,所以宇宙万有和生命根元就不能用习惯的思想意识去把握,而必须在内心寂静上做工夫,才能了解生理和心理的作用与周围的客观世界一样变化无常、虚妄不实,以此节节求进,最终证到宇宙、人生最初的原委。

禅宗修证要以禅定为基础,但又不归结为禅定。禅定不是佛教独有的法门。远在释迦牟尼创立佛学之前,印度的其他宗教就有类似禅定的静修法门。在中国,静修也是儒家、道家修身养性学说中非常重要的组成部分。《大学》中说:"知止而后有定,定而后能静,静而后能安,安而后能虑,虑而后能得。"①这段话按止、定、静、安、虑、得依次渐进的六个层次,对儒家所强调的静修与起用的关系进行了简明扼要的提示。

西方的存在主义哲学家和心理学家千方百计地想从禅师的修证经验中寻找能用来冥想的方法,然而他们并没有解决冥想结束以后人们在现实生活中怎样继续保持平静心态的问题。如果说要在禅定的过程中使思想平静下来就已经很难,那么要在生活中保持平静、超然的心态就更难了。佛学与禅实质上并没有把参禅打坐与现实生活截然分开,参禅打坐是在修持,行住坐卧也可以是一种修持。

禅宗心法不拘一格,体现出高度的智慧和灵活性。禅修既不抛弃文字经教,又反对将教理变成脱离实证的学术思想,注重教理与修证的配合。禅修既以禅定为基础,又反对执着禅坐的相状,主张在行住坐卧的起心动念之处求证宇宙的本体,从平凡的生活机趣中领悟玄妙的宇宙和人生的真谛。西方的存在主义哲学家和心理学家吸取了佛学与禅宗关于禅定的理论,使之成为能与现代心理学结合、能医治心理疾病的实证科学。不过,他们忽略

---

① 朱熹.四书章句集注[M].北京:中华书局,1983:3.

了禅宗心法中一些更重要的方面,这些方面虽然与禅定有一定的联系,但不是禅定能完全包容和解决的。①

宗教内含对人的心理行为的解说和引导,这可以通过宗教学说灌输给普通人的过程来完成。宗教学说实际上可以整合人的日常生活的经验,因此也就可以整合包含在日常生活经验之中的常识心理学。在传递给普通信众的宗教教义之中,在被普通人掌握的宗教教理之中,就内含大量系统的关于人的心理行为的理解和解说,它们可以在常识化之后也进入常识形态的心理学之中。

6. 常识心理学与社会学

有研究考察过社会学与常识的关系,并分离出三种不同的进行考察和透视的视角:一是从学科/常识的角度去进行考察和透视;二是从教师/学生的角度去进行考察和透视;三是从专家/大众的角度去进行考察和透视。

该研究指出,根据美国社会学家的看法,常识性知识和科学性知识有三个基本区别。一是目标的区别。常识性知识关注的是使用性的活动,是怎样以一种有意义的、可预料的方式从事这些活动。相反,科学性知识的基本目标是为实现其本身的目的而追求知识。当科学家出于个人的原因而尽力"证明"某种理论时,指引他的就是常识,而不是科学。二是证据的区别。对于支持其理论的证据,常识性知识以现存事物为基础,科学则需要更广泛的证据,其证据是按照明确的规则收集和获取的。在积累知识的过程中,科学家甚至将努力证明其理论不成立。正是通过这种方式,科学家才能向任何一个接受运用的证据的规则的人提供系统的、令人深信不疑的证据,证明其理论的成立。三是系统的区别。科学理论就其本性而言是清晰的,并且属于系统性的阐述;生活常识则是模糊的,并且是片段的或零散的表达。常识知识与科学知识之间的这种区别适用于社会学与常识的关系,也同样适用于心理学与常识的关系。

社会科学的实践影响主要并非技术的影响,而是通过社会科学的概念

---

① 徐朝旭. 论禅宗心法及其与西方冥想观的异同[J]. 厦门大学学报(哲学社会科学版),1996(3):56 – 60.

被吸纳到社会生活中,并成为社会生活的构成内容,以此来发挥作用。当社会科学的概念为常人所接纳并融入社会活动中,这些概念就自然成为社会实践中人人谙熟的要素了。例如,社区构成、社区建设、社会指标、社会发展、弱势群体、社会支持等社会学的专业词汇,逐步推广变成大众日常用语的一部分,从这样一个过程中,就可以非常清晰地看出从社会科学的概念到生活常识的转换。所以说,社会科学的概念不可避免地为常人行动者所熟悉,这些概念并不会仅仅成为一种专业词汇。

在社会与人文的环境中,每一个被专家视为外行的社会成员都是掌握了知识和技能的行动主体,都在时时处处地参与社会的建构过程。这既是行动的过程,也是阐释的过程,而他们对在自己的行动参与下建构起来的社会生活的阐释,在专家看来也无非是常识而已。不过,情况也有正好调转过来的时候,所谓社会与人文的专业知识在常人或外行看来,也不过是用某种学术语言讲述的常识。然而,最重要的问题在于,常人也是参与者和阐释者,任何一种社会与人文的专业理论都在被常人以自己的眼光和角度不断进行着再阐释,正是这样的双向阐释构成了社会不同于自然的基本品质。①

常识形态的心理学不仅是心理的存在,也是社会的存在。在人类社会最基本的构成中,包括社会制度、社会体制、社会法规、社会互动、社会交往、社会群体、社会关系、社会生活、社会文化等在内,都会隐含特定的常识形态的心理学的内容。这实现着社会对人的心理行为的解说和引导,实现着社会对人的心理行为的框定和改变。因此,常识心理学与社会的关系就在于,常识心理学是社会和生活的重要组成部分,社会是常识心理学的重要存在方式。社会的生活、社会的运行和社会的变化都会在常识和常识心理学中得到反映和体现。

二、常识心理学的存在方式

有研究按照话语形态理解常识心理学的存在,也就是在心理学的长期研究中,一直存在着两种不同的话语形态——科学主义的话语形态与人文

---

① 罗国芬,等.社会学与常识:一个基本理论问题的三种透视[J].上海理工大学学报(社会科学版),2005(2):6-9,12.

主义的话语形态。这两种不同的话语形态导致两种不同的心理学——专家心理学与常识心理学,两者长期处于割裂的状态,科学主义的理性原则与社会生活的现实原则很难在心理学研究中实现统一。但是,对于心理学而言,必须实现这两条原则的统一。

人文主义的话语形态重视体验、表达和理解,这三个要素构成了人文主义的思想核心。一是体验。体验与经历类似,强调人们直接参与某件事情以及由此获得的印象,这种印象的最大特点就是具有直接性,并非常真实。二是表达。人文主义强调价值性的表达方式,价值性的判断是最高级的表达形式,这与事实和原理无关,或者关联很小。价值判断涉及历史与社会的真实性,包括文化习俗的判断、社会历史的判断、创造性的判断和日常性的判断,等等。三是理解。理解与体验紧密联系在一起,理解不是一种简单的、理性的辨别力,而是人们认识自己及自己创造的社会和历史的能力。这既包含对事实的理解,也包含对意义的领会,还包含对心灵的领悟。理解更多的是一种共鸣,是互动双方的共同作用。

体验、表达和理解是人文主义话语形态的特征,其中心是真实性。不过,正是因为过分强调真实性,以致造成了以牺牲科学性与客观性为代价来换取生活性的结果。科学主义正是在批判以上三点的基础上,树立了自己的话语形态。

在本体论上,常人的心理学用生活实体取代了心理实体。民众生活于实实在在的现实之中,人们关注的是生活本身,而不是隐藏在生活事件背后的、具有抽象性的心理实体。民众是心理生活的主人,心理生活是个体主动建构的过程。

在认识论上,常人的心理学并不寻求对心理生活的普遍性解释,而更多地强调生活性原则。在这个意义上,常人的心理学可以被称作常识心理学。与科学家不同,民众在日常生活中是运用常识来理解和处理心理生活事件的。普通民众只是将生活中的片断琐事任意串联在一起,串联的依据可以是个体的兴趣、爱好、态度、经历、情绪、情感等主观因素。这些生活事件的串联构成了民众真实的心理生活。

在方法论上,常人的心理学依赖的是生活经验线索,而不是抽象的逻辑线索。常人的心理学是一种合情的心理学,更符合日常生活的情理。与专

家的心理学过分注重合理性不同,民众习惯于从生活事实出发,往往显得
"无理"但"有情"。在日常生活中,常人拥有大量心照不宣的生活规则与理
念,这制约了民众的各种心理生活体验,构成了民众判断、处理和应对生活
事件的线索与依据。①

　　心理学的研究不能回避两个原则,即理性的原则和生活的原则。长期
以来,心理学受到自然科学的影响,过度追求理性主义,在不断完善心理学
的合理性的同时,忽略了心理学的现实性即合情性。今天的科学主义心理
学更像一种合乎理论和逻辑的心理学专家的话语系统,严重背离了心理学
的生活常理性,因此缺乏真实性和现实性。传统的科学心理学可以被称作
"合理的心理学",在自然科学的理性主义法则的指导下,用合理性取代了现
实性。心理学除了追求合理性以外,还应该去考量合情性,使研究做到既合
情又合理。只有这样,心理学研究才可能重塑其在社会生活中的地位。

　　在"合理的心理学"中,研究者与被研究的对象之间是一种理性的、逻辑
的关系。因此,在科学心理学的研究中,研究者与研究对象的关系在本质上
并不是人与人的关系,而是人与物的关系。"合情合理的心理学"要在研究
中打破人与物的关系体现出来的自然科学模式,不再把人视为理解人性的
工具,而是把人视为目的。"合情合理的心理学"应当抛弃对心理行为的形
式化解释,避免用抽象的理性原则来替代现实的关系。"合情合理的心理
学"还强调研究的整体性。"合理的心理学"遵循自然科学的研究模式,强调
还原主义。还原主义将人类心理活动孤立地置于某处,用"标本式"的方式
加以研究,目的在于从每一个单独的事件中寻找到相应的联系。"合情合理
的心理学"则主张采用系统性原则,将个体的活动与行为置于社会、历史、文
化之中。一方面,个体是社会、文化和历史的塑造者;另一方面,个体也是社
会、文化和历史的产物。要理解个体的心理行为或心理生活,就必须了解整
个文化与时代的特征。反过来,要理解文化与时代,也就必须了解个体的心
理行为或心理生活。同时,个体的心理生活是整体性的存在,不能简单地还
原为各个元素。

　　总之,心理学的研究必须在合理性与合情性之间保持平衡,不应该过度

① 周宁.两种心理学话语形态的分野[J].宁波大学学报(教育科学版),2005(1):1-5.

地追求合理性,牺牲合情性。20世纪后期以来,追求研究的日常性逐渐成为中心话语,在这样的语境下,心理学研究应当而且必须突出研究的合情合理性。只有这样,才能使心理学与人类的生产实践保持同步,真实、有效地反映和揭示人类的心理活动。①

常识心理学的存在方式可以是多种多样的。这包括前述的在人的日常话语中的存在,也包括在人的日常生活物品中的物化方式的存在,在人的日常交往和生活互动中的交际方式的存在,在人的工作方法和操作方法中的存在,在人的学习活动的实现途径之中的存在,在人的克服困难和应对挫折之中的存在。

三、常识心理学的影响途径

常识心理学作为一种特定的社会知识形态,所能够产生的影响可以体现于两个不同的领域,或者可以体现在两个不同的方面:一是对常人的日常生活的影响,或者是对常人的心理生活或心理行为的影响;二是对学术研究的影响,或者是对心理学研究的影响和对其他学科研究的影响。

常识形态的心理学会对常人的日常生活产生影响。常人日常生活的基本内容和基本方式就包含着常识形态的心理学。常识形态的心理学对常人的日常生活的影响主要有如下六个途径。

一是对生活方式的影响。人的社会活动包括生产方式和生活方式。生活方式是人满足自身生活需要的全部活动形式与行为特征,包括人的日常生活的方向选择、人的社会生活的传统习惯、人的心理生活的生成方式。常识形态的心理学认可和给出了一种基本的或特定的生活方式或生活样态。人的生活方式或心理生活方式可以按照常识形态的心理学来进行建构。

二是对日常语言的影响。人是通过语言进行互动和沟通的社会存在。在人的日常语言中,有着人类长期积累起来的关于世界万物和社会生活的语义表述。常识心理学关于人的心理行为的解说是通过日常语言得以表

① 周宁,叶浩生.心理学的两种话语形态:"合理性"与"合情性"[J].西北师大学报(社会科学版),2009(1):93-96.

达、传输的。在人的日常语言中蕴含着大量的心理学语汇,这些语汇不仅可以描绘和说明人的心理行为,而且可以影响和引导人的心理行为。特别是在科学心理学的研究中,许多心理学的专业术语在日常生活中都有特定的含义。

三是对心理生活的影响。常识形态的心理学就是普通人心理生活的重要构成部分。常人的心理生活就是人觉知、觉解、建构、创造的心理体验。在人的心理生活中,常识形态的心理学会框定一种模式、流向和形态。那么,在特定的或独立的社会生活中,每一社会个体的心理生活都会对他人的心理生活产生重要或多样的影响。因此,在常人的心理交流和互动之中,常识形态的心理学就会影响社会生活中每个人的心理行为和日常生活。

四是对生活意义的影响。常识形态的心理学拥有的心理常识具有生活意义的内涵。常识具有的意义就是生活具有的意义。意义是人的生活的现实,人的生活是由各种不同的意义构成的。常识形态的心理学关于人的心理行为的理解就具有特定的生活的含义,就具有特定的心理生活的含义。常识形态的心理学给出的关于人的心理行为的定义就是生活意义上的,就是生活意义在人的心理行为方面的相应体现。

五是对心理互动的影响。在常人的日常生活中,人与人之间的社会互动就包括人与人之间的心理互动,这种心理互动包含每一社会个体具有的在常识形态的心理学基础之上的心理交流、心理理解和心理影响。常识形态的心理学提供了不同社会个体之间共同的心理常识,这会引导社会个体在自己的社会交往或社会交流的过程中,影响他人的心理行为和改变自己的心理行为。拥有和掌握了常识形态的心理学,就会对人与人之间的心理互动形成特定的解说和引导。

六是对心理建构的影响。每个普通人都有可能和机会去建构自己、他人和社会的心理生活。对于社会个体、社会群体、社会生活的心理学理解和解说,会影响和引导社会个体、社会群体、社会整体的心理生活。并且,可以在已有的基础上形成新的建构,这种心理建构也是共生历程中的创造。常识形态的心理学就是进行新的心理建构的生活依据和心理基础。个体心理建构、群体心理建构、社会心理建构会在常识形态的心理学提供的平台上进行。

四、常识心理学的学术贡献

常识心理学对于学术心理学的贡献体现在理论、方法和技术等方面。常识心理学具有自己的特定形态的理论、方法和技术,尽管它们与科学心理学的理论、方法和技术并不相同,但具有重要的借鉴意义和价值。

人的心理理论是在心理学的研究中得到认定的独特的日常理论。那么,怎么把常人的心理理论中蕴含的心理学研究的学术性价值挖掘出来,即怎么把包括或包含的那些日常的理论思想、理论构造、理论设想、理论概念、理论倾向、理论原则、理论假设等,从常识形态的心理学中挖掘出来,使之成为心理学研究的理论启示,就成为心理学研究需要探索的内容。

有研究考察了关于民众心理学的研究与当代心灵哲学的新问题。当代心灵哲学围绕民众心理学展开的探讨和争论,既涉及常识层面的问题,如怎样描述常人的行为解释和预言过程,怎样对这一过程作出阐释,同时又提出学理性、高层次的哲学问题乃至交叉问题,如人的内在认知结构与心理活动的过程、机制和动力学的问题,心理状态的因果性、意向性、语义性及其根源问题,信念等命题态度的模块性、可投射性等问题。此外,还明确提出了心理世界的结构图景,心理的本质、地位和命运,以及心理、物理关系问题。因此,关注和参与有关的讨论具有不可低估的理论意义和实践意义。

对心理世界的认识若要实现实质性的飞跃,必须抹去常识心理概念图式上的文化尘埃,揭示心理语言的真正意义和实在所指,追溯常识心理观背后的内在条件、结构和机制,透析民众心理学的活动及其调用的资源、从属的结构和机制。围绕民众心理学的争论恰恰是在总结神经科学的成果、深入进行认知科学探讨、尝试建立新的认知模型的基础上进行的,其采用的资料、思维的模式、概念的图式都打上了新时代的烙印。有关研究的出发点是民众心理学,落脚点却是传统的心理概念图式和心理本质观、心身观的本质、前途和命运问题。因此,对民众心理学的反思实质上是对传统心理观之根本和核心的反思,这对于重新认识心理世界的结构、功能,探索和揭示真实、客观的原因论、心理地形学、地貌学、生态学无疑具有重要意义。对民众心理学的研究有助于认识、重建人的概念图式。民众心理学展现的这幅心理图景既涉及心理世界,又涉及心与身、心与外部世界的关系,因此是一种关于什么是人的常识性概括、一种关于人的概念图式。对民众心理学的研究孕育着未来哲学变革的契机和动力。从哲学的发展历程来看,传统哲学是在民众心理学的基础上构建自己的理论体系和概念框架的,如哲学中的同一论、二元论、唯心主义的一元论、功能主义等都默认了常识的心理概念图式。①

常识心理学也有自己独特的考察人的心理行为的方法,并且也都具有学术的价值。普通人在了解自己和他人的心理行为时也会运用各种不同的方式和方法,这些方式和方法也常常是非常有效的考察人的心理行为的手段。常识心理学的方法有许多就属于定性的研究方法,包括日常交谈的方法,即怎样通过谈话来了解他人的心理行为,也包括日常观察的方法,即怎样通过观察人的心理行为的日常表现说明人的心理行为和得出基本的规律。

常识心理学的技术也有自己独特的影响和干预人的心理行为的价值。普通人在日常生活中创造了大量的心理技术或行为技术,包括相应的工具和相应的操作,这对于科学心理学来说也具有借鉴意义。例如,在日常的普通人进行的劝导活动中,有经验的普通人会通过特定的方式和技巧来改变当事人的想法、思路、观念、理念,会通过特定的生活手段来消除当事人的心理问题,会通过一系列话语和工具矫正当事人的行为。

第三节 常识心理学的未来命运

常识心理学是一种古老的知识形态,随着科学心理学的诞生和进步,怎么看待常识心理学的未来的地位或命运,就成为需要认真对待和深入思考的问题。常识心理学的构成成分与科学心理学的构成成分一样,包括常识心理学的理论、方法与技术,那么,关于常识心理学的未来命运就包括常识心理学的理论的未来命运、方法的未来命运、技术的未来命运。

---

① 高新民,刘占峰.民众心理学研究与当代哲学的新问题[J].哲学动态,2002(12):7-11.

一、常识心理学理论的未来命运

常识心理学常被称为民间心理学或命题态度心理学。通常认为,民间心理学代表着普通人对人的心理结构、心理活动、心理动力等的基本看法:心理是由信念等心理事件、状态和过程构成的内部世界,具有深浅等空间特性和先后等时间特性;心理可以对外界的刺激信息和内部的思想观念进行加工,信念、思想、欲望等可以相互作用;信念、愿望等是行为的原因和动力;人们对心理的认识是通过内省这一"不可错的眼睛"进行的,因而具有直接性、私人性、主观性和优先性。不难看出,这幅心理世界的图景实际上是参照外在的物理世界而构造出来的,因而是一种类比式、隐喻式、前科学的心理观。

然而,随着心灵哲学的探幽发微,以及对心理的内在结构、运作过程和实现机制的揭示,特别是随着取消主义和工具主义的出现,民间心理学及其体现的心理图景受到了严峻挑战。取消主义是一种极端的唯物主义,它不否认民间心理学的存在,但否认民间心理学设想的信念、愿望等心理状态的存在,认为这些概念表达的是一种完全错误的地形学、原因论和动力说。

取消主义的主张有如下三点。首先,从本体论的角度来看,民间心理学断定的实在是不存在的。大脑中真实存在的只有神经元及其活动和连接模式,并不存在常识设想的信念状态,也没有发生过常识赋予信念的那些因果作用、语义内容。其次,从语言学的角度来看,由于人身上除了神经过程和状态之外,并没有信念之类的状态和实在,因此常识心理学的术语只是一些没有实际所指的空洞概念,必将随着科学的发展和科学术语的常识化而被精确的科学语言取代。最后,从方法论的角度来看,民间心理学的解释和预测的方式、原则和基础是类比和隐喻,而不是对心理过程及其与行为关系的科学认识。这是完全错误的,随着科学对心理的微观结构和机制的透彻把握,民间心理学必然会被抛弃。

工具主义对民间心理学的挑战具有折中性。工具主义一方面肯定民间心理学概念的有用性,但同时又否定了其所指的实在性。工具主义认为,人体内只有物理过程、状态与属性,根本不存在心理现象等实在、过程或属性。民间心理学不过是一种关于意向系统的理论,本质上只是一种对行为进行解释和预测的策略,而不是关于实在的理论,因而最终会被证明是虚妄不实的。换言之,民间心理学可还原为意向系统心理学,但不能还原为微观认知心理学。

取消主义和工具主义挑战的直接对象是民间心理学,但其醉翁之意却在于传统的心理概念图式和心理观、心身观。由于传统的心理概念图式和心理观、心身观关系到心理的本质、结构和功能,以及对人、自然、宇宙结构图景的基本看法,因此这种挑战及其回应就具有世界观上的重大意义。

取消主义和工具主义包含许多矛盾和难题。首先,对心理实在的否定不仅有悖于直觉,而且也与科学事实不符。其次,命题态度已经融入社会的文化、逻辑、政治和习俗等的建构之中,没有命题态度,人们将失去传情达意的工具;没有命题态度,人文社会科学研究和人们的日常交流将举步维艰。最后,取消主义还陷入了自相矛盾、自我否定的尴尬境地。一方面它扬言要取消信念、愿望等术语及其指称的心理现象,另一方面它又在向人们传递着某种确信或怀疑的态度。

但是,也必须承认,取消主义和工具主义的挑战为人们反思常识心理学的概念图式提供了契机。这包括三点:一是可以通过语言分析,从词源学和词义学角度揭示民间心理学术语的真实所指;二是可以在吸取神经科学研究成果的基础上,转换心理研究的方法论模式;三是可以借助认知模型和认知理论,揭示心理活动的真实过程和运作机制。

因此,可以得出如下一些主要结论。首先,就实在而言,人脑中确实并不存在拟人化的心理事件、"小人"式的心理机制、拟物化的心理空间和"物体"式的心理运动。真实存在的只有神经过程、神经元连接模式和原子、分子的运动。但是,仍然可以用物理的、设计的、计算的、心理的等不同的语言,来描述和解释更高层次的心理事件和心理过程。其次,心理现象和过程是一种自然现象和过程,但并不能等同于原子、分子的运动。一方面,心理事件和过程是由内外多种复杂因素共同实现的;另一方面,心理事件和过程是"可多样实现的"。最后,心理事件和过程不仅以神经生理过程为基础,而且还会受社会、历史、文化、实践等因素以及原有的心理"前结构""前观念"的影响和制约。这些因素在丰富和发展心理内容方面,起着生理过程难以发挥的作用。总之,常识心理概念图式是无法取消也不应该取消的。①

常识形态的心理学具有的理论是特定意义上的理论,这与科学理论有着一系列非常重要的区别。日常理论与科学理论常常是对立的,但这种对立并不表明日常理论与科学理论就不会建立关联,也并不表明常识形态的心理学理论就不会有未来。科学心理学的理论是按照科学规则建构起来的,是符合特定的概念含义、理论规则和思想方式的。常识心理学的理论则是按照社会生活和心理生活的需要建立起来的,是符合生活的特定含义、解说规则和沟通需要的。

二、常识心理学方法的未来命运

在科学心理学的实证研究中并没有常识形态的心理学方法的地位或位置。尽管在实证科学的方法论规范之下,常识心理学的方法对于心理学研究来说是没有价值的或没有作用的,但是实证科学的研究方法都有常识心理学方法的影子或是其前身。心理学的研究方法也有定性和定量的区分。日常生活中的常识心理学的方法与心理学研究中的许多特定的研究方法有着千丝万缕的联系。例如,定性研究或质化研究通常被看作是一种人文社会科学的主观研究范式,许多具体的质化研究方法与常识心理学中的方法内在相通。质化研究强调的是对研究对象的定性描述,主要研究方法包括参与观察、深度访谈、传记研究、个案研究、社区研究、档案研究、生活史研究、民族学研究、人种学研究、民族志研究、口语史研究、现象学研究,等等。关于心理学的质化研究方法的考察认为,质化研究的最主要特征为人文主义的研究态度、整体主义的研究策略、主位研究的独特视角、主体互动的研究立场、解说对象的表现手段、研究问题的文化性质。首先,质化研究具有价值侵入的研究立场。质化研究或定性研究通常立足于研究者的定性推论,这就会把研究者拥有的价值尺度和价值判断带入关于研究对象的理解中,就因此与研究者个人的文化背景、知识经验、生活态度、处世经验、理解程度等直接关联。在这样的过程中,很容易出现研究者在自己的研究中对

---

① 高新民,刘占峰.民间心理学与常识心理概念图式的批判性反思[J].自然辩证法研究,2004(4):21-25.

研究对象的价值侵入或侵犯，即研究者把自己的价值取向强加在研究对象身上；也很容易出现研究者对被研究者的价值取向的价值替代，即用研究者自己的价值尺度和价值判断来替代被研究者的价值尺度和价值判断；还很容易出现不同研究者之间的以及研究者与被研究者之间的价值冲突，即出现不同价值取向的对立、对抗。其次，质化研究具有自然主义的研究方式。质化研究或定性研究强调在自然的情景中对人的心理行为的考察，而不是对各种条件的控制，不是对无关变量的剔除。研究者通常也是情景事件的参与者或亲历者，是在理解自己的研究对象或研究内容。那么，研究者会把自己的研究思路和研究设定、生活理解和生活主张、学术定位和学术观点，都融合在自己的研究对象和研究内容之中。①

常识形态的心理学拥有的方法尽管不是科学的方法，但却是实用的生活的方法，这种方法也会在功能化之后对心理学研究产生影响。功能化是指对日常生活中常人运用的了解和把握自己的心理行为的方式和方法进行功能性的改变和组合，使之能够有针对性地用来知晓和认识心理、调整和引导行为、掌握和改变人格。因此，常识心理学的方法会在特定的层面成为理解和把握人的心理行为的重要途径。

三、常识心理学技术的未来命运

在日常生活中，常识形态的心理学运用的日常工具和日常技术都是生活化的和日常性的。有时候，在民俗中许多看起来是迷信的活动也包含影响和干预人的心理意识或心理行为的特定技术。

中国本土的文化传统倡导"天人合一"，也即"心道一体"。"天人合一"强调的是不要在人之外或心之外去寻求所谓客观的存在；道就在人本身之中，就在人本心之中。人不是到身外或心外去求取道，而是返身内求。因此，人是通过心灵自觉或意识自觉的方式直接体验到并直接构筑了自身的心理。中国本土文化中的心理学传统确立的技术是内省。内省的基本原则成为理解体证或体验的方式和方法的最为重要和无法忽视的内容。②

---

① 葛鲁嘉. 心理学研究中定性研究与定量研究的定位问题[J]. 西北师大学报(社会科学版)，2007(6)：65-70.
② 葛鲁嘉. 心理学技术应用的途径与方式[J]. 科学技术与辩证法，2008(5)：66-70.

常识心理学的技术对理解和干预人的心理生活或心理行为具有独特的应用价值和应用效果。日常的技术手段是常人干预自己和影响他人的生活型的手段,如果将这些手段整合于心理学的现实应用中,也同样会收到奇效。这就需要对这些日常的心理工具和心理技术进行研究和探索。

普通人在日常生活中运用的解决自己的心理行为问题的方式和方法、技术和手段,是需要进行梳理和筛选的。首先,要收集民间的心理工具和心理技术,对其进行分类整理。其次,要将具有合理性、有效性的心理工具和心理技术保留下来,反之则剔除掉。再次,要基于特定的原则和理论,对这些不同的心理工具和心理技术进行分析和探讨,确定其合理的理念和价值。最后,要应用具有合理性、有效性的心理工具和心理技术,使其在普通人的现实生活中发挥更大的功效。

参考文献

中文部分

S.科纳,曲跃厚,邵宏.论常识、科学和形而上学之间的关系[J].国外社会科学,1993(10).

边燕杰.关系社会学及其学科地位[J].西安交通大学学报(社会科学版),2010(3).

曾向阳.当代意识科学导论[M].南京:东南大学出版社,2003.

曾向阳.略论常识心理学对精神实在的肯定及其哲学价值[J].自然辩证法研究,1997(11).

曾向阳.塞尔的进化论自然主义意识理论述评[J].自然辩证法研究,2003(10).

陈红,陈瑞.日常经验法:一种人格心理学研究方法[J].西南师范大学学报(人文社会科学版),2006(2).

陈嘉映.常识与理论[J].南京大学学报(哲学·人文科学·社会科学版),2007(5).

陈嘉映.日常概念与科学概念[J].江苏社会科学,2006(1).

陈建涛.关于生活经验的认识论思考[J].天津社会科学,1994(4).

陈少华.人性化还是去人性化——西方心理学的两难选择[J].西北师大学报(社会科学版),2006(5).

陈英和,姚端维,郭向和.儿童心理理论的发展及其影响因素的研究进展[J].心理发展与教育,2001(3).

陈友庆."心理理论"的研究概述[J].江苏教育学院学报(社会科学版),2005(5).

陈雨露,苏彦捷.先"自我中心"再"调整":成人推理他人心理状态的加工过程[J].心理科学,2011(1).

陈玉海,邢怀滨.论科普科学性与人文性的双向度及其辩证关系[J].自然辩证法研究,2010(9).

程晓春.从常识推理论科学知识的增长[J].社会科学战线,1996(6).

丁峻,陈巍.心理理论研究三十年:回顾与反思[J].心理学探新,2009(1).

方立天.禅·禅定·禅悟[J].中国文化研究,1999(3).

费多益.话语心智[J].自然辩证法研究,2007(6).

冯永辉,等.心理学知识观的重构:超越符合论与相对主义——普特南内在实在论哲学启示[J].宁波大学学报(教育科学版),2010(4).

福柯.知识考古学[M].谢强,等,译.北京:生活·读书·新知三联书店,1998.

付宗国.群际关系的社会心理机制探析[J].山东师范大学学报(人文社会科学版),2005(2).

傅荣,瞿宏.行为、心理、精神生态学发展研究[J].北京师范大学学报(人文社会科学版),2000(5).

高峰强.凯利个人建构理论探析[J].山东师大学报(社会科学版),1997(4).

高觉敷.心理学的心理学[J].心理科学通讯,1982(4).

高觉敷.心理学的心理学与心理学的社会学[J].南京师院学报(社会科学版),1982(3).

高山,李红,白俊杰.关于智慧的心理学探讨[J].西南交通大学学报(社会科学版),2005(1).

高新民,刘占峰.民间心理学与常识心理概念图式的批判性反思[J].自然辩证法研究,2004(4).

高新民,刘占峰.民众心理学研究与当代哲学的新问题[J].哲学动态,2002(12).

高新民,刘占峰.意向性·意义·内容——当代西方心灵哲学围绕心理内容的争论及其思考[J].哲学研究,2003(2).

高新民,刘占峰,等.心灵的解构[M].北京:中国社会科学出版社,2005.

高新民.民间心理学及其阐释问题[J].华中师范大学学报(人文社会科学版),2001(6).

高新民. 意向性理论的当代发展[M]. 北京：中国社会科学出版社,2008.

高新民,等. 意向性观念的祛魅与重构[J]. 科学技术与辩证法,2009(1).

葛鲁嘉. 本土传统心理学的两种存在水平[J]. 长白学刊,1995(1).

葛鲁嘉. 常识形态的心理学论评[J]. 安徽师范大学学报(人文社会科学版),2004(6).

葛鲁嘉. 关于心理生活基本性质和内涵的理解[J]. 湖南师范大学教育科学学报,2005(5).

葛鲁嘉. 浅论心理学技术研究的八个核心问题[J]. 内蒙古师范大学学报(哲学社会科学版),2005(4).

葛鲁嘉. 认知科学研究中的意向性问题[M]//心理学理论与应用研究(论文集). 南昌：江西科技出版社,1995.

葛鲁嘉. 体证和体验的方法对心理学研究的价值[J]. 华南师范大学学报(社会科学版),2006(4).

葛鲁嘉. 西方实证心理学与中国心性心理学概念范畴的比较研究[J]. 社会科学战线,2005(6).

葛鲁嘉. 心理文化论要——中西心理学传统跨文化解析[M]. 大连：辽宁师范大学出版社,1995.

葛鲁嘉. 心理学的五种历史形态及其考评[J]. 吉林师范大学学报(人文社会科学版),2004(2).

葛鲁嘉. 心理学技术应用的途径与方式[J]. 科学技术与辩证法,2008(5).

葛鲁嘉. 心理学视野中人的心理生活的建构与拓展[J]. 社会科学战线,2008(1).

葛鲁嘉. 心理学研究的生态学方法论[J]. 社会科学研究,2009(2).

葛鲁嘉. 心理学研究划分的类别与优先的顺序[J]. 吉林师范大学学报(人文社会科学版),2005(5).

葛鲁嘉. 心理学研究中定性研究与定量研究的定位问题[J]. 西北师大学报(社会科学版),2007(6).

葛鲁嘉. 心理资源论析——心理学的历史、现实和未来的形态[M]. 北京：中国社会科学出版社,2010.

葛鲁嘉. 新心性心理学宣言——中国本土心理学原创性理论建构[M]. 北京：人民出版社,2008.

葛鲁嘉.中国本土传统心理学术语的新解释与新用途[J].山东师范大学学报(人文社会科学版),2004(3).

葛鲁嘉.中国心理学的科学化和本土化——中国心理学发展的跨世纪主题[J].吉林大学社科学报,2002(2).

郭本禹,修巧艳.马库斯的自我社会认知论[J].西南大学学报(人文社会科学版),2007(1).

郝琦,乐国安."非科学的心理学"对社会心理学方法论的启示[J].自然辩证法通讯,1999(6).

何铨,等.群体过程与互动分析系统[J].心理科学进展,2009(5).

和金生,吕文娟.知识基因论的源起、内容与发展[J].科学学研究,2011(10).

赫兹菲尔德.什么是人类常识[M].刘珩,等,译.北京:华夏出版社,2010.

胡敏中.论日常生活和日常认识[J].求是学刊,2000(3).

黄匡时.社会融合的心理建构理论研究[J].社会心理科学,2008(6).

霍夫曼.洞察未来:马斯洛未发表过的文章[M].许金声,译.北京:改革出版社,1999.

贾林祥.社会认知:和谐社会构建的社会心理基础[J].徐州师范大学学报(哲学社会科学版),2010(3).

江山河.日常生活方法学引论[J].社会学研究,1988(1).

焦秋生,徐志梅.互动在认知建构中的定位[J].山东师范大学学报(人文社会科学版),2009(6).

景怀斌.传统中国文化处理心理健康问题的三种思路[J].心理学报,2002(3).

景怀斌.儒家思想对于现代心理咨询的启示[J].心理学报,2007(2).

景怀斌.儒家应对思想及其对心理健康的影响[J].心理学报,2006(1).

靖国平.论智慧的涵义及其特征[J].湖南师范大学教育科学学报,2004(2).

科恩.心理学家——个人和理论的道路[M].陈昌文,译.成都:四川人民出版社,1988.

况志华.人性观的后现代转向对心理学研究范式的冲击[J].南京理工大学学报(社会科学版),2006(4).

乐国安.图式理论对社会心理学研究的影响[J].江西师范大学学报(哲学社

会科学版),2004(1).

李炳全.意义心理学的基本观点、局限性及其启示[J].西北师大学报(社会科学版),2006(3).

李伯文.论科学的"遗传"和"变异"[J].科学学与科学技术管理,1985(10).

李春雷.心理理论——一个不断扩展的研究领域[J].社会心理科学,2007(1-2).

李其维."认知革命"与"第二代认知科学"刍议[J].心理学报,2008(12).

李强,高文珺.中国人心理困扰的应对方式及其社会文化根源[J].理论与现代化,2007(5).

李森森,等.群际接触理论:一种改善群际关系的理论[J].心理科学进展,2010(5).

李伟民.论人情——关于中国人社会交往的分析和探讨[J].中山大学学报(社会科学版),1996(2).

李文静,郑全全.日常经验研究:一种独具特色的研究方法[J].心理科学进展,2008(1).

李祥年.论传记文学与心理学的关系[J].复旦学报(社会科学版),1994(1).

李晓东,孟威佳.自我图式理论——关于自我的信息加工观[J].东北师大学报(哲学社会科学版),2001(4).

李晓东.自我理解发展理论述评[J].东北师大学报(哲学社会科学版),1998(4).

李笑燃,等.心理自助结构及其系统构建[J].山东师范大学学报(人文社会科学版),2008(5).

李醒民.从知识科学观转向智慧科学观[J].民主与科学,2008(5).

李醒民.科学精神的规范结构[J].物理通报,2007(5).

李醒民.论科学的分类[J].武汉理工大学学报(社会科学版),2008(2).

李醒民.知识、常识和科学知识[J].北方论丛,2008(1).

里德.按常识原理探究人类心灵[M].李涤非,译.杭州:浙江大学出版社,2009.

林方.心灵的困惑与自救[M].沈阳:辽宁人民出版社,1989.

林佳燕,等.成人心理理论的研究回顾与展望[J].心理科学进展,2010(3).

刘华杰.科学传播的三种模型与三个阶段[J].科普研究,2009(2).

刘艳.自我建构研究的现状与展望[J].心理科学进展,2011(3).

刘艳,邹泓.自我建构理论的发展与评价[J].心理科学,2007(5).

刘宇.当代西方"实践智慧"问题研究的四种进路[J].现代哲学,2010(4).

柳恒超,李卫民.改变生活的心理学常识[M].上海:华东师范大学出版社,2009.

柳延延.科学的"真"与生活的智慧[J].中国社会科学,2002(1).

罗国芬,等.社会学与常识:一个基本理论问题的三种透视[J].上海理工大学学报(社会科学版),2005(2).

罗杰,卿素兰.心理理论研究的起源与进展[J].湖北大学学报(哲学社会科学版),2005(5).

马捷莎.对人的自我价值的思考[J].北京青年政治学院学报,2000(2).

孟维杰.常识性:心理学另一种文化品格[J].现代生物医学进展,2006(10).

孟维杰.常识性心理学与科学心理学关联的批判性反思[J].自然辩证法通讯,2007(2).

孟维杰.文化品性:心理学研究对象的另类考察[J].内蒙古师范大学学报(哲学社会科学版),2006(5).

孟维杰.心理学文化品性[M].哈尔滨:黑龙江大学出版社,2007.

孟维杰.心理学主体生存论探新[J].自然辩证法通讯,2009(3).

缪小春.儿童早期经验在心理发展中的作用[J].心理科学,2001(3).

莫阿卡西.荣格心理学与西藏佛教[M].江亦丽,等,译.北京:商务印书馆,1994.

彭彦琴,等.无我:佛教中自我观的心理学分析[J].心理学报,2011(2).

彭彦琴,等.中国传统养生心理思想对现代生活的影响研究[J].南通大学学报(教育科学版),2006(1).

卿素兰,罗杰,方富熹.儿童核心领域朴素"理论"的研究进展[J].心理科学,2005(2).

邱鸿钟.中国传统的心理治疗理论与方法(二)[J].国际医药卫生导报,1999(5).

邱鸿钟.中国传统的心理治疗理论与方法(三)[J].国际医药卫生导报,1999(8).

邱鸿钟.中国传统的心理治疗理论与方法(一)[J].国际医药卫生导报,

1999(4).

任骋.从"民俗"到"民识"——略论民俗研究学术取向的转换[J].民俗研究，1999(1).

任骋.民众知识形态描述[J].西北民族研究,2002(3).

任平.常识分析：与后现代哲学对话[J].天津社会科学,1999(1).

邵迎生.对意义的追问与心理学研究——兼论"第二次认知革命"的原则和结果[J].南京师大学报(社会科学版),2006(6).

邵迎生.话语心理学的发生及基本视域[J].南京大学学报(哲学・人文科学・社会科学版),2000(5).

邵迎生.话语与心灵的社会建构——对当下话语社会建构论演进的初步考量[J].南京大学学报(哲学・人文科学・社会科学版),2006(4).

施铁如.从实体自我到对话自我的后现代转向[J].南京师大学报(社会科学版),2004(3).

施铁如.后现代思潮与叙事心理学[J].南京师大学报(社会科学版),2003(2).

施铁如.口述历史与叙事心理学[J].广东教育学院学报,2010(1).

石如平,何庆浩.民间心理治疗方法及其探讨[J].中国社会医学,1992(6).

斯腾博格.智慧 智力 创造力[M].王利群,译.北京：北京理工大学出版社,2007.

宋荣,高新民.思维内容的民间心理学情结[J].福建论坛(人文社会科学版),2011(2).

苏彦捷,覃婷立.亲子谈话和儿童心理理论获得与发展的关系[J].西南大学学报(社会科学版),2010,36(3).

孙正聿.非常识的常识化[J].求是学刊,1996(2).

孙正聿.哲学通论[M].沈阳：辽宁人民出版社,1998.

唐热风.心身世界[M].北京：首都师范大学出版社,2001.

唐热风.自发性与被动性[J].自然辩证法通讯,2001(1).

田浩.文化心理学的双重内涵[J].心理科学进展,2006(5).

田浩.文化心理学论要[J].西北师大学报(社会科学版),2005(6).

田浩.中国文化心理学的方法论启示[J].心理学探新,2009(2).

田浩,葛鲁嘉.文化心理学的启示意义及其发展趋势[J].心理科学,

2005(5).

田平.关于理性能力的当代思考——当代心理学、认知科学、心灵哲学理性能力研究述评[J].自然辩证法通讯,2005(3).

田平.自然化的心灵[M].长沙:湖南教育出版社,2000.

田雯,等.心理常识概念的表示、获取和分析[J].计算机科学,2004(6).

瓦西留克.体验心理学[M].黄明,等,译.北京:中国人民大学出版社,1989.

汪凤炎,郑红."知而获智"观:一种经典的中式智慧观[J].南京师大学报(社会科学版),2009(4).

汪凤炎,郑红.五种西式经典智慧观的内涵及得失[J].自然辩证法通讯,2010(3).

王广新,等.常识话语形态的心理学[J].理论探讨,2005(5).

王国有.日常思维与非日常思维[M].北京:人民出版社,2005.

王墨耘,傅小兰.内隐人格理论的实体论—渐变论维度研究述评[J].心理科学进展,2003(2).

王姝彦.心理学解释的层次与衔接问题[J].哲学研究,2011(8).

王晓辰,李其维,李清.大卫·帕金斯的"真智力"理论述评[J].心理科学,2009(2).

王晓东.日常交往与非日常交往[M].北京:人民出版社,2005.

卫礼贤.中国人的生活智慧[M].济南:山东大学出版社,2010.

文成蹊.你一定要知道的心理常识[M].北京:中国纺织出版社,2009.

谢广宽.论生活的意义[J].学术论坛,2005(11).

熊和平.生活:经验与超验[J].浙江社会科学,2005(6).

熊韦锐,于璐,葛鲁嘉.心理学中的人性论问题[J].心理科学,2010(5).

熊韦锐,于璐.西方心理学对禅定的功效研究[J].心理科学进展,2010(5).

熊哲宏,李其维.模拟论、模块论与理论论:儿童"心理理论"发展的三大解释理论[J].华东师范大学学报(教育科学版),2001(2).

熊哲宏.儿童"心理理论"发展的"理论论"(the theory-theory)述评[J].心理科学,2001(3).

熊哲宏.论皮亚杰作为心理学方法论的"心理学解释"[J].华中师范大学学报(哲学社会科学版),1996(3).

熊哲宏. 什么是"儿童心理理论"——评儿童心理理论发展研究中的"概念混淆"[J]. 华中师范大学学报(人文社会科学版),2001(5).

徐朝旭. 论禅宗心法及其与西方冥想观的异同[J]. 厦门大学学报(哲学社会科学版),1996(3).

阎亚军. 生活知识观初探[J]. 当代教育科学,2003(19).

燕国材. 论精神心理学与东方文化及其关系[J]. 探索与争鸣,2008(4).

燕良轼. 中国古代心理测验及其特色与价值[J]. 心理科学,1999(2).

杨德森. 中国人的传统心理与中国特色的心理治疗[J]. 湖南医科大学学报(社会科学版),1999(1).

杨怀中,张玲. 技术符号及其对社会心理互动的影响[J]. 武汉理工大学学报(信息与管理工程版),2007(5).

杨魁森. 论生活的意义[J]. 长白学刊,2004(2).

杨莉萍. 析社会建构论心理学思想的四个层面[J]. 心理科学进展,2004(6).

杨莉萍. 心理学中话语分析的立场与方法[J]. 心理科学进展,2007(3).

杨莉萍,叶浩生. 后现代社会建构主义心理学初探[J]. 湖北大学学报(哲学社会科学版),2003(5).

杨威. 中国传统日常生活世界的文化透视[M]. 北京:人民出版社,2005.

杨鑫辉. 略论现代心理技术学的体系建构[J]. 心理科学,1999(5).

杨鑫辉. 现代心理技术学[M]. 上海:上海教育出版社,2005.

杨宜音. 关系化还是类别化:中国人"我们"概念形成的社会心理机制探讨[J]. 中国社会科学,2008(4).

杨宜音. 试析人际关系及其分类——兼与黄光国先生商榷[J]. 社会学研究,1995(5).

叶浩生. 超越现代主义与后现代主义:走向释义学的心理学[J]. 河南大学学报(社会科学版),2009(2).

叶浩生. 科学心理学、常识心理学与质化研究[J]. 南京师大学报(社会科学版),2008(4).

叶浩生. 社会建构论及其心理学的方法论蕴含[J]. 社会科学,2008(12).

衣俊卿. 论日常思维与非日常思维——透视人类精神世界的新视角[J]. 佳木斯教育学院学报,1995(1).

衣俊卿. 日常交往与非日常交往[J]. 哲学研究,1992(10).

易芳,郭本禹.心理学研究的生态学取向[J].江西社会科学,2003(11).

殷筱,高新民.心灵观念的语言发生学研究[J].福建论坛(人文社会科学版),2006(7).

俞吾金.哲学的常识化与常识的哲学化[J].学术月刊,1985(9).

翟学伟.中国人的价值取向:类型、转型及其问题[J].南京大学学报(哲学·人文科学·社会科学版),1999(4).

翟学伟.中国人际关系的特质——本土的概念及其模式[J].社会学研究,1993(4).

张建伟,陈琦.从认知主义到建构主义[J].北京师范大学学报(社会科学版),1996(4).

张雷,等.朴素物理观和朴素心理观——进化心理学视角[J].心理学探新,2006(2).

张荣翼,等.文艺心理学阐释的两极:创作与接受[J].中南民族大学学报(人文社会科学版),2005(5).

张卫东.智慧的多元—平衡—整合论[J].华东师范大学学报(教育科学版),2002(4).

张永祥.论常识话语形态的教育学[J].山西师大学报(社会科学版),2008(5).

张长英,等.对话环境与心理理论发展[J].心理发展与教育,2008(4).

赵万里,李路彬.情境知识与社会互动——符号互动论的知识社会学思想评析[J].科学技术哲学研究,2009(5).

郑剑虹,黄希庭.论儒家的自强人格及其培养[J].心理科学进展,2007(2).

郑剑虹.历史学与心理学的结合[J].社会科学,1997(5).

郑剑虹,等.再谈历史心理学[J].重庆大学学报(社会科学版),1996(2).

郑日昌.灾难的心理应对与心理援助[J].北京师范大学学报(社会科学版),2003(5).

郑文先.简论社会理解的类型[J].华中师范大学学报(哲学社会科学版),1997(4).

郑祥福.当代西方"认识论的社会化"趋向述评[J].国外社会科学,2006(4).

郑祥福.日常化认识与人工智能研究[J].自然辩证法研究,2005(2).

郑祥福,等.认识论的自然化、日常化与人工智能[J].浙江社会科学,

2004(4).

　　周兵. 心理与心态——论西方心理历史学两大主要流派[J]. 复旦学报(社会科学版),2001(6).

　　周宁,葛鲁嘉. 常识话语形态的心理学[J]. 辽宁师范大学学报(社会科学版),2004(1).

　　周宁,葛鲁嘉. 心理学的常识存在水平[J]. 心理科学,2003(6).

　　周宁,叶浩生. 心理学的两种话语形态:"合理性"与"合情性"[J]. 西北师大学报(社会科学版),2009(1).

　　周宁. "理解"的心理学——诠释学对心理学的启示[J]. 湖南师范大学教育科学学报,2004(2).

　　周宁. 独白的心理学与对话的心理学[M]. 昆明:云南大学出版社,2005.

　　周宁. 两种心理学话语形态的分野[J]. 宁波大学学报(教育科学版),2005(1).

　　周宁. 论心理学的日常性[J]. 自然辩证法研究,2001(11).

　　周宁. 心理学的三种存在水平[J]. 内蒙古师范大学学报(哲学社会科学版),2003(3).

　　周晓亮. 试论西方哲学中的"常识"概念[J]. 江苏行政学院学报,2004(3).

　　朱晓庆. 公众理解科学与公众理解研究[J]. 科学技术与辩证法,2005(5).

　　朱新秤. 进化人格心理学:理论、意义与局限[J]. 华中师范大学学报(人文社会科学版),2010(1).

　　朱新秤. 进化心理学[M]. 上海:上海教育出版社,2006.

　　朱新秤. 进化心理学理论、意义与局限[J]. 自然辩证法研究,2000(4).

　　朱新秤. 进化心理学文化心理观评析[J]. 学术研究,2009(5).

英文部分

　　Baars, B. J. *In the Theater of Consciousness*. New York: Oxford University Press, 1997.

　　Badcock, C. R. *Evolutionary Psychology: A Critical Introduction*. Cambridge: Polity Press, 2000.

　　Baker, L. R. What Is This Thing Called "Commonsense Psychology"? *Philosophical Explorations*, 1999(1).

Beit-Hallahmi, B. & Argyle, M. *The Psychology of Religious Behaviour, Belief and Experience*. London: Routledge, 1997.

Bem, S. & Looren de Jong, H. *Theoretical Issues in Psychology: An Introduction*. London: Sage Publication Ltd. , 1997.

Bennett, M. *The Development of Social Cognition: The Child as Psychologist*. New York: Guilford Press, 1993.

Bering, J. M. The Folk Psychology of Souls. *Behavioral and Brain Sciences*, 2006(5).

Bogdan, P. L. The Folklore of the Mind. In R. J. Bogdan(Ed.), *Mind and Common Sense*. New York: Cambridge University Press, 1991.

Bogdan, R. J. *Mind and Common Sense: Philosophical Essays on Commonsense Psychology*. New York: Cambridge University Press, 1991.

Botterill, G. & Carruthers, P. *The Philosophy of Psychology*. Cambridge: Cambridge University Press, 1999.

Bradley, B. S. *Psychology and Experience*. New York: Cambridge Press, 2005.

Brdar, I. (Ed.). *The Human Pursuit of Well-Being: A Cultural Approach*. New York: Springer, 2011.

Breheny, R. Communication and Folk Psychology. *Mind & Language*, 2006(1).

Buss, D. M. *Evolutionary Psychology: The New Science of the Mind*. New York: Allyn & Bacon, 2004.

Caputi, P. , Foster, H. , & Viney, L. L. *Personal Construct Psychology: New Ideas*. England: John Wiley & Sons Ltd. , 2006.

Carruthers, P. *The Nature of the Mind*. New York: Routledge, 2004.

Christensen, S. M. & Turner, D. R. *Folk Psychology and the Philosophy of Mind*. New Jersey: Lawrence Erlbaum Associates Inc. , 1993.

Claire, L. St. *Rival Truths: Common Sense and Social Psychological Explanations in Health and Illness*. New York: Psychology Press, 2003.

Clark, A. From Folk Psychology to Naive Psychology. *Cognitive Science*, 1987(2).

Crisp, R. J. (Ed.). *The Psychology of Social and Cultural Diversity*. Oxford: Wiley-Blackwell, 2010.

Davies, M. & Stone, T. *Folk Psychology: The Theory of Mind Debate*. Cambridge: Blackwell, 1995.

Doherly, M. *Theory of Mind: How Children Understand Others' Thoughts and Feelings*. East Sussex: Psychology Press, 2009.

Fave, A. D. , Massimini, F. , & Bassi, M. *Psychological Selection and Optimal Experience across Cultures*. New York: Springer, 2011.

Fletcher, G. Psychology and Common Sense. *American Psychologist*, 1984(3).

Fletcher, G. *The Scientific Credibility of Folk Psychology*. New Jersey: Lawrence Erlbaum Associates Inc. , 1995.

Fletcher, G. Two Uses of Folk Psychology: Implications for Psychological Science. *Philosophical Psychology*, 1995(3).

Fodor, J. *Psychosemantics*. Cambridge, MA: The MIT Press, 1988.

Foster, C. H. *The Common-Sense Philosophy of Spirit or Psychology: Written from Spirit Impression*. New York: BiblioBazaar, LLC, 2008.

Franklin, S. S. *The Psychology of Happiness: A Good Human Life*. New York: Cambridge University Press, 2010.

Garbarino, J. *The Positive Psychology of Personal Transformation*. New York: Springer, 2011.

Goldman, A. The Psychology of Folk Psychology. *Behavioral and Brain Sciences*, 1993(16).

Greenwood, J. D. (Ed.). *The Future of Folk Psychology: Intentionality and Cognitive Science*. Cambridge: Cambridge University Press, 1991.

Haselager, W. F. G. *Cognitive Science and Folk Psychology: The Right Frame of Mind*. London: Sage Publications, 1997.

Heelas, P. & Lock, A. (Eds.). *Indigenous Psychology: The Anthropology of the Self*. New York: Academic Press, 1981.

Heider, F. *The Psychology of Interpersonal Relations*. London: Wiley, 1958.

Hutto, D. D. & Ratcliffe, M. (Eds.). *Folk Psychology: Reassessed*. Netherlands: Springer, 2007.

Hutto, D. D. & Ratcliffe, M. (Eds.). *Rethinking Common Sense Psychology: A Critique of Folk Psychology, Theory of Mind and Simulation*. New York: Palgrave Macmillan, 2008.

Hutto, D. D. *Folk Psychological Narratives: The Sociocultural Basis of Understanding Reasons*. Cambridge, MA: The MIT Press, 2008.

Jackson, F. & Pettit, P. In Defence of Folk Psychology. *Philosophical Studies*, 1990(1).

Johnson, D. M. & Erneling, C. E. *The Future of the Cognitive Revolution*. New York: Oxford University Press, 1997.

Joynson, R. B. *Psychology and Common Sense*. London: Routledge and Kegan Paul, 1974.

Kelley, H. H. Common-Sense Psychology and Scientific Psychology. *Annual Review of Psychology*, 1992.

Kelly, G. A. *The Psychology of Personal Constructs*. London: Routledge, 1991.

Kim, U., Yong, K. S., & Hwang, K. K. *Indigenous and Cultural Psychology: Understanding People in Context*. New York: Springer, 2006.

Kohler, W. *Gestalt Psychology*. New York: Liveright, 1947.

Ledwig, M. *Common Sense: Its History, Method, and Applicability*. New York: Peter Lang Publishing Inc., 2007.

Malle, B. F. & Hodges, S. D. (Eds.). *Other Minds: How Humans Bridge the Divide between Self and Other*. New York: The Guilford Press, 2005.

Malle, B. *How the Mind Explains Behavior: Folk Explanations, Meaning, and Social Interaction*. Cambridge, MA: The MIT Press, 2004.

Moore, C. *The Development of Commonsense Psychology*. New Jersey: Lawrence Erlbaum Associates Inc., 2006.

Moskowitz, G. B. *Social Cognition: Understanding Self and Others*. New York: The Guilford Press, 2005.

Musgrave, A. *Common-Sense, Science and Skepticism*. New York: Cambridge University Press, 1993.

Poulin-Dubois, D. , Brooker, I. , & Chow, V. The Developmental Origins of Naive Psychology in Infancy. *Advances in Child Development and Behavior*, 2009(37).

Ratcliffe, M. *Rethinking Commonsense Psychology: A Critique of Folk Psychology, Theory of Mind and Simulation*. New York: Palgrave Macmillan, 2007.

Reisenzein, R. & Rudolph, U. The Discovery of Common-Sense Psychology. *Social Psychology*, 2008(3).

Rescher, N. *Common-Sense: A New Look at an Old Philosophical Tradition*. Milwaukee: Marquette University Press, 2005.

Siegfried, J. (Ed.). *The Status of Common Sense in Psychology*. New Jersey: Ablex, 1994.

Smedslund, J. *The Structure of Psychological Common Sense*. New Jersey: Lawrence Erlbaum Associates Publishers, 1997.

Sternberg, R. J. *Wisdom and Its Relations to Intelligence and Creativity*. New York: Cambridge University Press, 1990.

Stich, S. & Ravencroft, I. What Is Folk Psychology? *Cognition*, 1994(1－3).

Stich, S. *From Folk Psychology to Cognitive Science: A Case against Belief*. Cambridge, MA: The MIT Press, 1996.

Stich, S. & Nichols, S. Folk Psychology: Simulation or Tacit Theory? *Mind and Language*, 1992(7).

Strongman, K. T. *The Psychology of Emotion: From Everyday Life to Theory*. John Wiley & Sons Inc. , 2003.

Tien-Lun Sun, C. *Themes in Chinese psychology*. Singapore: Cengage Learning, 2008.

Ward, C. , Bochner, S. , & Furnham, A. *The Psychology of Culture Shock*. New York: Routledge, 2001.

Wellman, H. *The Child's Theory of Mind*. Cambridge, MA: The MIT

Press, 1990.

Whitehead, A. N. *The Aims of Education and Other Essays*. New York: The New American Library, 1929.

Wilber, K. *No Boundary: Eastern and Western Approaches to Personal Growth*. Boston, MA: Shambhala Publications, 1979.

Wilks, K. V. The Relationship between Scientific Psychology and Common-Sense Psychology. *Syntheses*, 1991(1).

Workman, L. & Reader, W. *Evolutionary Psychology: An Introduction*. New York: Cambridge University Press, 2008.

后　记

　　我在 20 年前开始关注本土心理学研究时,就开始关注常识心理学的课题。当然,在那个时候,很多内容都还是非常模糊或不够明确的。但是,从接触到常识心理学开始,我就意识到,这是不容忽视的一种特定形态的心理学。记得当时我时常为自己关于常识形态的心理学的认识而感到兴奋,总认为自己握住了延伸到日常生活中的心理学的形神。常识、常识心理学就是常人创造和拥有的,就是常人运用和传递的。我是一名心理学研究者,同时也是生活中的普通人。其实,在当年投身心理学的学习和研究时,我了解到的许多心理学内容也属于常识意义上的心理学。我也能够意识到常识心理学在自己和别人的生活中都发挥着重要的作用。当然,随着我自己的心理学研究的深入,随着我对中国本土心理学研究的深入,我认为有必要对常识心理学进行系统深入的学术探索。这种对常识心理学的兴趣,慢慢地就转为对常识和常识心理学的学术探讨和专门研究。

　　但是,怎么才能够确定常识心理学的位置和价值,从哪里入手去系统深入地考察和探索常识心理学,是一个让我思考了很长时间仍常常迷惑不解的问题。随着研究的深入和细化,随着自己理论的形成和成熟,最后,我将常识心理学看成一种心理学的资源,这就是我能够全面考察和深入阐释常识心理学的一个重要出发点和落脚点。关于心理资源的研究,给了我一个非常好的探索常识形态的心理学的研究平台。

　　常识和常识心理学是一种非常独特的人类或个体生活的存在,或者说是一种非常独特的常人或人类智慧的存在。其独特性就在于,常识和常识心理学是那么普通和普遍的存在,所有人实际上都在创造、拥有、运用、传递和延续着常识心理学。但是,常识和常识心理学又是那么陌生和神秘,所有人实际上都很难明晰、准确、系统、深入和合理地把握常识心理学。即使是心理学的专业研究者，虽然他们也常常在日常生活中不自觉地运用常识形态的心理学，却并不能够合理解说和恰当把握常识形态的心理学。

我在对常识心理学的关注中也认识到，其实，科学心理学进入普通人的现实生活的媒介可以是将科学转换为常识的过程。常识扮演着一种特殊的、重要的生活角色。在早年研究常识心理学的时候，我常常会有一种莫名的激动，觉得自己有可能捕捉到了心理学的一个关键点。但是，那个时候自己的学识实在有限，常常不知道该从哪里入手和怎样入手研究自己觉得重要的内容。

当我开始关注中国心理学的本土化研究，当我探索到中国本土心理学的学术道路，当我建立了立足本土资源的新心性心理学的理论之时，我才有可能给常识心理学一种学术的定位、本土的定位和资源的定位。因此，在心性心理学、新心性心理学的基础上，才有可能更好地理解常人的心理常识，更好地挖掘文化中的常识形态的心理学。

常识和科学的价值有时非常有趣。常识常常会被认为是非常普通、非常平常、非常俗气的存在，但在深究之后，常识成为非常独特、非常深厚、非常重要的存在；科学则常常被认为是非常专业、非常重要、非常关键的存在，但在生活中运用之后，科学成为非常亲切、非常亲近、非常亲和的存在。

当然，学术研究本身是一种理性的关注和理论的解说，因为它需要的是对事物的深入揭示和全面解释。不过，我还是非常希望自己创建的新心性心理学能够进入普通人的日常生活和心理生活，成为其日常生活和心理生活的导向和路径。

我经常对自己的学生和年轻学者谈到，应该贯通生活与学术、心理生活与心理研究，这表达和提示的是一种非常重要的理念，即学术通过生活获得活水源头，生活通过学术提升实际品质。其实，关于常识形态的心理学研究就是试图建构一座联通生活与学术、心理生活与心理研究的桥梁。

心理学研究者拥有的两只手，一只应该握住科学家，另一只应该握住普通人，这就联通了被分割开的学者与常人。心理学研究者拥有的两只脚，一只应该踏在心理学的研究领域中，另一只应该踏在普通人的生活领域中，这就横跨了被隔离开的学术与生活。因此，需要打开一扇门，门的这边是普通人和普通人的生活,门的那边是科学家和科学家的研究。

我划定了六种不同的心理学形态,每一种形态都有特定的领域和内容,这就是常识形态的心理学、哲学形态的心理学、宗教形态的心理学、类同形态的心理学、科学形态的心理学和资源形态的心理学。常识形态的心理学是其中的第一种。现在终于完成了这部关于常识形态的心理学的论著,后面的接续研究还会进行下去,我还会继续我自己的探索。在不久的将来,关于心理学形态的全部探索就会展现在世人的面前。

在此,我要特别感谢谢冬华编辑,如果没有他的辛苦劳动,就不会结出最后的学术果实。同时,非常感谢所有信任我、支持我和鼓励我的人!我无以回报,只有全力以赴,提供更好的心理学学术研究或理论研究的成果!

完成本书后记之时,正值我59周岁的生日。这些年来,我一直拒绝和回避自己的学生给我过生日。我总是认为,应该淡化自己的生日,这并不重要。学生也不应该把自己的注意力放在老师的生日上。尽管我非常理解学生们敬重老师的心意,但是我一直不愿意参与这样的活动。当然,现在的我到了自己生日的这一天,还是会想到自己已经不再年轻。其实,常识或心理常识的价值和力量就在于,这种最古老的心理学的生活影响从来没有过时和消失,即便是在这个科学心理学日益强盛和发达的时代,也同样如此!因此,让自己普通化、常人化,这是保持身心常青的要诀!

其实,常人的生活智慧是非常绚烂的,心理学家反而很容易纸上谈兵;专家的学术智慧是非常透彻的,普通人却很容易自欺欺人。当然,这并不是要将生活与学术对立起来,也不是要将常人与专家对立起来,而是想贯通生活与学术,贯通常人与专家。可以说,谁掌握了科学,谁就掌握了未来;谁掌握了常人,谁就掌握了生活。无论是科学还是生活,无论是专家还是常人,都同时需要"望远镜"和"显微镜",都同时需要理论、方法和技术。因此,让科学打通生活,让生活打通科学,消除隔阂,就能够看到更广阔的天地,就能够欣赏到更美丽的风景!

何乐而不为呢?!

葛鲁嘉

2015 年 11 月 11 日

图书在版编目(CIP)数据

常识形态的心理学:心理学的生活形态和日常存在 / 葛
鲁嘉著. –上海: 上海教育出版社，2015.12
（心理学形态研究系列）
ISBN 978-7-5444-6727-8

Ⅰ.①常… Ⅱ.①葛… Ⅲ.①心理学–研究
Ⅳ.①B84

中国版本图书馆CIP数据核字(2015)第299454号

责任编辑　金亚静
封面设计　郑　艺

心理学形态研究系列

常识形态的心理学
——心理学的生活形态和日常存在
Changshi Xingtai de Xinlixue
—— Xinlixue de Shenghuo Xingtai he Richang Cunzai

葛鲁嘉　著

出　　版　上海世纪出版股份有限公司
　　　　　上 海 教 育 出 版 社
　　　　　易文网 www.ewen.co
地　　址　上海永福路123号
邮　　编　200031
发　　行　上海世纪出版股份有限公司发行中心
印　　刷　启东市人民印刷有限公司
开　　本　700×1000　1/16　印张 17.75　插页 4
版　　次　2016年6月第1版
印　　次　2016年6月第1次印刷
书　　号　ISBN 978-7-5444-6727-8/B·0106
定　　价　55.00元